AF340379

CATALOGUE
DES LIVRES
DE LA BIBLIOTHEQUE
DE FEU M. MORAND,

Ecuyer, Chevalier & Secrétaire de l'Ordre du Roi, Aſſocié penſionnaire de l'Académie Royale des Sciences, de la Société Royale de Londres, & des Académies de Rouen, Péterſbourg, Stockolm, Bologne, Florence, Cortone, Porto & Harlem, Inſpecteur général des Hôpitaux militaires, Chirurgien-Major de l'Hôtel Royal des Invalides, ancien Secrétaire de l'Académie Royale de Chirurgie, & Cenſeur Royal.

Dont la Vente ſe fera au-plus offrant & dernier Enchériſſeur, le Lundi 14 Avril 1774 & jours ſuivans, trois heures de relevée, en ſa maiſon rue de Grenelle, fauxbourg S. Germain, au-deſſus de celle des Saints Peres.

A PARIS,
Chez PRAULT fils aíné, Libraire, quai des Auguſtins, près la rue Pavée, à l'Immortalité.

M. DCC. LXXIV.

ORDRE DE LA VENTE.

Le Lundi 11 Avril 1774.

Théologie,	depuis le N°. 1.	juſqu'au N°. 6. incluſiv.
Sciences & Arts,	depuis le N. 129.	juſqu'au N. 207.
Belles-Lettres,	depuis le N. 1822	juſqu'au N. 1833.
Hiſtoire,	depuis le N. 2051.	juſqu'au N. 2062.

Le Mardi 12 Avril.

Théologie,	depuis le N. 7.	juſqu'au N. 12.
Sciences & Arts,	depuis le N. 208.	juſqu'au N. 286.
Belles-Lettres,	depuis le N. 1834.	juſqu'au N. 1845.
Hiſtoire,	depuis le N. 2063.	juſqu'au N. 2074.

Le Mercredi 13 Avril.

Théologie,	depuis le N. 13.	juſqu'au N. 18.
Sciences & Arts,	depuis le N. 287.	juſqu'au N. 365.
Belles Lettres,	depuis le N. 1846.	juſqu'au N. 1857.
Hiſtoire,	depuis le N. 2075.	juſqu'au N. 2086.

Le Jeudi 14 Avril.

Théologie,	depuis le N. 19.	juſqu'au N. 24.
Sciences & Arts,	depuis le N. 366.	juſqu'au N. 444.
Belles-Lettres,	depuis le N. 1858.	juſqu'au N. 1869.
Hiſtoire,	depuis le N. 2087.	juſqu'au N. 2098.

Le Vendredi 15 Avril.

Théologie,	depuis le N. 25.	juſqu'au N. 30.
Sciences & Arts,	depuis le N. 445.	juſqu'au N. 523.
Belles-Lettres,	depuis le N. 1870.	juſqu'au N. 1881.
Hiſtoire,	depuis le N. 2099.	juſqu'au N. 2110.

Le Samedi 16 Avril.

Théologie,	depuis le N. 31.	juſqu'au N 36.
Sciences & Arts,	depuis le N. 524.	juſqu'au N. 602.
Belles-Lettres,	depuis le N. 1832.	juſqu'au N. 1893.
Hiſtoire,	depuis le N. 2111.	juſqu'au N. 2122.

Le Lundi 18 Avril.

Théologie ,   depuis le N. 37.   jufqu'au N. 42.
Sciences & Arts ,   depuis le N. 603.   jufqu'au N. 681.
Belles-Lettres ,   depuis le N. 1894. jufqu'au N. 1905.
Hiſtoire ,   depuis le N. 2123. jufqu'au N. 2134.

Le Mardi 19 Avril.

Théologie ,   depuis le N. 43.   jufqu'au N. 48.
Sciences & Arts ,   depuis le N. 682.   jufqu'au N. 760.
Belles-Lettres ,   depuis le N. 1906. jufqu'au N. 1917.
Hiſtoire ,   depuis le N. 2135. jufqu'au N. 2146.

Le Mercredi 20 Avril.

Théologie ,   depuis le N. 49.   jufqu'au N. 54.
Sciences & Arts ,   depuis le N. 761.   jufqu'au N. 839.
Belles-Lettres ,   depuis le N. 1918. jufqu'au N. 1929.
Hiſtoire ,   depuis le N. 2147. jufqu'au N. 2158.

Le Jeudi 21 Avril.

Théologie ,   depuis le N. 55.   jufqu'au N. 60.
Sciences & Arts ,   depuis le N. 840.   jufqu'au N. 918.
Belles-Lettres ,   depuis le N. 1930. jufqu'au N. 1941.
Hiſtoire ,   depuis le N. 2159. jufqu'au N. 2170.

Le Vendredi 22 Avril.

Théologie ,   depuis le N. 61.   jufqu'au N. 66.
Sciences & Arts ,   depuis le N. 919.   jufqu'au N. 997.
Belles-Lettres ,   depuis le N. 1942. jufqu'au N. 1953.
Hiſtoire ,   depuis le N. 2171. jufqu'au N. 2182.

Le Samedi 23 Avril.

Théologie ,   depuis le N. 67.   jufqu'au N. 72.
Sciences & Arts ,   depuis le N. 998.   jufqu'au N. 1076.
Belles-Lettres ,   depuis le N. 1954. jufqu'au N. 1965.
Hiſtoire ,   depuis le N. 2183. jufqu'au N. 2194.

Le Lundi 25 Avril.

Théologie,   depuis le N. 73.   jufqu'au N. 78.
Sciences & Arts,   depuis le N. 1077.   jufqu'au N. 1155.
Belles-Lettres,   depuis le N. 1966.   jufqu'au N. 1977.
Hiftoire,   depuis le N. 2195.   jufqu'au N. 2206.

Le Mardi 26 Avril.

Théologie,   depuis le N. 79.   jufqu'au N. 84.
Sciences & Arts,   depuis le N. 1156.   jufqu'au N. 1234.
Belles-Lettres,   depuis le N. 1978.   jufqu'au N. 1989.
Hiftoire,   depuis le N. 2207.   jufqu'au N. 2218.

Le Mercredi 27 Avril.

Théologie,   depuis le N. 85.   jufqu'au N. 90.
Sciences & Arts,   depuis le N. 1235.   jufqu'au N. 1313.
Belles-Lettres,   depuis le N. 1990.   jufqu'au N. 2001.
Hiftoire,   depuis le N. 2219.   jufqu'au N. 2230.

Le Jeudi 28 Avril.

Théologie,   depuis le N. 91.   jufqu'au N. 96.
Sciences & Arts,   depuis le N. 1314.   jufqu'au N. 1389.
Belles-Lettres,   depuis le N. 2002.   jufqu'au N. 2008.
Hiftoire,   depuis le N. 2231.   jufqu'au N. 2242.

Le Vendredi 29 Avril.

Théologie,   depuis le N. 97.   jufqu'au N. 102.
Sciences & Arts,   depuis le N. 1390.   jufqu'au N. 1461.
Belles-Lettres,   depuis le N. 2009.   jufqu'au N. 2015.
Hiftoire,   depuis le N. 2243.   jufqu'au N. 2254.

Le Samedi 30 Avril.

Théologie,   depuis le N. 103.   jufqu'au N. 108.
Sciences & Arts,   depuis le N. 1462.   jufqu'au N. 1533.
Belles-Lettres,   depuis le N. 2016.   jufqu'au N. 2022.
Hiftoire,   depuis le N. 2255.   jufqu'au N. 2266.

Le Lundi 2 Mai.

Théologie,	depuis le N. 109.	jusqu'au N. 111.
Jurisprudence,	depuis le N. 112.	jusqu'au N. 114.
Sciences & Arts,	depuis le N. 1534.	jusqu'au N. 1605.
Belles-Lettres,	depuis le N. 2023	jusqu'au N. 2029.
Histoire,	depuis le N. 2267.	jusqu'au N. 2277.

Le Mardi 3 Mai.

Jurisprudence,	depuis le N. 115.	jusqu'au N. 120.
Sciences & Arts,	depuis le N. 1606.	jusqu'au N. 1677.
Belles-Lettres,	depuis le N. 2030.	jusqu'au N. 2036.
Histoire,	depuis le N. 2278.	jusqu'au N. 2288.

Le Mercredi 4 Mai.

Jurisprudence,	depuis le N. 121.	jusqu'au N. 124.
Sciences & Arts,	depuis le N. 1678.	jusqu'au N. 1749.
Belles-Lettres,	depuis le N. 2037.	jusqu'au N. 2043.
Histoire,	depuis le N. 2289.	jusqu'au N. 2299.

Le Jeudi 5 Mai.

Jurisprudence,	depuis le N. 125.	jusqu'au N. 128.
Sciences & Arts,	depuis le N. 1750.	jusqu'au N. 1821.
Belles-Lettres,	depuis le N. 2044.	jusqu'au N. 2050.
Histoire,	depuis le N. 2300.	jusqu'au N. 2310.

F I N.

AVERTISSEMENT.

AVERTISSEMENT.

SI c'eſt une conſolation pour les malheureux que la mort ne ménage perſonne, on devroit déſirer, du moins, qu'elle épargnât ceux qui, comme M. MORAND, poſſedent à un ſi haut dégré des talens auſſi utiles à l'humanité ; mais plus il mit de gloire à lui enlever ſes victimes, moins elle devoit lui pardonner les ſuccès brillans qu'il remporta ſur elle. Tout le monde ſçait à combien de titres cet Eſculape moderne jouiſſoit parmi nous & chez les Etrangers de la réputation la plus méritée.

N'étant pas de mon état de détailler tous les avantages que feu M. MORAND réuniſſoit dans ſa perſonne, je me bornerai à préſenter au Public le Catalogue de ſes Livres dont le choix fera beaucoup mieux l'éloge de cet Homme célebre. J'aurois déſiré que leur poſſeſſeur eût laiſſé quelque indice de l'arrangement qu'il y auroit mis lui-même ; j'aurois ſuivi ſes idées, & le Public en eût été plus ſatisfait. Privé de ce ſecours, je n'ai pu me ſervir que de mes foibles lumières pour l'ordre & la diſpoſition de ce Catalogue, & j'oſe l'aſſurer d'y avoir apporté l'attention néceſſaire. Heureux ſi, par mes ſoins & mon zèle, j'ai pu mériter ſon indulgence !

A

AVERTISSEMENT.

N'ayant pu faire précéder ce Catalogue du por-
trait qu'on a gravé de feu M. MORAND, dont la
Planche ne s'eft pas retrouvée, j'ai cru qu'il feroit
plus intéreffant pour le Public de mettre fous fes
yeux la Lettre fuivante, dans laquelle le refpect &
la tendreffe filiale offrent dans tout leur jour les
talens & les vertus d'un Homme affez illuftre pour
lui mériter les regrets de fon fiécle & de la poftérité.

LETTRE

TRADUITE DU LATIN

SUR FEU

M. MORAND,

Adreſſée aux différentes Académies des pays
étrangers, dont il étoit ;

Par M. MORAND ſon fils ,

Docteur - Régent de la Faculté de Médecine de
Paris , ancien Médecin des Camps & Armées
du Roi , Médecin Adjoint de l'Hôtel Royal des
Invalides , Penſionnaire de l'Académie Royale
des Sciences , &c.

MESSIEURS,

MON PERE, *notre* illuſtre Collégue ,
étoit pénétré de reſpect & d'amitié pour les

[4]

différens Corps Académiques, qui avoient recherchés avec empreſſement & même avec une forte de rivalité, ſon aſſociation (*a*). Le vôtre, MESSIEURS, ... étoit auſſi un des objets de ſon eſtime & de ſon attachement ; à ces titres, MESSIEURS, j'oſe me flatter que vous partagerez les regrets dont pluſieurs Sociétés ſçavantes honorent ſa mémoire ; j'oſe dire qu'il en eſt digne encore par ſon mérite perſonnel, qui, dès les premieres années de ſa vie, a placé ſon nom avec éclat dans la Liſte des Chirurgiens illuſtres.

Mais ſi *notre* Collégue fut connu beaucoup plutôt qu'on ne l'eſt pour l'ordinaire ; s'il obtint des ſuccès brillans preſqu'à ſon entrée dans la lice ; ſi ſa réputation ſe répandit de

______

(*a*) Depuis l'Académie Royale des Sciences de Paris en Mars 1722, la Société Royale de Londres en 1728, l'Académie de Bologne en 1737, de Péterſbourg en 1745 , de Rouen en 1746, de Stockolm en 1755 , de Florence en 1749 , de Cortone en 1759, de Porto en 1763, de Harlem en 1769.

bonne heure parmi les Etrangers ; enfin, s'il fut rapidement élevé au comble des honneurs dans le sein de sa patrie qu'il préféra aux autres régions, où ses talens exciterent le désir de se l'attirer (*a*) ; ces avantages, lui-même ne se le dissimuloit pas, MESSIEURS (*b*), il les dut en partie à l'heureuse influence de son origine.

SAUVEUR-FRANÇOIS MORAND (*c*);

____

(*a*) En 1736, demandé par le Roi d'Espagne, Philippe V, pour être son premier Chirurgien.

(*b*) *Voyez* ses Opuscules de Chirurgie, chap. 3, partie 2, page 143.

(*c*) Il étoit fils de Jean Morand, (né à Chabanois en Angoumois le 20 Septembre 1658,) Eleve de l'Hôtel-Dieu de Paris, Principal Chirurgien de l'Hôtel Royal des Invalides, après le célèbre Meri en 1688, continué ensuite avec le titre de Chirurgien-Major en chef & Consultant de cette Maison, le premier qui y a été établi en cette qualité par Lettres-Patentes, en 1707, sous M. de Chamillard. *Voyez* une Notice sur lui, dans l'*Index funereus Chirurgorum Parisienfium*, inséré à la suite des Recherches critiques & historiques sur les divers états & sur les progrès de la Chirurgie en France. *Paris*, 1744, *in-4°. page 611.*

Le pere de celui-ci, Pierre Morand, Expert dans le même

iſſu d'une famille dans laquelle ſon ayeul &
ſon biſayeul s'étoient conſacrés à l'art pré-
cieux des Aſclépiades, étoit né à Paris (*a*);
il y reçut dès ſon enfance (*b*), conformément
au précepte de Celſe (*c*), dans le ſein des

Art, fut également en honneur dans ſa Province. L'exemple
de cette récompenſe, conſtamment attaché par tout Pays au
talent, & le déſir qui eſt naturel à tout homme bien né, de
s'en rendre digne, ont ſans doute donné naiſſance au goût héré-
ditaire, qui a paſſé de pere en fils, ſans interruption, dans les
deſcendans de Pierre Morand; il ne doit pas non plus paroître
ſurprenant, que ce goût de famille, pour une même profeſſion,
ſe ſoit étendu auſſi à quelques collatéraux; ſi l'on recueilloit les
faſtes d'Epidaure, on y trouveroit les noms de pluſieurs parens
ou alliés des Morand, qui, ſoit dans les armées, ſoit dans leur
pays natal, ſe ſont rendus recommandables par leur habileté en
Médecine ou en Chirurgie; de ce nombre étoit Jean de la
Quintinye, pere de celui qui fut Intendant des Jardins fruitiers
& potagers du Roi, & ennobli par Louis XIV, & dont une
fille avoit été mariée à M. Papius, Médecin à Angoulême;
François Gabillaud, Chirurgien de Chabanois; de Voiſins,
Chirurgien-Major du Régiment de la Couronne, &c.

(*a*) A l'Hôtel Royal des Invalides, le 2 Avril 1697.

(*b*) Dès l'année 1710, âgé alors de treize ans.

(*c*) Qui conſeille au Chirurgien de commencer lorſqu'il eſt

[7]

foyers domeſtiques , l'éducation analogue à
l'état qu'il devoit embraſſer , & qui ſembloit
être ſon patrimoine (*a*). La maiſon pater-
nelle fut ſa premiere École ; la ſcience , les
leçons & l'exemple , environnerent, pour ainſi
dire , ſon berceau.

Dès que l'âge eut fortifié ſon tempérament
& ſa raiſon , on le vit fréquenter , avec une
infatigable aſſiduité , ces pieux aſyles que la
Religion & l'humanité ont fondées , & qu'elles entretiennent encore aujourd'hui en faveur
de l'indigence infirme ; il y fit dans ſon art des
progrès ſi frappans , que le Chef de la Chi-

---

dans la fleur de la jeuneſſe , *Adoleſcens*, c'eſt-à-dire de qua-
torze à vingt-cinq ans , ou tout au moins , en entrant dans l'âge
qui ſuccede à ce ſecond, *Adoleſcentiæ propior*. Ce paſſage de
Celſe , (*Obſervat. V I I I. de la Médecine , Préface ſur la Chirurgie ,*) n'a pas été rendu avec une exactitude ſuffiſante , du
latin en françois , par un Traducteur moderne , *Tome. II. p.* 214.
in-12. *Paris ,* 1753.

(*a*) Ayant eu rang de Chirurgien employé à l'Hôtel , au
mois d'Avril 1712.

A iv

rurgie (*a*), & à qui le Public doit les premiers
établiſſemens, relatifs aux progrès de cet art,
rechercha l'alliance de Sauveur - François
Morand (*b*). Les places les plus importantes
devinrent bientôt la récompenſe flatteuſe de
ſon ſçavoir qu'il accrut encore en les rem-
pliſſant.

On le propoſa d'abord au ſervice de l'In-

(*a*) Georges Maréchal, Chevalier de l'Ordre du Roi, premier Chirurgien du Roi.

(*b*) Par ſon mariage avec Demoiſelle Marie-Clémence Guérin, fille du fameux Martin Guérin, Comte du Palais de La-
tran, premier Chirurgien du Roi Jacques, connu ſous le
nom de Chevalier de Saint Georges, Chirurgien-Major des
Armées de Sa Majeſté & du Régiment des Gardes Françoiſes,
dont la mémoire ſe ſoutient avec éclat dans deux fils, qui ont
embraſſé le même état, mais ſur-tout par la réputation que s'eſt
faite Martin Guérin ſon fils aîné, illuſtré au milieu des armées
& dans la Capitale, décoré comme Georges Maréchal ſon allié,
& comme Sauveur-François Morand ſon beau-frere, de Lettres
de nobleſſe & du Cordon de l'Ordre de S. Michel. Ne diroit-on
pas que Georges Maréchal, en uniſſant ainſi les deux familles,
prévoyoit une ſingularité également honorable pour l'une &
pour l'autre, que toutes les palmes du mérite, leur ſeroient
réſervées ?

firmerie de l'Hôtel Royal des Invalides ;
comme furvivancier (*a*) & enfuite comme titu-
laire (*b*). Peu de temps après il fut mis à la
tête de l'Hôpital Royal des Religieux de la
Charité (*c*). Divers poftes relatifs à la Chirurgie militaire lui furent confiés fucceffive-
ment (*d*); il fit éclater la fupériorité de fes
talens dans tous ces emplois fi propres à perfectionner en lui la théorie par la pratique &
la pratique par la théorie.

L'étude & l'expérience en firent un grand
Chirurgien, la Nature & la Société un homme aimable. Introduit dans le plus grand
monde, prefqu'au fortir de fes études (*e*);

(*a*) En Mai 1722 , (*b*) en Novembre 1726.

(*c*) Le 20 Février 1730.

(*d*) Chirurgien-Major du Camp de Brouage en 1716 , du
Régiment des Gardes Françoifes en 1739 , Infpecteur des Hôpitaux militaires en 1741 , chargé en 1740 de la Vifite des Dé-
ferteurs & autres Militaires détenus dans les prifons de Paris , en
1757 , Commiffion de l'Intendance pour foigner les Miliciens.

(*e*) Faites au Collége Mazarin , Maître ès Arts dans l'Uni-
verfité de Paris , le 14 Août 1716.

il en prit aifément le ton, la politeffe & les graces. Une figure noble & prévenante, de la décence & de la dignité dans le maintien, un organe flatteur, de l'aménité dans le caractère, de la faillie & de la gaieté dans l'efprit, de la retenue & de la difcrétion dans fes difcours ; toutes ces qualités, dont l'affemblage eft fi rare, l'éleverent en quelque forte au-deffus de fon état ; ceux qui, dans leurs maux, réclamoient les fecours de fon habileté, recherchoient en fanté les agrémens de fa fociété ; il avoit été leur guériffeur, il devenoit leur ami.

Notre Collégue , MESSIEURS, avoit le don de converfer avec intérêt ; un de fes talens étoit celui d'ajouter au prix des chofes, par la maniere de les rendre : il faifoit, s'il eft permis de s'exprimer ainfi, la conquête de l'oreille & de l'imagination des malades qui l'appelloient, & foit qu'il parlât en public, foit qu'il ne fît que caufer en particulier, il étoit également goûté, également applaudi.

[11]

Perſonne, MESSIEURS, n'avoit plus à
cœur que lui l'honneur de la Chirurgie Françoiſe ; il auroit déſiré qu'il lui eût été permis
d'imiter, à ſon égard, la bienfaiſance écla-
tante dont il avoit ſous les yeux des exem-
ples récens ; mais s'il n'a pu ſignaler par ſa
généroſité le zèle qui l'animoit pour la Compagnie des Chirurgiens (*a*) ; il a répandu ſur
elle ſa propre gloire ; il l'a ſervi par les bril-
lantes opérations de ſa main (*b*), par des recherches curieuſes & utiles (*c*), par les différens Mémoires qu'il a laiſſés ſur différentes
parties de ſon art (*d*), par les leçons qu'il a
données publiquement pendant vingt-deux
ans (*e*), par les nombreux eſſaims d'habiles

(*a*) Dans laquelle il avoit été reçu le 27 Octobre 1724.

(*b*) Opération faite à feu M. le Comte Saint-Séverin.

(*c*) Sur la taille par l'appareil latéral, pour laquelle il fit un
voyage à Londres en 1729 ; ſur le reméde de Mademoiſelle Stephens.

(*d*) Voyez les Mémoires de l'Académie Royale des Sciences
& ceux de l'Académie de Chirurgie.

(*e*) Démonſtrateur des Opérations de Chirurgie en 1725,
des Principes de cet Art en 1738.

Éleves de tout pays qu'il a fait dans fa maifon & dans les Hôpitaux (*a*). Second reftau-
rateur de la Chirurgie en France, il l'a fur-
tout honorée par une infinité de connoiffan-
ces en différens genres qu'il s'étoit acqui-
fes (*b*), par le commerce d'efprit & d'amitié
qu'il entretenoit avec les Sçavans de l'Europe (*c*), par l'accueil empreffé qu'il a tou-

---

(*a*) Les bornes de cet Ecrit ne permettent pas de nommer
ici tous les Sujets, au nombre de plus de foixante-dix, qui,
depuis 1726 jufqu'en 1746, font venus des Pays Etrangers fe
mettre en penfion chez lui pour fe former dans la Chirurgie ;
il fuffira, en défignant fimplement leur Patrie, de dire que
plufieurs étoient de Piedmont, de Savoie, de Malthe, d'Efpagne, de Portugal, d'Allemagne, de Ruffie ; beaucoup d'Angleterre, d'Ecoffe, d'Italie ; que quelques-uns de ces Eleves,
foit internes, foit externes, étoient ou font devenus Médecins
ou Chirurgiens de Têtes couronnées ; que cette affluence, en
un mot, s'eft trouvée quelquefois telle, que la maifon du Mai-
tre né pouvant recevoir tous ces Difciples Etrangers, une partie étoit obligée de loger dans un appartement du voifinage.

(*b*) Reçu Médecin à Pont-à-Mouffon, le 15 Octobre 1746,
en allant faire une tournée dans les Hôpitaux militaires des Trois
Evêchés.

(*c*) Les Hanfloane, Morgagni, Chefelden, Sharpe, Bian-

jours reçu de ce qu'il y a de plus grand à la Cour & à la Ville, par la confiance de plusieurs Souverains de l'Europe (*a*) , par les marques de confidération qu'il a reçues de quelques-uns (*b*) , par les diftinctions glorieu-

---

chi, Palfin, (Molinelli & Gaubius fes Eleves,) Heifter, Michelotti & Vanfwieten.

(*a*) Dont plufieurs ont voulu avoir de fa main leur premier Chirurgien.

(*b*) Préfens faits en 1744 par l'Impératrice ; Mere de la Reine de Hongrie, en 1764 par l'Impératrice de Ruffie, en 1767 par S. A. R. Monfeigneur le Prince Charles de Lorraine, Gouverneur des Pays-Bas. A côté de cet augufte nom, les Annales des Pays-Bas ont placé avec reconnoiffance celui de l'homme habile qui leur a rendu ce Prince chéri. Un mal de jambe menaçoit de le leur enlever. Le Ciel & la France partagent les allarmes des Peuples attachés aux Chefs qui les gouvernent. Morand demandé par Charles à Louis, arrive à Bruxelles ; le progrès du mal s'arrête ; la confternation acheve bientôt de fe diffiper; Charles eft hors de danger ; il vit, il fe montre par-tout. Les tranfports, les cris d'allégreffe, deviennent le fignal & de la félicité publique & du triomphe de Morand; fa préfence n'eft plus néceffaire; mais fes avis, fes lumieres ne ceffent pas d'être de conféquence, le rétabliffement entier & parfait de Charles en dépend; ce devoit être l'affaire du temps, & non le fruit d'une

ſes qui lui ont été décernées (*a*), par l'eſtime & les bontés de ſon Roi (*b*); en un mot, je puis le dire, ſans qu'on m'accuſe de flatterie ou d'amour-propre, une très grande partie de l'illuſtration de l'Académie Royale de Chirurgie de Paris (*c*), doit être regardée comme le fruit de la conſidération particuliere

précipitation téméraire ; Morand, ſage & prudent, autant qu'éclairé, voit qu'il ne faut procéder que par dégrés & à pas lents à une guériſon complette. Il trace à ſes Eleves qu'il retrouve autour du Prince (les ſieurs Crampagnac, le Grand,) le plan qu'ils devoient ſuivre, il le dirige de loin. A l'exemple de ce fameux Général des Romains, qui par ſa ſageſſe à ne point ſe preſſer d'agir, fut reconnu dans ſon temps l'auteur du ſalut de la République, Morand temporiſe ; ſa marche eſt couronnée par l'inſtant qui vient mettre le dernier ſceau à ſon ouvrage & à ſa gloire. La guériſon ſe décide ; Morand ſauve à la fois Charles & les Peuples dont il eſt le Gouverneur.

(*a*) Cenſeur Royal en 1730, Directeur de l'Académie Royale des Sciences en 1746, 1759 & 1766.

(*b*) Ennobli en 1751, fait Chevalier de l'Ordre du Roi en 1752.

(*c*) Secrétaire de cette Compagnie en 1731, Directeur en 1739, Secrétaire pour la ſeconde fois en 1752 juſqu'en 1757, & Directeur en 1758, Secrétaire de l'Ordre de S. Michel en 1768.

dont il jouissoit dans sa patrie & hors de ses limites.

Cet homme, si justement célèbre, n'est plus, MESSIEURS, que le triste objet de mon affliction (*a*); en vain depuis le mois de Janvier dernier, j'étois entierement préparé à cette privation, que j'annonçois tous les jours à mes amis (*b*); elle a produit sur moi l'effet d'un malheur imprévu. Mon imagination frappée offre sans cesse à mes yeux cet Homme illustre sous les mêmes traits d'amabilité, qui lui concilioient généralement les esprits : l'illusion, à laquelle mes sens se livrent, est telle que je doute encore quelquefois si nous le possédons, ou si nous l'avons perdu. Semblable à une ombre qui s'évanouit, cette vaine image s'éloigne, m'échappe, & me laisse dans l'horreur de la solitude.

____

(*a*) Mort le 21 Juillet 1773.

(*b*) M. MORAND n'a été retenu au lit que cinq jours ; avant ce temps il ne cessoit de vaquer à ses affaires publiques & particulieres, & ne paroissoit à personne si près de son dernier terme.

Ma perte eſt la vôtre, Messieurs, vous
partagez mes regrets ; c'eſt la ſeule douceur
que je puiſſe goûter dans la triſte circonſtance
qui m'engage à vous adreſſer cette Lettre ; la
plume me tombe de la main....... à peine
ai-je la force de la tenir, pour vous aſſurer,
que le Fils a hérité de tous les ſentimens de
reſpect, de zèle & de reconnoiſſance que le
Pere avoit pour vous.

Paris ce premier Août 1773.

TABLE

TABLE
DES DIVISIONS ET SUBDIVISIONS
Contenues en ce Catalogue.

THÉOLOGIE.

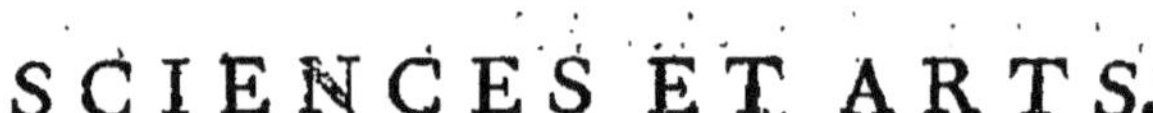

JURISPRUDENCE.

SCIENCES ET ARTS.

P

TABLE DES DIVISIONS.

TABLE DES DIVISIONS.

TABLE DES DIVISIONS.

TABLE DES DIVISIONS.

BELLES-LETTRES.

HISTOIRE.

HISTOIRE ECCLESIASTIQUE.

TABLE DES DIVISIONS.

Fin de la Table des Divisions.

CATALOGUE

CATALOGUE
DES LIVRES
DE LA BIBLIOTHEQUE
DE FEU M. MORAND.

THÉOLOGIE.

ÉCRITURE SAINTE.

N°. 1 **B**IBLIA Sacra, cum universis Fr. Vatabli, & variorum Interpretum annotationibus. *Parisiis*, 1729, *in-fol.*

2 La Sainte Bible, trad. en François par de Sacy, avec des
notes & des explications tirées des SS. PP. *Anvers*, 1700,
9 *vol. in-*12.

3 La Sainte Bible, trad. en François, avec des notes. *Liége*,
1701, 4 *tomes en* 2 *vol. in-fol.*

4 La Sainte Bible, contenant le Vieux & le Nouveau Testament, avec des Paralleles & des Sommaires, par Dav. Martin, & une Préface de Lenfant. *Hannovre*, 1728, 2 *vol. in-*8.

5 Vetus Testamentum Græcum ex versione septuaginta Interpretum, juxtà exemplar Vaticanum Romæ editum. *Londini*,
1653, *in-*8.

6 Le Nouveau Testament de N. S. J. C. trad. en Franç. selon
l'édit. de la Vulgate, avec les différences du Grec. *Mons*,
1667, 2 *vol. in-*8. *mar. r. lav. régl. doub. de mar.*

A

7 Le même, avec des Réflexions morales fur chaque verfet ; (par le P. Quefnel). *Amft.* 1727, 8 *vol. in-*12.

8 Le Pfeautier, trad. en François, avec des notes tirées de S. Auguftin & des autres Peres. *Paris*, 1674, *in-*12.

9 Pfeautier diftribué fuivant le nouveau Breviaire. *Paris*, 1726, *in-*12. *mar. bleu dent.*

10 Le même. *Paris*, 1745, *in-*12. *mar. bleu dent.*

11 Homélie ou Paraphrafe du Pfeaume *Miferere mei, Deus*, &c. par le P. Edme Calabre. *Paris*, 1717, *in-*12.

12 Differtations qui peuvent fervir de Prolégomenes de l'Ecriture Sainte, par D. Auguftin Calmet, Bénédictin. *Paris*, 1720, 3 *vol. in-*4.

13 Explications de plufieurs Textes difficiles de l'Ecriture, par le P. Dom Martin, Bénédictin, avec figures. *Paris*, 1730, *in-*4.

14 Explication littérale de l'Ouvrage des fix jours, par M.*** (Duguet). *Bruxelles*, (*Paris*,) 1731, *in-*12.

15 Epitres & Evangiles des Dimanches & Fêtes de toute l'année, avec des réflexions. *Paris*, 1767, *in-*12.

LITHURGIE.

16 L'Année Chrétienne (par le Tourneux). *Paris*, 1723, 13 *vol. in-*12.

17 Breviarium Parifienfe. *Parifiis*, 1700, 4 *vol. in-*12.

18 Miffel de Paris, lat. franç. imprimé par ordre de Monfeigneur l'Archevêque. *Paris*, 1739, 4 *vol. in-*12. *lav. régl. mar. noir.*

19 L'Office du matin pour les Dimanches & les Fêtes de l'année. *Paris*, 1739, *in-*12. *mar. vert.*

20 Le même. *Paris*, 1739, 2 *vol. in-*12. *mar. noir.*

21 Livre d'Eglife, fuivant le nouveau Breviaire, contenant l'Office de l'après-midi. *Paris*, 1736, *in-*12. *mar. noir.*

22 Eucologe ou Livre d'Eglife. *Paris*, 1739, 2 *vol. in-*12. *mar. noir.*

23 Heures gothiques manufc. fur velin, avec miniatures, *in-*12.

24 Horæ in laudem Beatæ Virginis Mariæ, fecundum ufum Romanum. *Parifiis*, 1529, *in-*18. *fur vélin.*

25 Heures Canoniales contenues dans le Pfeaume *Beati immaculati*, &c. avec un Comment. tiré des SS. PP. *Paris*, 1684, *in-*12.

26 L'Office de la Semaine Sainte. *Paris*, 1715, *in-*18. *mar. noir.*

27 L'Office de la Semaine Sainte, à l'ufage de la Maifon du Roi. *Paris*, 1748, *in-*8. *mar. r. dent.*

28 Heures du Calvaire, par M. le Febvre. *Douay*, 1741, *in*-12.

29 Heures lat. & franç. à l'usage du Diocèse de Chartres. *Chartres*, 1745, 2 *vol. in*-12.

30 L'Office de S. Louis, en lat. & en franç. à l'usage de l'Eglise Paroissiale de S. Louis de l'Hôtel Royal des Invalides. *Paris*, 1742, *in*-12. *v. marb. tr. dor.*

31 Office propre lat. & franç. de S. Côme & de S. Damien. *Paris*, 1728, *in*-12.

32 The Primer or three Offices of the B. Virgin-Mary, in latin and english. *Rouen*, 1720, *in*-12.

CONCILES ET SAINTS. PERES.

33 Sacro-Sancti Concilii Tridentini Canones & Decreta. *Lugduni*, 1734, *in*-12.

34 Les Confessions de S. Augustin abrégées. *Paris*, 1719, *in*-12. *écaille tr. dor.*

35 Traités choisis de S. Augustin sur la Grace de Dieu, le Libre arbitre de l'homme & la Prédestination des Saints. *Paris*, 1757, 2. *vol. in*-12,

36 S. Augustin de l'Ouvrage des Moines; ensemble quelques piéces de S. Thomas & de S. Bonaventure sur le même sujet, trad. par J. P. Camus, Evêque du Bellay. *Rouen*, 1633, *in*-8.

37 S. Thomæ Aquinatis Summa Theologica. *Lutet. Parif.* 1645, *in-fol.*

THÉOLOGIE SCHOLASTIQUE.

38 Exposition de la Doctrine Chrétienne, ou Instructions sur les principales Vérités de la Religion. *Cologne*, (*Paris*,) 1754, 5 *vol. in*-12.

39 Th. Sanchez, de Sancto Matrimonii Sacramento Disputationum, Libri III. *Norimbergæ*, 1706, 2. *tom. en un vol. in-fol.*

40 Instructions Pastorales de M. l'Evêque du Puy, (J. George de Pompignan,) sur la prétendue Philosophie dès Incrédules modernes, & sur l'Hérésie. *Paris*, 1763. *& suiv.* 2 *vol. in*-4. *mar. r.*

41 Censure de la Faculté de Théologie de Paris, contre le Livre qui a pour titre: Emile ou de l'Education. *Paris*, 1762, *in*-8.

42 Piéces originales de ce qui s'est passé au Consistoire de

Motiers, concernant l'excommunication projettée de J. J.
Rousseau, avec sa Réponse au Consistoire, &c. 1765, 2 vol.
in-12.

THÉOLOGIE MORALE.

43 Explication des qualités ou des caracteres que Saint Paul
donne à la Charité, & trois autres Ouvrages du même Auteur. *Amst.* 1727, 4 *vol. in-12.*

44 Essais de Morale & autres Ouvrages de Nicole. *Paris,*
1715, 24 *vol. in-12.*

45 Les Provinciales ou Lettres écrites par Louis de Montalte
(Blaise Pascal) à un Provincial de ses amis, & aux Révé-
rends Peres Jésuites, avec la Théologie morale desdits Peres. *Cologne,* 1659, 2 *vol. in-8. rel. en velin.*

46 Discours sur quelques sujets de Piété & de Religion, par
le P. Chapelain. *Paris,* 1760, *in-12.*

47 Sentimens chrétiens propres aux personnes malades & in-
firmes. *Paris,* 1743, *in-12.*

48 Instructions Dogmatiques, historiques & morales, sur le
saint Sacrifice de la Messe. (*Paris,*) 1743, *in-12. mar. verd.*

49 Abrégé de la Loi nouvelle, compris dans les deux Com-
mandemens de l'amour de Dieu & du Prochain, & dans le
Précepte de la Priere. *Paris,* 1713, *in-12.*

50 Rituel du Diocese de Soissons, imprimé par l'autorité de
M. Franç. Duc de Fitz-James. *Paris,* 1753, 4 *tom. en 2
vol. in-4.*

51 Instructions pour les Dimanches & Fêtes de l'année, qui
font la troisiéme Partie du Rituel de Soissons. *Soissons,*
1755, 3 *vol. in-12.*

52 Les Instructions du Rituel du Diocese d'Alet. *Paris,* 1719,
in-12.

Théologiens Parénétiques ou Prédicateurs.

53 Sermones Fratris Roberti Caracholi de Licio Ordinis minorum. *Impressi per Ludovicum de Venetia,* 1488, *in-8. litt.
gott. veau fauve.*

54 Fratris Guillelmi Lugdunensis Sermones super Epistolas
Dominicales totius anni. *Parisiis,* 1494, *in-8. litt. gott.
veau fauve.*

55 Sermones utiles Sacerdotibus, Pastoribus & Capellanis,
qui dormi secure vel sine curâ sunt nuncupati. *Lugduni,*
1495, *in-8. litt. gott. veau fauve filets.*

56 Oliverii Maillardi Ordinis Minorum Sermones. *Parisiis,*
J. Petit, 1506, 7 tom. en 3 vol. in-8. litt. gott. v. m. fil.

57 Sermones Fratris Gab. Barelete. *Lugduni*, 1524, 2 tom. en un vol. *in-8. litt. gott. veau fauve filets.*

58 Beati Vincentii Sermones. *Lugduni*, 1526, *in-8. litt. gott. mar. citron.*

59 Fratris Rob. Meſſier Ordinis minorum Sermones quadrageſimales. *Pariſiis*, 1531, *in-8. litt. gott.*

60 Mich. Menoti Ordinis minorum Sermones quadrageſimales, una cum nonnullis aliis traćtatibus hic colentis. *Sinè Loci & Anni indicatione, in-8. litt. gott. mar. r.*

61 Sermons de Maſſillon, Evêque de Clermont. *Paris*, 1745 *& 1747, 8 vol. in-12.*

62 Sermons pour l'Avent, le Carême & les principales Fêtes de l'Année, par le P. Griffet. *Liége*, 1766, *4 vol. in-12.*

63 Sermons by the Right Honourable and Reverend Father in God. Lancelot Andrewes ſow Bishop of Wincheſter. *London*, 1641, *in-fol.*

64 Sermons de Sherlock, trad. de l'angl. par le P. Houbigant. *Lyon*, 1768, *in-12.*

65 Sermons ſur divers Textes de l'Ecriture-Sainte, par Jacq. Saurin. *Lauſanne*, 1759, *12 vol. in-8.*

THÉOLOGIE MYSTIQUE.

66 De Imitatione Chriſti Libri iv. *Pariſiis, Lud. Roulland,* 1696, *in-18. mar. noir.*

67 Imitation de Jeſus-Chriſt, trad. par le ſieur de Beuil. *Paris*, 1767, *in-12.*

68 Imitation de Jeſus-Chriſt, trad. ſur l'ancien original françois par Dufreſnoy. *Anvers*, 1731, *in-12. mar. r.*

69 J. Gherardhi meditationes Sacræ. *Amſterd. Blaeu*, 1633, *in-24. rel. en vélin.*

70 Elećta animæ Chriſtianæ ad Salutem via, cum Litaniis aliiſque precibus. *Bruxellis, in-12. mar. noir.*

71 Les Œuvres de Sainte Thérese, trad. par Arnauld d'Andilly. *Paris*, 1702, *3 vol. in-8.*

72 Œuvres Spirituelles de Fr. de Salignac de la Mothe-Fénelon. (*Paris*) 1752, *5 vol. in-12. mar. r.*

73 Elévations à Dieu ſur tous les Myſteres de la Religion Chretienne, par J. Bén. Boſſuet. *Paris*, 1727, *2 vol. in-12.*

74 La Vie de J. C. dans l'Euchariſtie, & la Vie des Chrétiens qui ſe nourriſſent de l'Euchariſtie, par Girard de Ville-Thierry. *Paris*, 1733, *in-12.*

75 Les Souffrances de N. S. J. C. traduites en françois par le P. Alleaume. *Paris*, 1754, *4 vol. in-12. mar. r.*

76 Le Chemin de l'Amour Divin, description de son palais & des beautés qui y sont renfermées, par M.***. *Paris*, 1746, *in-12.*

77 Elévation à J. C. sur sa passion & sa mort. *Paris*, 1703, *in-12. v. marb. tr. dor.*

78 La même. *Paris*, 1727, *in-12.*

79 Réflexions sur le Mystere de la Sépulture. *Bruxelles*, (*Paris*) 1731, *in-12.*

Pratiques & Exercices de Piété.

80 Méthode d'Oraison, par le P. J. Crasset. *Paris*, 1673, *in-12.*

81 La Journée du Chrétien sanctifiée par la priere & la méditation. *Paris*, 1740, *in-12.*

82 Traités sur la Priere publique & sur les dispositions pour offrir les saints Mysteres, &c. *Paris*, 1715, *in-12.*

83 Instruction sur les dispositions qu'on doit apporter aux Sacremens de Pénitence & d'Eucharistie. *Paris*, 1715, *in-12.*

84 Exercices du Pénitent. *Paris*, 1719, *in-12. mar. vert lav. régl.*

85 Traités de Pénitence, par M. H.***. *Paris*, 1737, *in-12.*

86 Exercices de Piété pour la Communion, par le P. Griffet. *Paris*, 1750, *in-12.*

87 Traités de Piété composés par M. Hamon. *Amst.* (*Paris*,) 1727, *in-12.*

88 Manuel de piété. *Paris*, 1727, *in-12.*

89 Maximes pour se conduire chrétiennement dans le monde, par M. l'Abbé Clément. *Paris*, 1753, *in-12.*

90 Prieres pour le temps de l'Avent, appellées les O de Noël. *Paris*, 1733, *in-12.*

91 Instructions & Prieres sur les O de l'Avent. *Paris*, 1755, *in-12.*

92 The Practice of Piety. *London*, 1679, *in-12.*

93 Daily devotions, or the Christians morning and evening Sacrifice, by J. Colet. *London*, 1684, *in-12.*

94 The Book of common Prayer, and administration of the Sacraments; together with the Psalter or Psalms of David. *London*, 1719, *in-8.*

THÉOLOGIE POLÉMIQUE.

95 La vérité de la Religion Chrétienne, trad. de l'ital. du Marquis de Pianesse (par le P. Bouhours). *Paris, Cramoisy*, 1687, *in-12.*

96 L'exiſtence de Dieu démontrée par les merveilles de la nature (par Bern. Nieuwentyt), avec figures en taille-douce. *Paris*, 1725, *in-4. v. f. filets.*

97 Démonſtration de l'exiſtence de Dieu, par Fr. de Salignac de la Motte Fénelon, Archev. de Cambray. *Paris*, 1718, *2 parties en un vol. in-12.*

98 Conſidérations ſur les plus importantes vérités du Chriſtianiſme, par l'Abbé de Brion. *Paris*, 1724, *in-12.*

99 The Life of God in the ſoul of man, or the nature and excellency of the Chriſtian Religion, by Henr. Scougal. *Edinburgh*, 1739, *in-12. mar.*

100 De la fréquente Communion, par Ant. Arnauld. *Paris*, 1648, *in-8. v. marb. tr. dor.*

101 L'Eſprit de J. C. & de l'Egliſe ſur la fréquente Communion, par le P. J. Pichon. *Paris*, 1745, *in-12.*

102 Le Soldat Chrétien, Ouvrage poſthume de l'Abbé Fleury. *Paris*, 1772, *in-12. v. marb. tr. dor.*

103 Lettre à M. L. A. D. C. Docteur de Sorbonne, où il eſt prouvé par pluſieurs raiſons tirées de la Philoſophie & de la Théologie, que les Cometes ne ſont point un malheur. *Cologne*, 1682, *in-12.*

104 Le Déiſme réfuté par lui-même, par M. Bergier. *Paris*, 1766, *2 parties en un vol. in-12.*

105 La mauvaiſe foi du Philoſophe impie, relativement à la Divinité de J. C. (par Thomas Soldat au Régiment de M. le Prince Charles de Lorraine.) *Bruxelles*, 1767, *in-8.*

106 Lettres d'un Docteur Allemand de l'Univerſité Cathol. de Straſbourg ſur les ſix obſtacles au Salut qui ſe rencontrent dans la Religion Luthérienne. *Straſbourg*, 1730, *in-4.*

107 Lettres d'un Théologien de l'Univerſité Catholique de Straſbourg, à un des principaux Magiſtrats de la même Ville, faiſant profeſſion de ſuivre la Confeſſion d'Augſbourg, ſur les ſix principaux obſtacles à la converſion des Proteſtans. *Straſbourg*, 1732, *in-4.*

THÉOLOGIE HÉTÉRODOXE.

108 Commentaire Philoſophique ſur ces paroles de J. C. *Contrains-les d'entrer ;* ou Traité de la Tolérance univerſelle, par Bayle. *Rotterd.* 1713, *2 vol. in-12.*

109 Réponſe aux Queſtions d'un Provincial, (par Bayle.) *Rotterd.* 1704, *8 vol. in-12.*

110 Nazarenus : or Jewish, Gentile, and Mahometan Chriſtianity. by Toland. *London*, 1718, *in-8. gr. pap.*

111 Manufcrit en arabe, qui contient plufieurs Chapitres de l'Alcoran & des Prieres. *In-18, dans un fac de cuir avec fa ceinture.*

JURISPRUDENCE.

112 COMPILATIO Decretalium Gregorii IX. *Spiræ, P. Drach, 1492, in-fol. caract. goth. rel. en bois.*

113 Franc. Balduini, de Conftantini Imper. Legibus Ecclefiafticis atque civilibus Commentariorum libri 11. editi curâ Joach. Cluten de Parchun. *Argentorati, 1612, in-8. rel. en velin.*

114 Traité des Droits & Libertés de l'Eglife Gallicane, avec les preuves, (par P. Pithou & autres.) 1731, 4 *vol. in-fol.*

115 Commentarius ad Edictum Henrici II, contra parvas datas & abufus Curiæ Romanæ, &c. autore Car. Molinæo. *1552, in-8. rel. en velin.*

116 Le Bouclier de la France, ou les fentimens de Gerfon & des Canoniftes, touchant les différends des Roys de France avec les Papes. *Cologne, 1691, in-12.*

117 La maniere de bien policer la République Chrétienne, contenant l'état & office des Magiftrats ; enfemble la fource & origine des Procès, & déteftation d'icelui auquel eft indiffolublement conjoint le mal & mifere qui procéde des mauvais voifins, par J. de Marcouville. *Paris, 1562, in-8.*

118 De l'Autorité du Clergé & du Pouvoir du Magiftrat Politique fur l'exercice des fonctions du Miniftere Éccléfiaftique, par M. ***. *Amft. (Paris,) 1766, 2 vol. in-12.*

119 Traité des Délits & des Peines, trad. de l'ital. *Laufanne, 1766, in-12.*

120 Recueil d'Edits, Déclarations, Ordonnances, Arrêts & Réglemens concernant l'Hôtel Royal des Invalides. *Paris, 1744, in-4.*

121 Ordonnance du Roi, portant Réglement général concernant les Hôpitaux Militaires. *Paris, de l'Imprim. Royale, 1747, in-18.*

122 Traité de la Perfection & Confection des Papiers terriers généraux du Roi, des appanages des Princes, Seigneurs, &c. par Bellami. *Paris, 1746, in-4.*

123 Dictionnaire des Fiefs & autres Droits feigneuriaux, par A. Laplace. *Paris, 1757, in-8.*

124

124 Coutume du Comté & Bailliage de Mantes & Meulant, par Ant. Guyot. *Paris*, 1739, *in*-12.

125 Recueil général des Pièces concernant le Procès entre la Delle. Cadiere & le P. Girard. 1731, *in-fol.*

126 Recueil de Factums sur différentes matieres, *in*-4.

127 Mémoire pour les Doyen, Syndics & Compagnie des Conseillers du Roi, Commissaires-Enquêteurs & Examinateurs au Châtelet de Paris, contre Messieurs les Prevôt de Paris, Lieutenans Civil, de Police, Criminel, Particulier & Conseillers du Châtelet de Paris, *in*-4.

128 Mémoire pour le sieur Dupleix, contre la Compagnie des Indes, avec les pièces justificatives. *Paris*, 1759, *in*-4.

SCIENCES ET ARTS.

PHILOSOPHIE.

INTRODUCTION.

129 MANUEL Philosophique, ou Précis universel des Sciences. *Lille*, 1748, *in*-12.

130 Cyclopædia, or an Universal Dictionary of Arts and Sciences, by E. Chambers. *London*, 1751, 2 *vol. in-fol.*
—— A Supplement ot Chambers Cyclopædia. *London*, 1753, 2 *vol. in-fol.*

131 Histoire critique de la Philosophie (par Deslandes.) *Amst.* 1737, 3 *vol. in*-12.

Philosophes anciens & modernes.

132 Platonis Opera ex græco in latinum translata à Marsilio Ficino. *Lugduni, apud Joan. Tornæsium*, 1550, 5 *vol. in*-12. *lav. régl. v. f. filets.*

133 L'Esprit de Séneque. *Paris*, 1704, 2 *vol. in*-12.

134 Fr. Baconis de Verulam de Augmentis Scientiarum libri IX. *Lugd. Batav.* 1645, *in*-12.

135 Les Passions de l'ame, par René Descartes. *Paris*, 1679, *in*-12,

136 Franç. Sanchez Doctoris Medici Tractatus Philosophici. *Roterodami*, 1646, *in*-12.

B

137 Henr. Regii Philosophia naturalis. *Amstel. Lud. & Dan. Elzevir*, 1661, *in-4. rel. en vélin.*

138 Élémens de la Philosophie de Newton, par M. de Voltaire. *Londres, (Paris,)* 1744, *in-12. fig.*

139 Compendium Institutionum Philosophiæ, ad usum Candidatorum, Baccalaureatus, artiumque Magisterii, auctore D. Caron. *Parisiis*, 1770, 2 *vol. in-8.*

Moralistes anciens & modernes.

140 Les Caracteres de Théophraste, avec les mœurs de ce siécle, par de la Bruyere, & des notes par Coste. *Paris*, 1733, 2 *vol. in-12.*

141 Epicteti Enchiridion, græc. cum Angeli Politiani interpr. latinâ. *Apud Hæredes Eustat. Vignon*, 1595, *in-8.*

142 Ejusd. Enchiridion, & Cebetis Tabula gr. lat. *Roterod.* 1655, *in-32.*

143 De la Sagesse, trois livres, par P. Charron. *Amsterd. Elzévir*, 1662, *in-12.*

144 L'Art de se connoître soi-même, ou la Recherche des sources de la Morale, par Abbadie. *Rotterd. (Trévoux,)* 1730, *in-12.*

145 Considérations sur les Mœurs de ce Siécle, par Duclos. *Paris*, 1751, *in-12.*

146 Introduction à la connoissance de l'Esprit humain, suivie de Réflexions & de Maximes, (par de Vauvenargue.) *Paris*, 1746, *in-12.*

147 Amusement de la Raison. *Paris*, 1747, *in-12.*

148 The Spectator, (by Rich. Steele.) *London*, 1739, 8 *vol. in-12.*

149 Le Spectateur ou le Socrate moderne, trad. de l'angl. (de Rich. Steele.) *Paris*, 1716, 4 *vol. in-12.*

150 Réflexions sur le Ridicule & sur les moyens de l'éviter, par l'Abbé de Bellegarde. *Amst.* 1699, *in-12.*

151 Le Spectateur Suisse, trad. en franç. *Paris*, 1723..... Le Spectateur inconnu. *Paris*, 1724, *in-12.*

152 Le nouveau Spectateur (par M. de Bastide.) *Paris*, 1758, 8 *vol. in-12.*

153 Journal de Bruxelles, ou le Penseur, par le même. *Bruxelles*, 1766, 2 *vol. in-12.*

ŒCONOMIE.

154 Les Peintures morales, où les Passions sont représentées

par Tableaux, par caracteres, &c. par le P. le Moine. *Paris,*
1669, 4 vol. in-12. manque le titre au premier volume.

155 De l'Amitié (par Madame d'Arconville.) *Paris, 1761,*
in-8. v. marb. filets.

156 De l'Education des Enfans, trad. de l'angl. de Locke,
par Cofte. *Amft. 1721, in-8.*

157 Recueil de différentes piéces fur l'éducation, *3 vol. in-12.*

Politique & Commerce.

158 Entretiens de Phocion, fur le rapport de la Morale avec
la Politique, trad. du grec de Nicoclès, avec des Remarques (par l'Abbé de Mably.) *Amft. (Paris,) 1763, in 12.*

159 Effai de Politique & de Morale calculée, (par M. Dancar-
ville). (*Paris*), *1759, 2 vol. in-8.*

160 Principes du Droit politique (par Burlamaqui). *Amft.*
(*Paris,*) *1751, 2 vol. in-8.*

161 L'Efprit des Nations (par l'Abbé d'Efpiard). *La Haye,*
1753, 2 vol. in-12.

162 Anti-Machiavel, ou Effai de critique fur le Prince de
Machiavel, publié par M. de Voltaire. *La Haye,* 1740, *in-8.*

163 L'Horloge des Princes, trad. de l'efpagn. de D. Ant. di
Guevara en franç. *Paris, 1557, in-8.*

164 Ariftippe, ou de la Cour, par de Balzac. *Amft. Elzevir,*
1664, in-12.

165 L'Homme de Cour de Balth. Gracian, trad. par Amelot
de la Houffaye. *Paris, 1702, in-12.*

166 Le Droit public de l'Europe fondé fur les Traités (par
l'Abbé de Mably). *La Haye,* (*Paris*) *1746, 2 vol. in-12.*

167 Droit public de France, Ouvrage pofthume de l'Abbé
Fleury, publié avec des notes par J. B. Daragon. *Paris,*
1769, 2 vol. in-12.

168 Political Dialogues betwean the celebrated Statues of
Pafquin and Marforio at Rome. *London, 1736, in-8.*

169 Des Principes des Négociations, par l'Abbé de Mably.
La Haye, (*Paris*) *1757, in-12.*

170 Traité de Paix entre le Roi, l'Empereur & l'Empire
conclu à Vienne le 18 Novembre 1738. *Paris, de l'Impr.*
Royale, 1739, & autres Piéces à ce fujet, *in-4. br. en cart.*

171 Lettres fur l'Efprit de Patriotifme, trad. de l'angl. (par
M. le Comte de Biffy.) *Londres,* (*Paris,*) *1750, in-8.*

172 La Vérité revelée, trad. de l'angl. *Londres,* (*Paris,*)
1755. Parallele de la conduite du Roi avec celle du Roi
d'Angleterre. *Paris, de l'Impr. Royale, 1758, in-8.*

173 L'Ami des Hommes, ou Traité de la Population, (par M. le Marquis de Mirabeau.) *Paris*, 1758, 3 *vol. in-4*.

174 Le Pornographe, ou Idées d'un honnête homme sur un Projet de Réglement pour les Proſtituées, propre à prévenir les malheurs qu'occaſionne le Publicifme des femmes; avec des notes. *Londres*, (*Paris*,) 1769, *in-8*.

175 Eſſai Politique ſur le Commerce, (par Melon.) (*Paris*,) 1736, *in-12*.

176 Remarques ſur les avantages & les défavantages de la France & de la Grande-Bretagne, par rapport au Commerce, trad. de l'angl. de Nickolls, (par M. * * *.) *Leyde*, (*Paris*,) 1754, *in-12*.

177 La Nobleſſe Commerçante, (par M. l'Abbé Coyer.) *Paris*, 1756, *in-12*.

178 Eſſai ſur les monnoies, ou Réflexions ſur le rapport entre l'argent & les denrées. *Paris*, 1746, *in-4*.

M É T A P H Y S I Q U E.

Traités particuliers de l'eſprit de l'homme, de ſon intelligence, &a.

179 De la Recherche de la vérité, par Nic. Mallebranche. *Paris*, 1721, 2 *tom. en un vol. in-4*.

180 Abrégé de la Philoſophie, ou Diſſertations ſur la certitude humaine, la Logique, la Métaphyſique & la Morale. *Paris*, 1754, 2 *vol. in-12*.

181 Eſſai ſur les erreurs populaires, trad. de l'angl. de Thom. Brown. *Paris*, 1733, 2 *vol. in-12*.

Traités particuliers de la Magie, des Sorciers & Enchanteurs, & des opérations magiques ou ſurnaturelles.

182 Henr. Corn. Agrippæ de incertitudine & vanitate Scientiarum declamatio. *Coloniæ*, 1568, *in-12*.

183 De la Démonomanie des Sorciers, par J. Bodin. *Paris*, 1581, *in-4*.

184 Georg. Abr. Mercklini, Tractatus Phyſico-medicus de Incantamentis complectens ſexaginta caſus maximè præ cœteris memorabiles, cum eorumdem judiciis & curationibus. *Norimbergæ*, 1715, *in-4*.

185 Diſquiſitionum Magicarum libri VI, auctore Martino del Rio. *Lugduni*, 1612, *in-fol*.

186 Barthol. Coclitis Chryſomantiæ ac Phyſionomiæ Anaſtaſis. *Bononiæ*, 1523, *in-fol. litt. gott*.

187 Joan. Bapt. Portæ Magiæ naturalis libri xx. *Amſteladami*, 1664, *in-12*.

188 La Chyromantie naturelle de Ronphyle, avec figures. *Paris*, 1665, *in-12. rel. en vélin*.

189 Recueil de Piéces, dont pluſieurs relatives à la poſſeſſion des Urſulines de Loudun & au procès d'Urbain Grandier ; d'autres Piéces critiques ſur Nic. Habicot, Docteur en Chirurgie, &c. *in-8*.

PHYSIQUE.

Traités ſinguliers de l'Univers créé, des Aſtres, des Elémens, &c.

190 Origine de l'Univers, expliquée par un principe de ſa matiere, par M. Eſteve. *Berlin*, (*Paris*,) 1748..... Songes Phyſiques. *Amſt.* (*Paris*,) 1753, *in-12*.

190 *bis*. Théologie Phyſique ou démonſtration de l'exiſtence & des attributs de Dieu, tirée des œuvres de la création, trad. de l'angl. de Guill. Derham, par Jacq. Lufneu. *Rotterdam*, 1730, *in-8. fig*.

191 Telliamed, ou Entretiens d'un Philoſophe Indien avec un Miſſionnaire François, ſur la diminution de la mer, la formation de la terre, l'origine de l'homme, &c. mis en ordre ſur les Mémoires de feu de Maillet, par J. A. G***, (J. A. Guer). *Amſt.* (*Paris*,) 1748, *2 tomes en un vol. in-8*.

192 Nouv. Traité de la pluralité des Mondes, par Hughens, trad. du lat. par M. D. *Paris*, 1702, *in-12*.

193 La Statique des Végétaux & l'Analyſe de l'air, trad. de l'angl. de Hales, par M. de Buffon. *Paris*, 1735, *in-4. fig*.

194 Deſcription du Ventilateur, par le moyen duquel on peut renouveller l'air des Mines, des Priſons, des Hôpitaux, &c. trad. de l'angl. de Hales, par M. P. Demours. *Paris*, 1744, *in-12*.

Traités généraux de Phyſique.

195 Phyſicorum Ariſtotelis, ſeù de Naturali auſculatione libri VIII. Joan. Argyropylo interprete. *Lugduni, Seb. Gryph*, 1746, *in-8*.

196 Enchyridion Phyſicæ reſtitutæ. *Pariſiis*, 1647, *in-18*.

197 Traité de Phyſique, par J. Rohault. *Paris*, 1675, *2 vol. in-12*.

198 Rob. Boyle Exercitationes de Atmoſphæris corporum conſiſtentium, &c. *Lugd. Batav.* 1676, *in-12*.

199 Ejuſdem Tentamen Porologicum, ſivè ad Poroſitatem corporum tùm animalium, tùm ſolidorum, detegendam. *Londini*, 1684, *in-12.*

200 Œuvres de Phyſique & de Méchaniqne de Ch. & P. Perrault, avec figures. *Amſt.* 1727, 2 *vol. in-4.*

201 Thom. Cornelii Progymnaſmata Phyſica, his acceſſere ejuſdem autoris Opera. *Neapoli*, 1688, *in-8.*

202 Elementa Phyſicæ conſcripta in uſus Academicos à P. van Muſſchenbroek. *Lugd. Batav.* 1734, *in-8.*

203 Eſſais de Phyſique, ou Mémoires pour ſervir à la ſcience des choſes naturelles. *Paris*, 1679, *in-12.*

204 Inſtitutions de Phyſique (par Madame la Marquiſe du Châtelet.) *Paris*, 1740, *in-8. v. ſ. tr. dor.*

205 Phyſique des Corps animés; par le P. B***. *Paris*, 1755, *in-12. br.*

206 Conſidérations ſur les Corps organiſés, par C. Bonnet. *Amſt.* 1762, 2 *vol. in-8.*

207 Principes Phyſiques, par le P. Bertier. *Paris*, *de l'Imp. Rayale*, 1764, 3 *vol. in-12.*

208 Traité abrégé de Phyſique, à l'uſage des Colléges, par M. de Saintignon. *Paris*, 1763, 6 *vol. in-12. br.*

209 The Phyſical Dictionary, by Stephen Blancard. *London*, 1708, *in-8.*

Traités particuliers de l'homme, de ſes facultés, de ſon ame; des animaux & de leurs facultés.

210 Paraphraſis Auton. Scayni, cum ad notat. in lib. Ariſtot. de Animâ, &c. & Miſcellanea lucubrationum in Logicâ & Philoſophiâ Ariſtot. *Venetiis*, 1599, *in-fol. rel. en vélin.*

211 Euſtachii Rudii liber de Animâ. *Patavii*, 1611, *in-4.*

212 Pſychologie, on Traité ſur l'ame, par Wolf. *Amſt.* 1745, *in-8.*

213 Franc. Nicholls de animâ, medica prælectio. *Londini*, 1750..... J. Henr. Dencker Diſſertatio de neceſſariâ vulneris inſpectione poſt homicidium. *Helmſtadii*, 1737, *&c. in-4. br.*

214 De Viribus imaginationis tractatus, auctore Thomâ Pieno. *Lugd. Batav. Officinâ Elzeviriana*, 1635, *in-18.*

215 Della forza attrattiva delle idee fragmento di un' Opera Scritta dal Marcheſe de la Tourri, trad. dal franç. nell' ital. *In Napoli*, 1747. — Diſcuſſioni Anatomico-pratiche de Carl. Curzio. *Napoli*, 1753, *in-8.*

216 L'Art de communiquer ſes idées, avec des notes hiſtori-

ques & philosophiques, par M. de la Chapelle. *Paris*, 1763, *in-12.*

217 Essai sur le Méchanisme des Passions en général , par M. Lallemant. *Paris* , 1751 , *in-12.*

218 Dissertation touchant l'Empire de l'homme sur les autres animaux, & sur toutes les créatures sublunaires , par le sieur de Galatheau. *Paris*, 1676, *in-12.*

219 Discours où l'on fait voir par l'Homme même , que les Bêtes ne font que des machines. *in-8. manusc.*

220 Thom. Bartholini de Luce hominum & Brutorum Libri III. *Haffniæ*, 1669, *in-12.*

221 Essai Philosophique sur l'ame des Bêtes. *Amst.* 1737, 2 *vol. in-12.*

222 Amusement Philosophique sur le langage des Bêtes, (par le P. Bougean.) *Paris* , 1739, *in-12.*

PHYSIQUE EXPÉRIMENTALE.

223 Joan. Christoph. Sturmii Collegium Experimentale, sive curiosum, cum figuris. *Norimbergæ*, 1676, 2 *vol. in-4.* *rel. en velin.*

224 Expériences de Physique, par P. Poliniere. *Paris*, 1734, 2 *vol. in-12.*

225 Programme, ou Idée générale d'un Cours de Physique Expérimentale , par l'Abbé Nollet. *Paris*, 1738, *in-12.*

226 Leçons de Physique Expérimentale , par le même. *Paris*, 1771 , 6 *vol. in-12.*

227 L'Art des Expériences, ou Avis aux Amateurs de la Physique sur le choix, la construction & l'usage des instrumens , &c. par le même, avec figures. *Paris*, 1770, 3 *vol. in-12.*

228 The Practice of Physic , by John. Shebbeare. *London*, 1755, 2 *vol. in-8. br. en carton.*

229 Chroa-Génésie , ou Génération des Couleurs contre le système de Newton , par Gautier. (*Paris*,) 1749, 2 *vol. in-12. fig.*

Traités sur l'Electricité ; ses phénomènes, &c.

230 Recherches sur les causes particulieres des Phénomenes Electriques, par l'Abbé Nollet. *Paris*, 1749, *in-12.*

231 Lettres sur l'Electricité, par le même. *Paris*, 1753, 3 *vol. in-12.*

232 Essai sur l'Electricité des corps, par le même. *Paris*, 1750, *in-12.*

233 Obfervations fur l'Electricité, où l'on tâche d'expliquer
fon méchanifme & fes effets fur l'Œconomie animale, avec
des remarques fur fon ufage, par M. Louis. *Paris*, 1747,
in-12.

234 Saggio d'Efperienze intorno la Medicina Elettrica def-
critte dal Dottor Fortunato Bianchini. *In Venezia*, 1749,
in-4. br.

235 Recueil fur l'Electricité médicale. *Paris*, 1752, 2 vol. *in*-12.

236 Caufe & méchanique de l'Electricité. *Paris*, 1749. ——
Phœnomena Electricitatis expofita ab Andr. Gordon. *Erfordiæ*, 1744. —— Lettere fopra l'Elettricità principalmente
per quanto fpetta alla medicina. *In Venezia*, 1747, *in*-12.

237 An Effay to Shew the caufe of Electricity, by J. Freke.
London, 1746. —— Mémoire fur l'Electricité. *Paris*, 1746.
—— Expériences fur l'Electricité, par Jallabert. *Genéve*,
1748, *in*-8.

238 Expériences & Obfervations fur l'Electricité, trad. de
l'angl. de Franklin. *Paris*, 1752, *in*-8.

239 Le Spectacle du Feu élémentaire, ou Cours d'Electricité
expérimentale, par Ch. Rabiqueau. *Paris*, 1753, *in*-8. br,
en carton.

Mélanges de Phyfique.

240 Anton. Mizaldi Centuriæ IX memorabilium, utilium ac
jucundorum in Aphorifmos arcanorum omnis generis locu-
letes. *Francofurti*, 1613, *in*-12.

241 Converfations de l'Académie de M. l'Abbé Bourdelot,
contenant diverfes recherches, obfervations, expériences
de Phyfique, Médecine, &c. *Paris*, 1672, 2 vol. *in*-12.

242 Obfervations curieufes fur toutes les parties de la Phyfique. *Paris*, 1719, 3 vol. *in*-12.

243 Recueil des differtations qui ont remporté le prix à l'Académie Royale des Belles-Lettres, Sciences & Arts de Bordeaux. *Bordeaux*, 1715, 6 vol. *in*-12.

244 Effays and Obfervations Phyfical and Literary read be-
fore à Society in Edinburgh. *Edinburgh*, 1724, 2 vol. *in*-8.

245 Traité Elémentaire d'Hydrodynamique, par M. l'Abbé
Boffut. *Paris*, 1771, 2 vol. *in*-8. br.

HISTOIRE NATURELLE.

Hiftoire Naturelle univerfelle.

246 C. Plinii Secundi Hiftoriæ naturalis libri XXXVII, cum
notis

notis & interpretatione J. Harduini. *Parisiis, Couftelier,*
3 vol. in-fol.

247 Examen d'un paffage de Pline dans lequel il eft queftion
de la Pierre Obfidienne, par le Comte de Caylus. (*Paris*)
1763, in-4.

248 J. Jonftoni Thaumatographia naturalis. *Amftel.* 1665, *in-12.*

249 Hiftoire Naturelle, générale & particuliere, avec la defcription du Cabinet du Roi (par MM. de Buffon & d'Auban-
ton) avec figures. *Paris, de l'Imprimerie Royale,* 1749 &
fuiv. 15 *vol. in-4. br.*

249* Lettres à un Américain fur l'Hiftoire naturelle de M. de
Buffon, (par M. l'Abbé de Lignac). *Hambourg,* (*Paris,*) 1751
& *fuiv.* 8 *vol. in-12. v. écaille fil.*

Hiftoire naturelle des Elémens.

250 Hift. du Ciel (par l'Abbé Pluche.) *Paris,* 1742, 2 *vol. in-12.*

251 Martini Schoockii Tractatus de Inundationibus. *Groningæ,*
1672, *iu-12. mar. r.*

252 Differtation fur la Glace, par Dortous de Mairan. *Paris,*
de l'Imprimerie Royale, 1749, *in-12. fig.*

253 Defcription & repréfentation exacte de la maifon de glace
conftruite à Saint-Peterfbourg en Janvier 1740, & de tous
les meubles qui s'y trouvoient, avec des remarques fur le
froid, trad. de l'allemand de G. Wolffgang - Krafft, par
P. L. le Roy. *Saint-Péterfbourg,* 1741, *in-4.*

Hiftoire-Naturelle particuliere des Métaux, Minéraux, Pier-
res, Pierreries, Foffilles & Pétrifications.

254 Georgii Agricolæ de re Metallicâ libri XII, quibus inftru-
menta, officia, machinæ, ac omnia deniquè ad Metallicam
fpectantia defcribuntur ; accedit ejufdem de Animantibus
fubterraneis liber, cum indicibus diverfis & variis figuris.
Bafileæ, Froben, 1561, *in-fol.* (V. Bibl. inftruct. p. 281 &
282, vol. des Sciences & Arts.)

255 Ejufdem de ortu & caufis fubterraneorum libri v, de naturâ eorum quæ effluunt ex terra libri IV, de naturâ Foffilium libri x, & de veteribus & novis Metallis libri II. *Bafi-*
leæ, Froben, 1546, *in-fol. rel. en parchemin.*

256 Conr. Gefneri de omni genere rerum Foffilium, Gem-
mis, Lapidibus, Metallis & hujufmodi libri aliquot. *Tiguri,*
1565, *in-12. fig.*

257 Elémens de Minéralogie-Docimaftique, par M. Sage. *Pa-*
ris, 1772, *in-12. br.*

C

258 J. Jac. Bajeri Oryctographia Norica, sivè defcriptio rerum
Foffilium & ad Minerale regnum pertinentium, in territorio
Norimbergenfi ejufque Vicinia obfervatorum, cum figuris.
Norimbergæ, 1719, *in-4.*

259 Enumerationis Foffilium, quæ in omnibus Galliæ Provin-
ciis reperiuntur Tentamina, auctore A. J. d'Argenville. *Parifiis*, 1751, *in-8. br.*

260 Nouvelles idées fur la formation des Foffilles (par M. le
Préfident de Robden.) *Paris*, 1751, *in-8. fig.*

261 Effai fur l'Hiftoire naturelle des Corallines, trad. de l'anglois de J. Nellis, avec figures. *La Haye*, 1756, *in-4.*
v. marb. fil.

262 Traité fur les effets de l'aimant, avec figures. *Conftantinople*, *in-8. en langue Turque, br. en carton.*

263 Defcription de l'aimant qui s'eft formé à la pointe du
clocher de N. D. de Chartres, par l'Abbé de Vallemont.
Paris, 1692, *in-12.*

264 Mémoire fur la nature, les effets, propriétés & avantages du feu de charbon de terre apprêté, avec figures, par
M. Morand. *Paris*, 1770, *in-12. br.*

265 Traité des Pétrifications, avec figures, par M. B***. *Paris*,
1742, *in-4.*

266 Obfervations fur l'origine & la formation des Pierres
figurées, par P. Barrere, avec figures. *Paris*, 1746, *in-8.*

267 Anfelmi Boeti de Boot, Gemmarum & Lapidum Hiftoria, ex recenfione & cum Commentariis Adr. Tollii. *Lugd.
Batav.* 1647, *in-8. fig.*

268 Effai de Criftallographie, par M. de Romé-Delifle, avec
figures. *Paris*, 1772, *in-8. br.*

*Hiftoire Naturelle des Eaux, Fleuves, Fontaines, Bains &
Eaux minérales.*

269 Hiftoire Phyfique de la mer, par Louis-Ferd. Comte de
Marfigli, Ouvrage enrichi de figures deffinées d'après le
naturel. *Amft.* 1725, *in-fol. fig.*

270 Dannubius Pannonico-myficus obfervationibus Geograph.
Aftron. Hydrograph. hiftor. Phyficis perluftratus ab Aloyfio
Ferd. Comit. Marfili, cum figuris. *Hagæ-Comitum*, 1726,
6 *vol. in-fol. gr. pap. v. marb. fil.*

271 De Balneis omnia quæ extant apud Græcos, Latinos, &
Arabas, tàm medicos quàm quofcumque cœterorum artium
probatos Scriptores, qui vel integris libris vel quoque alio
modo hanc materiam tractaverunt, nuper hinc indè accu-

raté conquifita & excerpta, atque in unum redacta : in quo
Aquarum & Thermarum omnium quæ in toto ferè orbe terrarum funt ; Metallorum , item & reliquorum Mineralium
naturæ , vires , atque ufus explicantur. *Veneriis, Juntæ ,
1553 , in-fol. rel. en vélin.* (Rare & conforme à la defcript.
de la Bibl. inftruct. p. 296 & 297, vol. des Sciences & Arts.)

272 Andr. Baccii Elpidiani de Thermis libri VII , in quibus
agitur de univerfâ Aquarum naturâ, deque earum differentiis omnibus, ac mixtionibus cum Terris, cum Ignibus, cum
Metallis ; de terreftris Ignis naturâ ; de Fontibus, Fluminibus
& Lacubus ; de Balneis totius orbis , & de methodo medendi
per Balneas, &c. *Venetiis , Valgrifius , 1571 , in-fol.* (Cette
édition eft la plus rare & la plus recherchée.)

273 Lettre fur les nouveaux Bains médicinaux , par M. C***.
Paris , 1752 , in-12.

274 Car. le Roy , de Aquarum mineralium naturâ & ufu pro-
pofitiones prælectionibus Academ. accommodatæ. *Monfpelii , 1758 , in-8.*

275 Obfervations fur les eaux minérales de plufieurs Provinces de France , par le fieur Duclos. *De l'Imprimerie Royale,*
1675 , *in-12.*

276 Differtation fur la caufe de la chaleur & de la froideur
des Eaux minérales, par le P. Cavallery. *Bordeaux,* 1739....
Differtation fur les Eaux minérales du Béarn, par M. de
Bordeu. *Paris*, 1750.... Differtation fur les Eaux & le Sel
de Sedlitz , trad. du latin de Fréd. Hoffmann. *Bafle*, 1740,
in-12.

277 Mémoire fur les Eaux minérales (*Paris,*) 1757.... Effai
Phyfique fur les Eaux de Saint Amand , par P. Paul Bouquié. *Lille* , 1750.... Analyfe des qualités & des vertus de
la Fontaine minérale du Neuweyer, par J. Guil. Becker ,
1761..... Analyfes chymiques des nouvelles Eaux de Paffy.
(*Paris,*) 1757, *in-12.*

278 Thermæ Aquifgranenfes & Porcetanæ ; earum falubres
ufus Balneationis, potationifque, auctore Francifc. Blondel,
cum figuris. *Aquifgrani* , 1688 , *in-4. br.*

279 Hidro-Analyfe des Eaux minérales chaudes & froides de
la Ville d'Aix-la-Chapelle , par J. F. Brefmal. *Aix-la-Chapelle* , 2 part..... Méthode de prendre avec fuccès les Eaux
minérales de S. Chrift (par de Genty.) *Péronne* , 1727.....
Les Eaux minérales de Pougues, par D. L. R***. *Nevers*,
1749..... Lettre de M. Bergeron à M. Cols , fur les vertus
des Eaux de Gand..... Analyfe des Eaux minérales de Mer-
lange. *Paris* , 1761.... Differtation de Mich. Effard fur les

Eaux minérales de Saint Paul de Rouen. *Rouen*, 1717....
Nouvelle Defcription des Fontaines minérales de la Roche-
pofay en Touraine, par C. Martin. *Châtellerault*, 1737....
in-12. fig.

280 Traité de la propriété & effets des eaux, bains doux &
chaux de Bagneres & de Barége, par le fieur P. Defcau-
nets. *Touloufe*, 1745, *in-12. br.*

281 Obfervations de Phyfique & d'Hiftoire Naturelle fur les
Eaux minérales de Dax, de Bagneres & de Barége, &c.
par M. de Secondat. *Paris*, 1750, *in-8. v. f. tr. dor.*

282 Effais Phyfio-Pathologique fur la nature, les qualités &
les effets des bains, des boues de Barbotan, par M. If.
G. ***. 1755, *in-12. éc. tr. dor.*

283 La Fontaine minérale Lez-Saint-Amand, triomphante
par les arcanes ou plus rares fecrets de la Médecine, par Fr.
de Heroguelle. *Valenciennes*, 1691, *in-8.*

284 Traité des Eaux minérales de Bourbonne-les-Bains, par
Baudry. *Dijon*, 1736. —— Mémoire fur les Eaux minérales
d'Ax dans le Comté de Foix, par M. Sicre. *Touloufe*,
1758. —— Mémoire fur les Eaux minérales d'Ax de Con-
trexeville en Lorraine, par M. Bagard. *Nancy*, 1760. ——
Traité des Eaux minérales de Baignoles. *Alençon*, 1740,
in-8.

285 Differtation fur les Eaux de Bourbonne, par M. Charles.
Befançon, 1749, *in-12.*

286 Quæftiones Medicæ, de naturâ & effectibus aquæ Buffa-
næ. *Vefontione*, *in-8. br.*

287 Nouveau Traité des Eaux minérales de Forges, par B.
Linand. *Paris*, 1697, *in-8.*

288 Traité des Eaux minérales de Forges, avec l'examen
des Eaux minérales de Verberie. *In.12. br. en carton.*

289 Lettres de Meffieurs Guerin & le Givre, touchant les minéraux qui entrent dans les eaux de Sainte-Reine & des
Forges. (*Paris*,) 1702, *in-12. rel. en velin.*

290 Analyfe des Eaux de Joühe, près la Ville de Dôle en
Franche-Comté. *Dôle*, 1740, *in-12. br.*

291 Henr. Jo. Rega, Differtatio medica de aquis mineralibut
Fontis Marimontenfis. *Lovanii*, 1740, *in-12. br.*

292 Analyfes & Propriétés des nouvelles Eaux de Paffy. (*Paris*,) 1757, *in-12.*

293 Traité des Eaux minérales découvertes à Paffy, par
Moullin de Margnery. *Paris*, 1723, *in-12.*

294 Rapport de Meffieurs les Commiffaires nommés par la
Faculté pour fe tranfporter aux nouvelles Eaux de Paffy,
&c. *in-3.*

295 Spadacrene, ou Dissertation Physique sur les Eaux de Spa, par Henri de Heers, avec des notes historiques & critiques, par W. Chrouet. *La Haye*, 1739. —— Parallele des Eaux minérales, chaudes & froides du Pays de Liége, par J. F. Bresusal, avec figures. *Liége*, 1721, *in-8*.

296 Essai historique & analytique des Eaux & des Boues de Saint-Amand, par le sieur Desmilleville. *Valenciennes*, *in-12. br.*

297 Essai Physique sur les Eaux de Saint-Amand, par P. Paul Bouquié. *Lille*, 1750, *in-12*.

298 La Chenomachie, ou l'Histoire du différend de Messieurs Brisseau & Doison, touchant les Eaux de Saint-Amand. *In-8. manusc.*

299 Le Secret des Bains & Eaux minérales de Vichy en Bourbonnois, découvert par Cl. Fouet. *Paris*, 1686, *in-12*.

300 Instructions pour les Mariniers, contenant la maniere de rendre l'eau de la mer potable, trad. de l'angl. de Hales. *La Haye*, 1740, *in-12*.

BOTANIQUE.

Traités sur l'Agriculture & Œconomie Rustique.

301 Rei Rusticæ authores varii : Cato, Terentius Varro, Columella, Palladius Rutilius. *Parisiis, Galliot du Pré*, 1533, *in-fol.*

302 Dictionnaire Œconomique, par N. Chomel, & augmenté par M. de la Marre. *Paris*, 1767, 3 *vol. in-fol. v. m. fil.*

303 Œconomie générale de la Campagne, ou la Nouv. Maison Rustique, par Liger. *Paris*, 1700, 2 *vol. in-4*.

304 Instruction pour les Jardins Fruitiers & Potagers, par de la Quintinye. *Paris*, 1715, 2 *vol. in-4*.

305 Traité de la Culture des Pêchers. *Paris*, 1745, *in-12*.

306 Le Calendrier des Laboureurs & des Fermiers, trad. de l'angl. de Bradley. *Paris*, 1755, *in-12*.

307 Le parfait Œconome, contenant ce qu'il est utile & nécessaire de sçavoir à tous ceux qui ont des biens à la campagne, par M. de Rosny. *Paris*, 1740, *in-12*.

308 Les Agrémens de la campagne, avec figures. *Paris*, 1754, 3 *vol. in-12*.

Traités généraux préparatoires à l'étude de la Botanique & à l'histoire des Plantes.

309 J. Raii Nova methodus Plantarum brevitatis & perspi-

cuitatis causâ Synoptice in tabulis exhibita. *Londini*, 1682, *in*-12.

310 Jos. Pitton Tournefort Institutiones Rei Herbariæ, Tabulis æneis adornatæ. *Parisiis, è Typ. Regiâ*, 1700, 3 *vol. in*-4.

311 Abrégé de l'Histoire des Plantes Usuelles, par J. B. Chomel. *Paris*, 1715, 3 *vol. in*-12.

312 Anatomie des Plantes, trad. de l'angl. de Grew, (par le Vasseur.) *Paris*, 1675, *in*-12. *fig.*

313 Deux Discours, l'un sur le progrès de la Botanique, prononcé à l'ouverture du Jardin Royal des Plantes de Paris en l'année 1718, par Antoine de Jussieu; l'autre sur la structure des fleurs, prononcé à l'ouverture du même Jardin le 10 Juin 1727, par Séb. Vaillant. *Paris*, 1718 & 1727, 2 *brochures in*-4.

314 Curiosités de la nature & de l'art sur la végétation, par l'Abbé de Vallemont. *Paris*, 1711, *in*-12.

Dendrologie, ou Histoire naturelle générale des Plantes, des Arbres, des Fruits, Fleurs, &c.

315 Joan. Meursi fili Arboretum sacrum, sivè de Arborum, Fructicum, & Herbarum consecratione, proprietate, usu ac qualitate libri III. *Lugd. Batav. ex Offic. Elzevirianâ*, 1642, *in* 8.

316 Scripturæ Sacræ Viridarium litterale & Mysticum in III. libros & LX arboreta digestum, auctore Ludov. Rumatio. *Parisiis*, 1626, *in*-8.

317 Fr. Baconis de Verulamio Sylva Sylvarum, sivè Historia naturalis & Nova Atlantis latinitatè transcripta à Jac. Grutero. *Lugd. Batav.* 1648, *in*-12.

318 Ulyssis Aldrovandi Dendrologiæ naturalis Scilicet arborum historiæ libri II. *Francofurti, sine anni indicat. in-fol. cum fig. in ligno incisis.*

319 Remberti Dodonæi Stirpium Historiæ Pemptades VI, sivè libri XXX. *Antverpiæ, Moretus*, 1616, *in-fol. fig. couv. en vélin.* (Voyez Bibl. instruct. p. 324, vol. des Sciences & Arts.)

320 Car. Clusii Rariorum Plantarum Historia. *Antverpiæ*, 1601, *in-fol. fig. rel. en vélin.*

320 *bis.* Ejusdem Clusii Exoticarum libri X ; quibus Animalium, Plantarum, Aromatum, aliorumque Peregrinorum fructuum historiæ describuntur ; item P. Bellonii Observationes, eodem Clusio interprete ; accessere Nicolai Monardi

libri III, scilicet : I de lapide Bezaar & Herbâ Scorzonnerâ ;
II de Ferro ejusque facultatibus ; III de Nive ejusque com-
modis, ab eodem Clusio latinitatè donáti. *Lugd. Batav.*
1605, *in-fol. fig. rel. en vélin.* (Voyez Bibl. instruct. p. 325
& 326, vol. des Sciences & Arts.) *Cet exemplaire est bien
complet.*

321 Prodromus Theatri Botanici Gasp. Bauhini in quo Plantæ
suprà sex centæ ab ipso primùm descriptæ, cum plurimis
figuris proponuntur. *Francofurti ad Mænum*, 1620, *in-4.*

322 J. Bauhini & J. Henr. Cherleri Historiæ Plantarum generalis Prodromus. *Ebrodupi*, 1619, *in-4. couv. en velin.*

323 Fabii Columnæ Lyncei ΦΥΤΟΒΑΣΑΝΟΣ, sivè Plantarum
Historia, cui accessit vita ejusd. Fabi & Lynceorum notitia
adnotationesque in ΦΥΤΟΒΑΣΑΝΟΝ. Jano Planco auctore,
cum figuris. *Mediolani*, 1744, *in-4.*

324 Guerneri Rolfincii de Vegetabilibus, Plantis, suffrutici-
bus, fruticibus, arboribus in genere, libri II. *Jenæ*, 1670,
in-4.

325 Stirpium Europæarum extrà Britannias nascentium Sylloge, auctore J. Raio. *Londini*, 1694, *in-8.*

326 J. Ph. Breynii, Historia Natur. Cocci Radicum Tinctorii
quod Polonicum vulgo audit. cum figuris coloribus nativis
pictis. *Gedani*, 1731, *in-4. br.*

327 Phytantosa Iconographia, sivè conspectus Plantarum,
arborum, fruticum, florum, fructuum, fungorum, &c.
Collectarum ex IV mundi partibus à J. Guill. Weinmanno,
æri incisæ, vivis coloribus repræsentatæ per Barthol. Seu-
terum, J. El. Ridingerum & J. Jac. Haidium pictores, cum
denominationibus & description. à J. Geor. Nic. Dieterico.
Ratisbonnæ, 1737, 4 *vol. in-fol. veau marbré filets.* Cet
Ouvrage est orné de 1025 Planches de gravure en taille-
douce, qui représentent les parties les plus curieuses de
l'Histoire Naturelle concernant les plantes, arbres, fleurs,
fruits, racines, & généralement tout ce qui peut avoir
rapport à la Botanique. Ces Planches ont été imprimées en
couleurs naturelles, propres à chacune des Plantes qu'elles
représentent, & ont été ensuite finies au pinceau.

328 Porte-feuille contenant 162 Planches gravées de Plantes
dessinées, par de Châtillon & Robert.

*Histoire Naturelle particuliere des Plantes, Arbres, Fruits &
Fleurs de différens Pays.*

329 Icones & Descriptiones rariorum Plantarum Siciliæ, Me-

litæ, Galliæ & Italiæ, auctore Paulo Boccone. *E Theat. Sheldoniano*, 1674, *in-4. fig. rel. en velin.*

330 Xaverii Manetti Viridarium Florentinum, sivè conspectus Plantarum quæ floruerunt & semina dederunt hoc anno 1750. &c. *Florentiæ*, 1751, *in-8.*

331 Botanicon Parisiense, ou Dénombrement par ordre alphabétique des Plantes qui se trouvent aux environs de Paris, par Séb. Vaillant, avec figures dessinées par Cl. Aubriet. *Leyde*, 1727, *in-fol. gr. pap.*

332 Traité historique des Plantes qui croissent dans la Lorraine, par M. P. J. Buchoz. *Nancy*, 1762, *in-12.*

333 Instruction sur l'herbe Pétum, & sur la racine Mechiocan, par J. G. P. *Paris*, 1572. ——— Traité de la Goutte, trad. du grec de Demetrius Pepagomenus, en franç. par Fed. Jamot. *Paris*, 1573. ——— Traité de la Peste, par Nic. Houel. *Paris*, 1573. ——— Art & moyen parfait de tirer huyles & eaux de tous médicamens simples & oléogineux, par J. Besson. *Paris*, 1573, *&c. in-8. rel. en velin.*

334 Basilei Besleri Hortus Eystettensis; sivè accurata Plantarum omnium ex variis orbis partibus Collectarum, quæ in Viridariis arcem Episcopalem, ibidem cingentibus, hoc tempore conspiciuntur, delineatio & ad vivum repræsentatio. *Norimbergæ*, 1613, 2 *vol. in-fol. gr. pap. fig. v. f. tr. dor. dentelle.* (conforme à la descript. de la Bibl. instruct. vol. des Sciences & Arts, p. 359 & suiv.) *Il y a de plus à cet Exemplaire l'explication en françois écrite très-proprement au bas de chaque Planche.*

335 Horti Academici Lugduno-Batavi Catalogus exhibens nomina Plantarum, descriptiones & icones, auctore Paulo Hermanno. *Lugd. Batav.* 1687, *in-8. fig. v. f. fil.*

336 Joan. Ammani Stirpium rariorum Imperii Rutheni icones, cum descriptionibus. *Petropoli, Typis Acad. Scient.* 1739, *in-4. fig.*

337 Joan. Christ. Buxbaum, Plantarum minùs cognitarum Centuriæ v. Plantas circà Byzantium, & in Oriente observatas complectentes. *Petropoli, Typis Acad.* 1728 *& seqq.* 5 *tom. en 2 vol. in-4. fig.*

338 J. Georg. Gmelin Flora Sibirica, sivè historia Plantarum Sibiriæ. *Petropoli.* 1747, 2 *vol. in-4. fig.*

339 Jac. Cornuti Canadensium Plantarum Historia, cui accedit Enchiridion Botanicum Parisiense, cum figuris. *Parisiis*, 1635, *in-4.*

340 Nova Plantarum Americanarum genera, auctore P. Car. Plumier, cum figuris. *Parisiis*, 1703, *in-4.*

Zoologie,

Zoologie, ou Histoire Naturelle générale des Animaux.

341 Aristotelis Historia de Animalibus, gr. lat. Jul. Cæsare
Scaligero interprete, cum ejusd. Commentariis & animadversionibus Ph. Jac. Maussaci. *Tolosæ*, 1619, *in-fol.*

342 Cl. Æliani Opera, quæ extant omnia gr. & lat. curâ Conradi Gesneri. *Tiguri, sine anni indicat. in-fol.*

343 Wolfgangi Franzii Historia Animalium. *Amstel.* 1665,
in-12.

344 Gualteri Charletoni Exercitationes de differentiis & nominibus animalium, quibus accedunt Mantissa Anatomica, &
quædam de variis Fossilium generibus, deque differentiis &
nominibus colorum. *Oxoniæ*, 1677, *in-fol. fig.*

345 Edwardi Wottoni de Differentiis Animalium libri x. *Parisiis, Vascosan*, 1552, *in-fol.*

346 Conradi Gesneri Historiæ naturalis Animalium libri iv,
scilicet; Quadrupedum, Avium & Piscium, cum figuris coloribus illustratis. *Tiguri, Froschoverus*, 1551, 1555 & 1558,
4 *tom. en 3 vol. in-fol.* édition estimée; cet exemplaire est
très-beau.

347 Fred. Ruischii Thesaurus Animalium primus, cum figuris.
Amstel. 1710, *in-4.*

348 Synopsis Methodica Animalium quadrupedium & Serpen-
tini generis, auctore J. Raio. *Londini*, 1693, *in-8.*

349 Système naturel du Regne animal, par classes, familles,
genres & espèces, (par M. Desbois,) avec figures. *Paris*,
1754, 2 *vol. in-8.*

350 Spicilegia Zoologica quibus novæ imprimis & obscuræ
Animalium species iconibus, descriptionibus, atque Commentariis illustrantur curâ P. S. Pallas. *Berolini*, 1767,
in 4. br. en carton.

351 Figures pour servir à l'Histoire Naturelle des Animaux,
contenues dans le troisiéme volume des Mémoires de l'A-
cadémie Royale des Sciences avant 1699, *in-4. obl. avec
les explications manusc.*

Histoire Naturelle particuliere des Animaux.

352 J. Conr. Peyeri Meryco-Logia, sivè de Ruminantibus &
Ruminatione Commentarius, cum figuris. *Basileæ*, 1685,
in-4. rel. en velin.

353 Gasp. Bartholini Opuscula iv. i. de unicornu. ii. de lapide Nephretico. iii. de Pygmæis. iv. consilium de studio

Medico inchoando continuando, & abfolvendo. *Hafniæ*, 1628, *in*-8.

354 Thom. Bartholini de Unicornu obfervationes. *Amftel.* 1678, *in*-12. *fig.*

355 Mémoires pour fervir à l'Hiftoire d'un genre de Polypes d'eau douce à bras en forme de cornes, par M. Trembley, avec figures. *Paris*, 1744, 2 *vol. in*-8. *v. marb. tr. dor.*

Zootomie, ou Hiftoire Anatomique des Animaux.

356 Mich. Bern. Valentini, Amphithéatrum Zootomicum, exhibens Hiftoriam Animalium Anatomicam, undiquaquè collectam : accedit methodus fecandi Cadevera humanæ, ut & ars dealbandi offa, cum Ofteologiâ, Tabulis Myologicis, &c. *Francofurti Zunner*, 1720, *in-fol. fig.*

357 M. Aurelii Severini Zootomia Democritæa, id eft, Anatome gener. totius animantium Opificii libris v. diftincta, cum figuris. *Norimbergæ*, 1645, *in*-4.

358 Guill. Harvei exercitationes de generatione Animalium, &c. *Amftel.* 1662, *in*-12.

359 Ejufdem, & Withel. Langly obfervationes Anatomico-Medicinales de generatione Animalium : ftudio Jufti Schruderi. *Amftel.* 1674, *in*-12.

360 Gerardi Blafii Anatome Animalium, cum figuris. *Amft.* 1681, *in* 4.

361 Defcription Anatomique de divers Animaux difféqués dans l'Académie Royale des Sciences, avec figures. *Paris*, 1682, *in*-4. *rel. en parchemin.*

362 Differtation fur les parties irritables & fenfibles des Animaux, trad. du latin de Haller, par M. Tiffot. *Laufanne*, 1755, *in*-12. *v. f. tr. dor.*

Médecine Vétérinaire, ou Traités fur les maladies des Animaux, &c.

363 Veterinariæ medicinæ libri II. Joan. Ruellio interprete. *Parifiis, Simo Colinæus*, 1530, *iu-fol. rel. en vélin.*

364 Pub. Vegetii Malomedicina, fivè artis veterinariæ libri IV. Operâ J. Sambuci. *Bafileæ*, 1574, *in*-4.

365 La vraie Connoiffance du Cheval, fes maladies & remédes, par J. J. D. E. M. avec l'anatomie du Ruyni, contenant 64 planches en taille-douce. *Paris*, 1647, *in-fol.*

366 Elémens d'Hippiatrique, ou Nouveaux principes fur la connoiffance des maladies & fur la médecine des Chevaux,

par M. Bourgelat. *Lyon*, 1750, 3 *vol. in-8. gr. pap. v. f. tr. dor.*

367 Traité sur le véritable siége de la morve des Chevaux, & les moyens d'y remédier, par le sieur la Fosse, avec figures. *Paris*, 1749.... Observations en forme de notes sur ce traité par M. Bracken, *MS. in 8. br.*

368 Dissertation sur la morve, en forme de Mémoire présenté à l'Acad. Royale des Sciences, par le sieur la Fosse le fils. *Paris*, 1761, *in-12. br.*

369 Traité des Accidens qui arrivent dans le sabot du Cheval, avec un Supplément sur le Traité de la maladie de la morve, une nouvelle Méthode de ferrer les chevaux, & la maniere de perfectionner les voitures (par le sieur la Fosse,) avec figures. (*Paris*,) 1754.... Réponse à la nouvelle pratique de ferrer du sieur la Fosse, par les Maîtres Maréchaux de Paris. *Paris*, 1758, *in-8. br.*

370 Réflexions sur la maladie qui a commencé depuis quelques années à attaquer le gros Bétail, en divers endroits de l'Europe, par la Société des Médecins de Genève. *Paris*, 1745, *in-12.*

371 Le parfait Bouvier, ou Instruction concernant la connoissance des Bœufs & Vaches, par M J. G. Boutrolle. *Paris*, 1766. Dissertation sur la maladie des chevaux qu'on nomme la morve..... Essai sur les maladies contagieuses du bétail, par M. Clerc. *Paris*, 1766, *in-12.*

371 Mémoire sur les maladies épidémiques des Bestiaux, par M. Barberet. *Paris*, 1766, *in-8. br.*

373 An Essay, on The nature, causes, and Cure of the contagious Distemper a mong the Horned Cattle in these Kingdoms, by Dan. Peter Layard. *London*, 1757, *in-8. br.*

Ornithologie, ou Histoire Naturelle particuliere des Oiseaux.

374 Franc. Willughbii Ornithologiæ libri III, in quibus Aves hactenùs cognitæ omnes accuratè describuntur; ex recensione Joan. Raii. *Londini, Martyn*, 1676, *in-fol. fig.* rare. (V. Bibl. instruct. p. 390, vol. des Sciences & Arts.)

375 Art de faire éclorre & d'élever en toute saison des Oiseaux domestiques, par de Réaumur. *Paris, de l'Imprimerie Royale*, 1751, 2 *vol. in-12. fig.*

Ichthyologie, ou Histoire Naturelle des Poissons.

376 L'Histoire entiere des Poissons, trad. du lat. de Guill.

Rondelet en franç. (par Guill. Pelicier, Evêque de Montpellier,) & divifée en deux parties, avec les figures au naturel gravées en bois. *Lyon, Bonhomme,* 1558, *in-fol. fig.* rare. Cet exemplaire eft affez beau.

377 Franc. Willughbii de Hiftoriâ Pifcium libri IV, ex editione J. Raii, cum figuris æneis. *Oxonii, è Theatro Sheldoniano,* 1686, *in-fol. fig.* rare. (V. Bibl. inftruct. p. 397, vol. des Sciences & Arts.)

378 P. Artedi Ichthyologia, fivè Opera omnia de Pifcibus, recognitionè Car. Linnæi. *Lugd. Batav.* 1738, *in-8.*

379 Marci Aurelii Severini Antiperipatias, hoc eft adverfus Ariftoteleos de refpiratione Pifcium Diatriba ; ejufdem de Pifcibus in ficco viventibus commentarius in libellum Theophrafti Erefii ; accedit Phoca illuftratus *fcilicet :* Anatome Spectatus, &c. *Amftel.* 1661, *in-fol.*

380 Georg. Everhardi Rumphii Thefaurus imaginum Pifcium Teftaceorum. *Lugd. Batav.* 1711, *in-fol.*

381 Oligeri Jacobæi de Ranis obfervationes, acceffit Gafp. Bartholini de Nervorum ufu in motu mufculorum Epiftola, & Diaphragmatis ftructura nova, &c. cum figuris. *Parifiis,* 1682, *in-8.*

382 Hiftoria naturalis Ranarum Noftratium, in quâ omnes earum proprietates, præfertim quæ ad generationem ipfarum pertinent, fufius enarrantur ; cum præfatione Alberti Haller : edidit accuratifque iconibus ornavit. Aug. J. Roefel von Rofenhof. *Norimbergæ,* 1758, *in-fol. gr. pap. fig. enlum. br. en carton.*

Conchyliologie, ou Hiftoire Naturelle des Coquillages.

383 L'Hiftoire Naturelle éclaircie dans deux de fes parties principales, la Lithologie & la Conchyliologie, par M.*** (d'Argenville), avec figures. *Paris,* 1742, *in-4. gr. pap.*

384 Martini Lifter Hiftoriæ Animalium Angliæ Tractatus III, unus de Aranæis, alter de Cochleis, tùm terreftris tùm fluviatilibus, tertius de Cochleis Marinis, quibus adjectus eft quartus de Lapidibus inftar figuratis. *Londini,* 1678, *in-4. fig.*

385 Ejufdem Lifter Hiftoriæ Conchyliolorum libri IV, cum Appendicibus. *Londini,* 1685 —— 1693, 5 parties en un vol. *in-fol. fig. rel. en vélin.* Cet exemplaire eft très-beau & bien complet. (Il eft conforme à la defcription de la Bibl. inftruct. vol. des Sciences & Arts, p. 404 & fuiv.)

386 Ejufdem Lifter Exercitatio Anatomica, in quâ de Cochleis

maxîmè Terreſtribus & Limacibus agitur, cum figuris. *Lon-*
dini, 1694, *in-8.*

387 Phil. Bonanni recreatio mentis & oculi in obſervatione
Animalium Teſtaceorum ex italico latinè. *Romæ*, 1684, *in-*
4. *fig.* 3 *part. en un vol.*

Inſectologie, ou Hiſtoire Naturelle particuliere des Inſectes &
des Reptiles.

388 Théologie des Inſectes, ou Démonſtration des Perfec-
tions de Dieu dans tout ce qui concerne les Inſectes, trad.
de l'allem. de Leſſer, avec dés remarques de P. Lyonnet.
Paris, 1745, 2 *vol. in-8. fig.*

389 Thom. Moufeti Theatrum Inſectorum, ſivè minimorum
Animalium, olim ab Edoardo Wottono, Conrado Geſnero,
Thomâque Pennio inchoatum. *Londini, Cotes*, 1634, *in-fol.*
fig. rel. en velin.

390 Hiſtoire Générale des Inſectes, par J. Swammerdam,
avec figures. *Utrecht*, 1685, *in-4.*

391 Joan. Swammerdammii Biblia naturæ, ſivè Hiſtoria Inſectorum ; in certas Claſſes redacta & exemplis, æneiſque
Tabulis illuſtrata : opus Belgicè conſcriptum, cum verſione
latinâ Hier. Dav. Gaubii, & Præfatione Herm. Boerhaave.
Leydæ, Severinus, 1737, 3 *vol. in-fol.*

392 Mémoires pour ſervir à l'Hiſtoire des Inſectes, par de
Réaumur, avec figures. *Paris, de l'Impr. Royale*, 1734,
6 *vol. in-4. v. marb. fil.*

393 Diſſertation ſur la Génération & la transformation des
Inſectes de Surinam, avec le latin à côté, par Marie-Sibille
Merian, avec figures. *La Haye*, 1726. —— Hiſtoire des Inſectes de l'Europe, deſſinées d'après nature, & expliquées
par Merian, trad. du holl. en franç. par J. Marret, avec
figures. *Amſterd.* 1730, 2 *tom. en un vol. in-fol. gr. pap. v.*
marb. filets.

394 Hiſtoire Abrégée des Inſectes qui ſe trouvent aux environs de Paris, (par M. Geoffroy,) avec figures. *Paris*,
1762, 2 *vol. in-4.*

395 A Natural Hiſtory of English Inſects. Illuſtrated with à
Hundred Copper Plates, curiouſly engrave from the Life
and exactly coloured, by Eleazar Albin. *London*, 1720,
in-4. gr. pap. fig. enluminées.

396 Traité des Animaux ayant aîles qui nuiſent par leurs
piquures ou morſures, avec les remédes, par J. Bauhin,
avec figures. *Montbeliart*, 1593, *in-8. rel. en velin.*

397 Le Gouvernement admirable, ou la République des Abeilles. *Paris*, (*Holl.*) 1740, *in-12*.

398 Nouvelle Construction de Ruches de Bois, avec la façon d'y gouverner les Abeilles, inventée par M. Palteau, avec figures. *Metz*, 1756, *in-8*.

399 Erucarum Ortus, Alimentum & Paradoxa Metamorphosis, in quâ Origo pabulum, transformatio, nec non tempus locus & proprietates Erucarum, Vermium, Papilonium, Phalænarum, Muscarum, aliorumque animalculorum exhibentur : ad vivum delineata, Typis excusa, &c. per Mariam Sibillam Merian. *Amstel. sine anni indicat. in-4. fig.*

400 J. Dan. Geyeri tractatus III. unus de Cantharidibus, alter de montibus Conchiferis & Glossopetris Alzeiensibus Archipalatinis, tertius de Dictamno, cum figuris. *Francofurti*, 1687, *in-4. br.*

401 Herm. Grube, de ictu Tarantulæ, & vi musices in ejus curatione, conjecturæ Physico-medicæ. *Francofurti*, 1679, *in-12*.

402 Recherches intéressantes sur l'origine, la formation, &c. de diverses espèces de vers à tuyau, par P. Massuet, avec figures. *Amst.* 1733, *in-12*.

403 Essai sur l'Histoire Naturelle du Polype insecte, trad. de Henry Baker, par M. P. Démours, avec figures. *Paris*, 1744, *in-8. rr. dor.*

404 Traité d'Insectologie, ou Observations sur les Pucerons, par Ch. Bonnet, avec figures. *Paris*, 1745, 2 *vol. in-8. v. marb. tr. dor.*

405 Franc. Redi Experimenta circà generationem insectorum. *Amstelod.* 1661, *in-12. fig.*

406 Ejusdem Experimenta circà res diversas naturales, speciatim illas quæ ex Indiis adferuntur, cum ejusd. Observationibus de Viperis; omnia ex italico latinitatè donata. *Amstelod.* 1665, *in-12. fig.*

407 J. Dan. Majoris, Dissertatio Epistolica de Cancris & Serpentibus putrefactis. *Jenæ*, 1664, *in-8. rel. en velin.*

408 Descriptions d'un Serpent à sonnette de l'Amérique; de l'Oiseau Trompette Américain, d'un Alcyon à longue queue & d'un petit de la même espece, tous les deux d'Amérique, par A. Vosmaer, avec figures. *Amsterd.* 1767 & 1768, *in-4. en blanc.*

Mélanges d'Histoire Naturelle, où sont rapportés divers secrets
& merveilles de la Nature ; comme aussi ses divers Cabinets
ou Collections de curiosités de la Nature & de l'Art.

409 Levini Lemnii occulta naturæ miracula. *Antuerpiæ*
1561, *in-8.*

410 Ant. à Leuwenhoek Opera omnia, seù Arcana Naturæ
ope exactiss. Microscopiorum detecta, &c. cum figuris.
Lugd. Batav. 1722, 4 *vol. in-4.*

411 J. Franc. Griendelii Micrographia nova, cum figuris.
Norimbergæ, 1687, *in-4.*

412 Phil. Bonanni observationes circà viventia, quæ in
rebus non viventibus reperiuntur ; cum Micrographiâ cu-
riosâ, & Animalium aliquot Testaceorum Iconibus nondùm
editis. *Romæ, Hercules*, 1691, *in-4. fig.*

413 Recherches & Observations naturelles de Boccone, avec
figures. *Amst.* 1674, *in-12.*

414 The Microscope made Easy, by Henry Baker, with copper plates. *London*, 1743, *in-8.*

415 New Microscopical Discoveries, (by Needham.) *London*,
1745, *in-8. fig.*

416 Mémoire instructif sur la maniere de rassembler & de conserver diverses curiosités d'Histoire naturelle, avec figures,
(par M. le Chevalier Turgot.) *Lyon*, 1758, *in-8.*

417 Observations sur l'Histoire naturelle, sur la Physique &
sur la Peinture, avec des Planches imprimées en couleur,
(par Gauthier.) *Paris*, 1752 & 1753, *in-4.*

418 Observations de plusieurs singularités & choses mémorables trouvées en Grèce, Asie, Judée, Egypte, Arabie &
autres pays rédigées en trois Livres, par P. Belon, avec
figures. *Paris*, 1588.... L'Histoire naturelle des étranges
Poissons marins, par le même, avec figures. *Paris*, 1551,
in-4.

419 Musæum Franc. Calceolari Veronensis, à Bened. Ceruto,
medico incœptum, & ab Andr. Chiocco luculenter des-
criptum & perfectum ; in quo multa ad Naturalem Historiam
& rem medicam pertinentia explicantur, cum figuris. *Ve-*
ronæ, 1622, *in-fol. fig.* rare.

420 Musæum Wormianum, seu Historia rerum rariorum, tàm
naturalium, quàm artificialum, tàm Domesticarum, quàm
Exoticarum, quæ Hafniæ Danorum in ædibus authoris ser-
vantur ; adornata ab Olao Worm. *Lugd. Batav. Elzeviriana*,
1655, *in-fol. fig.*

421 Muſæum Regium Danicum, ſeù Catalogus rerum tàm naturalium, quàm artificialium in Bibliothecâ Chriſtiani V, Daniæ Regis aſſervatarum, deſcript. ab Oligero Jacobæo. *Hafniæ*, 1696, *in-fol. fig.*

422 Locupletiſſimi rerum naturalium Theſauri accurata deſcriptio ; & Iconibus artificioſiſſimis expreſſio per univerſam Phyſices Hiſtoriam : Opus elegans latinè & gallicè conſcriptum, deſcriptum, & depinctum curâ Alberti Seba. *Amſtel.* 1734 *& ann. ſeqq. 4 vol. in-fol. C. mag. fig. br. en carton à la hollandoiſe, avec des dos en mouton rouge.*

423 Recueil de Catalogues de curioſités, dont celui de M. Bonnier de la Moſſon. *Paris*, 1745, *in-12.*

424 Pluſieurs Catalogues de curioſités, par M. Remy. *Paris*, 1759, *in-12.*

MÉDECINE.

Hiſtoire de la Médecine & des Médecins.

425 Hiſtoria Medicinæ à rerum initio ad annum Urbis Romæ DXXXV, deducta ſtudio J. Henr. Schulzii, cum figuris. *Lipſiæ*, 1728, *in-4.*

426 J. Henr. Schulze compendium hiſtor. Medicinæ, ſubjuncta eſt Ren. Moreau Dialexis de miſſione ſanguinis in Pleuritide. *Halæ Magdeburgicæ*, 1742, *in-8.*

427 Marcellus Donatus de Hiſtoriâ medicâ mirabili, ex edit. Greg. Horſtii. *Francofurti*, 1664, *in-8.*

428 Hiſtoire de la Médecine, par Dan. le Clerc. *Amſt.* 1723, *2 part. en un vol. in-4. rare.*

429 Hiſtoire de la Médecine depuis Gallien juſqu'au commencement du ſeiziéme ſiécle, trad. de l'angl. de Freind, par Etienne Coulet. *Leyde*, 1727, *in-4.*

430 Eloge de la Médecine & de la Chirurgie, trad. du holl. par Madame de Zoutelandt. *Paris*, 1730, *2 tom. en un vol. in-12. br.*

431 Etat de la Médecine ancienne & moderne, avec un plan pour perfectionner celle-ci, trad. de l'angl. de Clifton, par Cantwel. *Paris*, 1742. *in-8.*

432 Projet de réformation de la Médecine, par le François. *Paris*, 1716, *2 vol. in-12.*

433 Réflexions critiques ſur la Médecine, par le François. *Paris*, 1714, *2 vol. in-12.*

434 Eſſai hiſtorique ſur la Médecine en France, (par Chomel.) *Paris*, 1762, *in-12.*

435 Caractere des Médecins, ou l'Idée de ce qu'ils ſont communément

munément & celle de ce qu'ils devroient être. *Paris*, (*Berlin*,) 1760, *in-12*.

436 Religio Medici. *Lugd. Batav.* 1650, *in-12*.

437 Simonis Vacher, Thesis Medica de Religione Medici *Vesuntione*, 1753, *in-4. mar. r.*

438 Roderici à Castro Medicus Politicus : sivè de Officii Medico-Politicis tractatus. *Hamburgi*, 1662, *in-4*.

439 Commentatio de Medicis Equestri dignitate ornatis, (auctore J. Car. Wiliel. Moehsen.) *Berolini, sinè anni indic. in-4. v. m. dent.*

440 J. Georg. Schenckii, Biblia Jatrica, sivè Bibliotheca medica. *Francofurti*, 1609, *in-8*.

441 Martini Lipenii Bibliotheca Realis Medica. *Francofurti ad Mœnum*, 1679, *in-fol.*

442 J. Jac. Mangeti Bibliotheca Scriptorum Medicorum veterum & recentiorum. *Genevæ*, 1731, 4 *vol. in-fol.*

443 Georg. Abr. Mercklini Lindenius renovatus, sivè J. Antonii Vander Linden de Scriptis Medicis libri 11. *Norimbergæ*, 1686, 4 *vol. in-4*,

444 Th. Bartholini de Medicis Poetis dissertatio. *Hafniæ*, 1669, *in-12*.

445 Dictionnaire Historique de la Médecine, par M. Eloy. *Paris*, 1756, 2 *vol. in-8*.

446 Bibliographie médicinale raisonnée, (par M. du Moncheaux). *Paris*, 1756, *in-12*.

447 Vitæ illustrium Medicorum qui toto orbe, ad hæc usq. tempora floruerunt, auctore P. Castellano. *Antuerpiæ*, 1618, *in-8*.

448 Historia Monogramma, sivè Pictura Linearis Sanctorum Medicorum & Medicarum in expeditum redacta Breviarium, &c. accessit præsentatio licentiadorum, auctore Guil. Duval. *Parisiis*, 1643, *in 4. rel. en velin.*

449 Icones veterum aliquot, ac recentium medicorum, Philosophorumque elogiolis suis editæ, operâ J. Sambuci. *Antuerpiæ*, 1574, *in-fol. rel. en velin.*

450 Historia vitæ & meritorum Fred. Ruysch, auctore J. Frid. Schreibero. *Amstel.* 1732, *in-4. br. en carton.*

451 J. Jac. Baieri Biographiæ professorum medicinæ qui in Academia Altorfina unquam vixerunt, cum figuris. *Norimbergæ*, 1728, *in-4. mar. r.*

452 Grand *in folio*, contenant des portraits gravés de personnes illustres dont la plus grande partie de Médecins & de Chirurgiens. *rel. en vélin.*

E

Jurifprudence de la Médecine.

453 Pauli Zacchiæ Quæſtiones medico‑legales. *Avenione,* 1660, 2 vol. *in‑fol.*

454 Martini Lipenii Bibliotheca Realis Juridica. *Francofurti ad Rhænum,* 1679, *in‑fol.*

455 Jac. Molleri, difcurſus II Philologico‑Juridici; I. de Cornutis ; II. de Hermaphroditis eorumque Jure. *Francofurti,* 1692, *in‑4.*

456 Mich. Valentini Pandectæ medico‑legales. *Francofurti ad Mœnum,* 1701, 2 vol. *in‑4.*

457 Herm. Frid. Teichmeyeri Inſtitutiones medicinæ legalis vel forenſis. *Jenæ,* 1723, *in‑4.*

458 Joan. Ern. Hebenſtreit Anthropologia forenſis ſiſtens medici circà Rempublicam cauſaſque dicendas officium, cum rerum Anatomicarum & Phyſicarum quæ illud attinent expoſitionibus. *Lipfiæ,* 1751, *in‑8.*

459 Eſſai ſur la Jurifprudence de la Médecine en France, par M. Verdier. *Paris,* 1763, *in‑12.*

460 La Jurifprudence de la Médecine en France, ou Traité hiſtorique & juridique des Etabliſſemens, Réglemens, Police, devoirs, droits & priviléges des trois Corps de Médecine, &c. par le même. *Paris,* 1763, 4 vol. *in‑12.*

461 Principes de Jurifprudence ſur les viſites & rapports judiciaires des Médecins, Chirurgiens, Apothicaires & Sages‑femmes, par Me Prevoſt, Avocat. *Paris,* 1753, *in‑12.*

462 Les moyens de bien rapporter à Juſtice les indiſpoſitions & changemens qui arrivent à la ſanté des hommes, par René Gendry. *Angers,* 1650, *in‑12.*

463 Recueil général des Piéces contenues au procès de M. le Marquis de Geſvres & de Mademoiſelle Maſcranni ſon épouſe. *Rotterd.* (*Paris*) 1714, 2 vol. *in‑12.*

464 Traité de la diſſolution du mariage pour cauſe d’impuiſſance. *Luxembourg,* (*Paris*) 1755..... Diſſertation Phyſique ſur la force de l’imagination des femmes enceintes ſur le fœtus, par Jac. Blondel, trad. de l’angl. par Alb. Brnn, *Leyde,* 1737, *in‑8.*

Statuts de la Faculté de Médecine de Paris, & autres.

465 De Antiquitate & dignitate Scholæ Medicæ Pariſienſis Panegyris, auctore Gab. Naudæo. *Lutet. Parif.* 1628, *in‑8,* rel. en vélin.

466 Curieuſes recherches ſur les Ecoles en Médecine de Paris
& de Montpellier, néceſſaires d'être ſçues pour la conferva-
tion de la vie (par J. Riolan.) *Paris*, 1651, *in-8.*

467 Statuts de la Faculté de Médecine en l'Univerſité de Paris, mis en ordre par Denys Puylon. *Paris*, 1672, *in-4.*

468 Traduction des Statuts des Docteurs-Régens de la Faculté
de Médecine de Paris, par Mich. Bermingham, Chirurgien.
Paris, 1754, *in-8.*

Écrits pour & contre les Médecins.

469 Les Médecins à la cenſure, ou Entretiens ſur la Médecine, par G. de Bezançon. *Paris*, 1677, *in-12.*

470 Ger. Goris Medicina contempta propter ΔΟΓΟΜΑΧΙΑΝ,
vel ignorantiam Medicorum. *Lugd. Batav.* 1700, *in-4.*

471 Georg Franck de Franckenau Satyræ Medicæ xx. *Lipſiæ*,
1722, *in-8.*

472 Medicorum Sileſiacorum Satyræ, quæ varias obſervationes, caſus, experimenta, tentamina ex omni medicinæ am-
bitu petita exhibent Specimina VIII, cum figuris & indicibus.
Vratiſlaviæ & Lipſiæ, 1736 & ſeq. *in-8.*

473 Obſervations critiques ſur un Livre du ſieur Aignan, intitulé l'Ancienne médecine à la mode. *Paris*, 1702, *in-12.*

474 Le Brigandage de la Médecine dans ſa maniere de traiter
les petites véroles & les plus grandes maladies par l'éméti-
que, &c. *Utrecht*, 1732, 2 vol. *in-12.*

475 Ouvrage de Pénelope, ou Machiavel en Médecine, (par
Aletheius Demetrius Omfroy Ditton de la Mettrie). *Berlin*, 1748, 3 vol. *in-12.*

476 Lettres intéreſſantes pour les Médecins de profeſſion, &c.
Avignon, 1759, 2 vol. *in-12.*

477 La Faculté vengée, Comédie en trois Actes, par M. ***.
Paris, (*Holl.*) 1747, *in-8. br. en carton.*

478 Satyra in perfidum Chirurgorum quorundam à medicis
defectionum. *Pariſiis*, 1577.... Examen barbaræ & inſulſæ
Cacurgorum reſponſionis. *Pariſiis*, 1577.... Ad impuden-
tiam quorundam Chirurgorum qui medicis æquari & Chirurgiam publicè profiteri volunt, pro veteri dignitate medicinæ Apologia philoſophica. *Pariſiis*, 1577.....Comparatio
medici cum chirurgo. *Pariſiis*, 1577.... Ad cujuſdam in-
certi nominis medici Apologiam parùm philoſophicam pro
chirurgis reſponſio. *Pariſiis*, 1577, *in-8.*

479 Animadverſio in Sycophantæ cujuſdam & Chirurgis iniqui
medici libellos II. impoſturis ſcatentes quorum alteri *Apo-*

logiâ philosophica, alteri *Comparatio Medici cum Chirurgo*; nomen est. *Parisiis*, 1577.... Examen plúsquam barbaræ & monstrosæ responsionis Cacurgorum. *Suispari*, 1577.... *in-8. rel. en vélin.*

480. Le Chirurgien Médecin, ou Lettre au sujet des Chirurgiens qui exercent la Médecine..... Lettre de M. L. R. C. à M. D. L. A. au sujet de la lettre ci-dessus. (*Paris*,) 1726.... Lettre d'un Chirurgien à un Apothicaire sur le même Ouvrage. (*Paris*,) 1726.... Lettre critique de Valisnieri à l'Auteur du Livre de la Génération des Vers dans le corps de l'homme, trad. de l'ital. *Paris*, 1727, *in-12.*

481 Le Brigandage de la Chirurgie, ou la Médecine opprimée par le brigandage de la Chirurgie, par Phil. Hecquet. *Utrecht*, 1738, *in-8.*

482 Recueil de Piéces sur la dispute des Médecins & Chirurgiens de Paris, 7 *vol. in-4.*

483 Autre Recueil de Piéces sur la dispute entre les Médecins & les Chirurgiens, 5 *vol. in-12.*

484 Mémoires, Certificats de Médecins & Jugemens sur l'affaire entre Messieurs Moreaul & Laguille de la Ville d'Autun, *in-fol.*

Traités généraux de l'art de la Médecine ; Méthodes, Cours & Institutions ; Dictionnaires, &c.

485 J. Gorræi definitionum medicarum libri XXIV. literis græcis distincti. *Francofurti ad Mœnum*, 1578, *in-fol.*

486 La Police de l'Art & Science de Médecine, par And. du Breil. *Paris*, 1580, *in-8. rel. en vélin.*

487 Vidi Vidii Ars Medicinalis. *Venetiis, apud Juntas*, 1611, 3 *vol. in-fol.*

488 Marci Aureli Severini de Efficaci Medicinâ libri III. *Francfurti ad Mœnum*, 1646, *in-fol. cum figuris in ligno incisis.*

489 Theodor. Janssonii ab Almeloveen inventa nova antiqua ; id est, brevis enarratio ortus & progressus Artis Medicæ. *Amstel.* 1684, *in-12.*

490 Archibaldi Pitcarnii Elementa Medicinæ. *Hagæ-Comitum*, 1718..... J. Sam. Carl Praxeos medicæ Therapia generalis & specialis, 1718.... Specimen novæ Pathologiæ Theoretico-practicæ concinnatum secundum methodum Stahbanam. *Francofurti*, 1715, *in-4.*

491 Pet. Guenellon Epistolica dissertatio de Genuinâ medicinam instituendi ratione. *Amstel.* 1680, *in-16.*

492 J. Bapt. Morgagni Nova Institutionum Medicarum idea. *Patavii*, 1712, *in-4. br.*

493 Herm. Boerhaave Methodus discendi Medicinam. *Londini*, 1726, *in-8.*

494 Institutiones Medicæ in usus annuæ exercitationis domesticos digestæ ab eodem Herm. Boerhaave. *Lugd. Batav.* 1727, *in-8.*

495 Institutions de Médecine, trad. du latin de Herm. Boerhaave en franç. par de la Mettrie. *Paris*, 1740, 2 *vol. in-12.*
—— Les mêmes. *Paris*, 1743, 6 *vol. in-12.*

496 Petri Linsing Tentamen Medicum, sivè Institutiones Medicæ per quæstiones breviter dilucidatæ. *Erlangæ*, 1701, *in-8.*

497 Medicinæ compendium, in usum exercitationis domesticæ: digestum à J. de Gorter. *Lugd. Batav.* 1735, *in-4. fig. br.*

498 Épitome des Préceptes de Médecine & Chirurgie, par P. Pigray. *Rouen*, 1642, *in-8.*

499 Essais de Médecine, par J. Bernier. *Paris*, 1689, *in-4.*

500 Supplémens au Livre des Essais de Médecine. *Paris*, 1691, *in-4. br. en carton.*

501 Nouveau Cours de Médecine. *Paris*, 1685, 2 *vol. in-12.*

502 Barth. Castelli Lexicon medicum Græco-latinum, operâ & studio Adr. Ravesteini. *Roterod.* 1665, *in 8. mar. r.*

503 Ejusdem Lexicon medicum Græco-latinum, editum à J. P. Brunone, cum novis accessionibus. *Lipsiæ*, 1713, *in-4.*

504 Dictionnaire universel de Médecine, trad. de l'angl. de James, par Messieurs Diderot, Eidous & Toussaint. *Paris*, 1746, 6 *vol. in-fol.*

505 Dictionnaire Portatif de Médecine, d'Anatomie, de Chirurgie, &c. par J. Franç. Lavoisier. *Paris*, 1764, 2 *vol. in-8. v. marb. tr. dor.*

506 Diario universal de Medicina, Cirurgia, Pharmacia, &c. por Man. Gomes de Lima. *Lisboa*, 1764, *in-12. br.*

507 Lexicon Physico-Medicum: or a neuw Physical Dictionary, by John Quincy. *London*, 1722, *in-12.*

Médecins anciens, Grecs, Latins & Arabes, avec leurs Commentateurs.

508 Hippocratis Opera omnia gr. cum interpret. lat. & annotat. Anutii Foesii. *Francofurti*, 1595, *in-fol.*

509 Magnus Hippocrates Prosp. Martiani notationibus expli-
catus. *Patavii*, 1719, *in-fol.*

510 Œconomia Hippocratis, Alphabeti serie distincta, sivè
Lexicon Hippocrateum, auctore Anutio Foesio. *Franco-*
furti, 1588, *in-fol.*

511 Compendium instar indicis in Hippocratis Opera, studio
P. Math. Pinii Urbinatæ. *Venetiis*, 1597, *in-fol. mar. r.*

512 Hippocrates contractus, studio & operâ Thom. Burnet.
Edinburgi, 1685, *in-12.*

512 *bis.* Idem Liber. *Londini*, 1743, *in-8.*

513 Hippocratis ac Galeni libri aliquot ex recognitione Franc.
Rabelæsi gr. & lat. *Lugd. apud Gryphium*, 1532, *in-16.*
lav. régl. mar. r.

514 Hippocratis magni OPKON, sivè Jusjurandum recensi-
tum & libro Commentario illustratum à J. Henr. Meibo-
mio. *Lugd. Batav.* 1643, *in-4.*

515 Aphorismi Hippocratis gr. & lat. in novum ordinem
digesti, auctore Joan. Lanæo. *Parisiis*, 1628, *in-8.*

516 Aphorismi Hippocratis accurante Theod. Janssonio ab
Almeloveen. *Amstel. Westenius*, 1685, *in-16.*

517 Hier. Mercurialis, in omnes Hippocratis Aphorismos,
Prælectiones Patavinæ. *Lugduni*, 1631, *in-8.*

518 Aphorismes d'Hippocrate, trad. en franç. *Paris*, 1685,
2 *vol. in-12.*

519 Hippocratis Coi Prognosticon latina Ecphrasis ex mente
Galeni, auctore P. Blondello, gr. lat. *Lutetiæ*, 1575, *in-*
4. *br. en carton.*

520 Henr. Cope Demonstratio Medico-Practica Prognostico-
rum Hippocratis, gr. lat. *Typis, Acad. Dubliniensis*, 1736,
in-8. v. m. filets.

521 La Conférence & Entreveue d'Hippocrate & de Démocrite, tirée du grec, & commentée par Marcellin Bompart. *Paris*, 1632, *in-8.*

522 Lettre d'Hippocrate à un de ses amis, *in-4. manusc.*

523 Hippocratis Coi Sententiæ definitivæ, gr. lat. hebraicè;
studio Marci Ant. Gaiotii. *Romæ*, 1647, *in-8.*

524 Hippocratis Magni prænotiones, gr. & lat. interprete Lud.
Dureto. *Lutet. Paris.* 1658, *in fol.*

525 Réflexions sur la théorie & la pratique d'Hippocrate &
de Galien, avec la méthode de guérir les malades par les
voies de la transpiration & de l'évacuation, (par Louis Cau-
sac.) *Paris*, 1692, *in-12.*

526 Novæ methodi pro explicandis Hippocrate & Aristotele

Specimen, auctore Marino Curæo de la Chambre. *Parisiis*, 1668, *in-12*.

527 Sylva Sententiarum ad Chirurgiam pertinentium, ex libris Hippocratis in Studioforum utilitatem defumpta, auctore Math. Narvatio, 1632, *in-8*.

528 Galeni Opera. *Venetiis*, 1625, *5 vol. in-fol.*

529 Galeni libri IX. gr. cum annotat. latinis J. Caii. *Bafileæ*, 1544, *in-4*.

530 Cl. Galeni de ufu partium corporis humani libri XVII. Nicol. Regio interprete. *Parifiis*, 1538.... Ejufdem Galeni de naturalibus facultatibus libri III. Th. Linacro interprete. *Parifiis*, 1537, *in-fol.*

531 Cafp. Hofmanni Commentarii in Galeni de Ufu partium corporis humani libri XVII. gr. & lat. *Francofurti ad Mœnum*, 1625, *in-fol. couv. en vélin.*

532 Medici Antiqui omnes qui latinis litteris, diverforum morborum genera & remedia perfecuti funt. *Venetiis, Aldus*, 1547, *in-fol.* (Ouvrage rare & recherché.)

533 Artis Medicæ Principes, poft Hippocratem & Galenum, ex editione Henr. Stephani. *Parifiis, Typis ejufd. Stephani*, 1567, *2 vol. in-fol.* (Ouvrage eftimé & rare, conforme à la defcription de la Bibliographie inftruct. p. 459, vol. des Sciences & Arts.)

534 Aretæi Medici libri VII, à Junio Paulo Craffo in latinum fermonem verfi : Ruffi de corporis humani partium appellationibus libri III, ab eodem Junio Craffo latinitate donati. *Venetiis, apud Juntas*, 1552, *in-fol.*

535 Pauli Æginetæ rei Medicæ libri VII. gr. *Bafileæ*, 1537....: Jani Cornarii interpretatio latina VII. librorum Pauli Æginetæ. *Bafileæ*, 1556, *in-fol.*

536 Ætii Medici Opera, lat. donata per Janum Cornarium. *Lugduni, apud Beringos*, 1549, *in-fol.*

537 Medicorum antiquorum collectio, fcilicet, Trallianus, Cœlius Aurelianus, Oribafius, Tacuinus, Albengnefit, Jac. Alkindas, Albukas, Roland, Horatianus, Hildegardius, Oibafius, Efculapius. *3 vol. in-fol.*

538 Aur. Corn. Celfi de Arte Medicâ libri VIII, cum Commentariis Guill. Pantini. *Bafileæ, fine anni indicatione*..... J. Math. de Gradi Opera. *Lugd. Jac. Giuntus*, 1535, *caract. goth. in-fol.*

539 Idem Celfus, cum Commentariis Hieron. Thriveri & Balduini Ronffei. *Lugd. Batav.* 1592, *in-4*.

540 Idem, ex recognitione J. Ant. Vander - Linden. *Lugd. Batav. J. Elzevirius*, 1657, *in-12*.

541 Ejufdem Celfi de Medicinâ libri VIII, illuftrati Scholiis
　　Rob. Conftantini, Ifaaci Cafauboni & aliorum, curâ & ftudio
　　Th. J. ab Almeloveen. *Amftel.* 1713, *in-8.*

542 Joan. Bapt. Morgagni in Aur. Corn. Celfum & Q. Ser.
　　Samonicum Epiftolæ x. *Patavii*, 1750, *in-8.*

543 Traduction des Ouvrages d'Aur. Corn. Celfe fur la Méde-
　　cine, par M. Ninnin. *Paris*, 1753, 2 *vol. in-12.*

544 Contradictiones, dubia & paradoxa in libros Hippocratis,
　　Celfi, Galeni, Ætii, Æginetæ, Avicennæ, cum eorundem
　　conciliationibus recognitis, caftigatis, &c. Nic. Rorario auc-
　　tore. *Venetiis*, 1572, *in-8.*

545 Joan. Mefuæ Opera Medica. *Venetiis, apud Juntas,* 1549,
　　in-fol.

546 Avicennæ Opera, ex Gerardi Cremonenfis verfione &
　　And. Alpagi caftigatione. *Venetiis*, 1608, 2 *vol. in-fol.*

547 Ejufd. Avicennæ libri primus, tertius & quartus, cum lat.
　　explanatione Jac. de Partibus. *Lugduni*, 1498, 3 *vol. in-fol.*
　　caract. goth.

548 Ejufdem libri primus & fecundus, & pars quarti, cum
　　Scholiis Vopifci Fortunati Plempii. *Lovanii*, 1658, 2 *tom.*
　　en un vol. in-fol. mar. r.

Médecins modernes.

549 Conftantini Opera Medica. *Bafileæ*, 1536..... Rod. A.
　　Fonfcea Confultationes Medica. *Venetiis*, 1619, *in-fol.*

550 Leon. Fuchfii Opera Didactica. *Francofurti*, 1604, *in-fol.*

551 Hier. Fracaftorii Opera omnia, (inter quæ Poëma quod
　　infcribitur, *Syphilis.*) *Venetiis, apud Juntas,* 1574, *in-4.*

552 Joan. Fernelii univerfa Medicina. *Lugd. Batav.* 1645,
　　2 *vol. in-8.*

553 Jac. Sylvii Opera medica, cum ejufdem vitâ & indici-
　　bus neceffariis, Operâ, & ftudio Ren. Moræi. *Genevæ*,
　　1630, *in-fol.*

554 Leon. Botalli Opera omnia Medica & Chirurgica, cum
　　figuris. *Lugd. Batav.* 1660, *in-8.*

555 Laur. Jouberti, Medici, Opera. *Lugduni*, 1579, 2 *tom.*
　　en un vol. in-fol.

556 Chrift. à Vega Opera. *Lugduni, Guill. Rouillius,* 1576,
　　in-fol. lav. régl.

557 Gabr. Fallopii Opera omnia. *Francofurti*, 1600, 2 *tom.*
　　en un vol. in-fol.

558 Joan. Heurnii Opera omnia. *Lugduni*, 1658, 2 *tom. en*
　　un vol. in-fol.

559 Controversiæ Medicæ, auctore J. B. Silvatico *Francofurti*, 1601, *in-fol. couvert en velin.*

560 Hier. Mercurialis consultationes & responsa medicinalia. *Venetiis, apud Juntas*, 1623, 4 tom. en 2 *vol. in-fol.*

561 Ejusdem Opuscula aurea & selectiora. *Venetiis, apud Juntas*, 1644. —— Idem in secundum librum Epidemiorum Hippocratis. *Forolivii*, 1626, *in-fol.*

562 Lud. Mercati Opera, cum epitomis & indice Zachariæ Palthenii. *Francofurti*, 1620, 4 *vol. in-fol.*

563 Theod. Colladonis, adversaria, seu Commentarii Medicinales, &c. *Coloniæ Allobrogum*, 1615, 2 *tomes en un vol. in-8.*

564 Hieronimi Capivacci Medici Opera omnia, curâ Joan. Hartmanni Beyeri. *Francofurti*, 1603, *in-fol. rel. en velin.*

565 Threnodia medica, seu Planctus Medicinæ lugentis, auctore Raym. Minderero. *Augustæ Vindelicorum*, 1619, *in-8.*

566 J. Hornungi Cista medica, sivè Epistolæ clarissim. Germaniæ Medicorum. *Norimbergæ*, 1626, *in-4. rel. en velin.*

567 Dan. Sennerti, Opera omnia. *Lugduni*, 1656, 4 tom. en 2 *vol. in-fol.*

568 Zacuti Opera. *Lugduni*, 1649, 2 *vol. in-fol.*

569 Jac. Hollerii Stempani Opera omnia practica, cum annotationibus Lud. Dureti & observationibus J. Hautin. *Parisiis*, 1664, *in-fol.*

570 Lud. Septalii animadversionum & cautionum medicarum libri IX. *Dordrechti*, 1650, *in-8.*

571 Victoris Trincavellii Opera omnia. *Lugduni*, 1586, 2 tom. en un vol. *in-fol. rel. en velin.*

572 Franc. Ranchini Opuscula Medica, curâ & studio Henr. Gras. *Lugduni*, 1627, *in-fol.*

573 Franc. Citesii Opuscula Medica. *Parisiis*, 1639, *in-4.*

574 P. Foresti Observationum & curationum Medicinalium ac Chirurgicarum Opera omnia. *Francofurti*, 1634, 2 *vol. in-fol.*

575 Responsionum & curationum Medicinalium liber, auctore Nic. Fontano. *Amstel.* 1639, *in-12.*

576 Ejusd. Fontani Observationum rariorum Analecta. *Amst.* 1641, *in-4 en velin.*

577 Joan. Bapt. Montani Medicina universa, cum indice, studio & operâ Mart. Weindrichii. *Francofurti*, 1587, *in-fol.*

578 Joan. Wallæi Medica omnia, in lucem edita à C. Irvino. *Londini*, 1660, *in-8.*

579 Lazari Riverii Opera Medica. *Lugduni*, 1663, *in-fol.*

F

580 Regneri de Graaf Opera omnia, cum figuris. *Lugd. Batav.* 1677, *in-8.*

581 Jac. Primerosii de vulgi erroribus in Medicinâ libri IV. *Roterod.* 1658, *in-12.*

582 Destructio fundamentorum Medicinæ Vopisci Fortunati Plempii, à Jac. Primirosio. *Roterod.* 1657, *in-4.*

583 J. B. Van-Helmont Ortus medicinæ & ejusdem Opuscula medica, edita à Fr. Mercurio Van-Helmont filio, cum ejus præfatione ex Belgico translatâ. *Amsterod. Lud. Elzevir.* 1652, *in-4.*

584 Hier. Nigrisoli Progymnasmata. *Guastallæ*, 1665, *in-4.*

585 P. Borelli Historiarum & Observat. Medico-Physicarum Centuriæ IV. *Francofurti*, 1670, *in-8.*

586 Th. Bartholini Epistolarum medicinalium à doctis, vel ad doctos Scriptarum Centuriæ II, cum figuris & indicibus. *Hafniæ*, 1663, *in-12.*

587 Ejusdem Bartholini Opuscula. *Hafniæ*, 1657, *in-4.*

588 J. Chicotii Epistolæ & Dissertationes Medicæ. *Parisiis*, 1656, *in-8. titulus manusc.*

589 Gerardi Blasii Observationes Medicæ rariores; accedit Monstri triplicis Historia, cum figuris. *Amstel.* 1677, *in-8.*

590 Hieronimi Velschii Dissertatio Medico-Philosophica de Ægagropilis, cum figuris. *Augustæ - Vindelicornm*, 1660, *in-4.*

591 Car. Drelincurtii Opuscula Medica. *Hagæ-Comitum,* 1727, *in-4.*

592 J. Georg. Waltheri Sylva Medica, cum indice duplici altero morborum altero auctorum, Jehova coadjuvante. *Budissæ*, 1679, *in-4.*

593 Franc. Deleboë Sylvii Opera Medica. *Genevæ*, 1681, *in-fol.*

594 Theodori Craanen Opera omnia, cum figuris. *Antverpiæ,* 1689, 2 *vol. in-4.*

595 Franc. Boyle Opuscula Medica. *Tolosæ*, 1701, *in-4.*

596 Thom. Willis Opera omnia, cum indicibus necessariis & figuris æneis. *Lugduni*, 1681, 2 *vol. in-4.*

597 Mich. Etmulleri Opera omnia, cum notis Nic. Cyrilli. *Venetiis*, 1734, 5 *vol. in-fol.*

598 Marcelli Malpighii Opera omnia, cum figuris. *Londini*, 1687, 2 *vol. in-fol.*

599 Theod. Turquet Opera Medica, curâ & studio Jos. Browne. *Londini*, 1703, *in-fol.*

600 Thom. Sydenham Opera Medica. *Genevæ*, 1723, 2 *vol. in-4.*

601 The whole Works of Thom. Sydenham, edition corrected from the original latin, by J. Pechey. *London*, 1734, *in-8.*

602 Richardi Morton Opera medica. *Lugduni*, 1697, *in-4.*

603 Car. Muſitani Opera omnia, ſeù Trutina medica, chirurgica, pharmaceutico-chymica, &c. *Genevæ*, 1716, 2 *vol. in-fol.*

604 Frid. Hoffmanni Opera omnia Phyſico-medica, cum duobus Supplementis. *Genevæ*, 1761 & *ſeqq.* 11 *vol. in-fol.*

605 La Médecine raiſonnée de Fr. Hoffmann, trad. par Jac. J. Bruhier. *Paris*, 1739, 9 *vol. in-12.*

606 Archibaldi Pitcarnii Opuſcula medica. *Roterod.* 1714, *in-4.*

607 J. Mariæ Lanciſii Opera omnia, cum diſſertat. collecta ac in ordinem digeſta, à Petro Aſſalto. *Genevæ*, 1718, 3 *vol. in-4.*

608 Phil. Hecquet novus Medicinæ conſpectus. *Pariſiis*, 1722, 2 *vol. in-12.*

609 Math. Glandorpii Medici Opera omnia. *Londini*, 1729, *in-4.*

610 J. Franc. Le Fevre Opera medica, cum figuris. *Veſuntione*, 1737, 2 *vol. in-4.*

611 Anton. Fizes Opera medica, acceſſit de hominis generatione exercitatio, latinitatè donata à Nic. Fizes. *Monſpelii*, 1742, *in-4.*

612 Johan. Freind Opera omnia medica. *Londini*, 1733, *in-fol.*

PHYSIOLOGIE.

Traités généraux & particuliers de l'étude de la Phyſiologie; du corps humain, de ſes facultés & fonctions diverſes; de l'harmonie & de l'uſage des parties qui le compoſent, &c.

613 Sever. Pinæi Opuſculum Phyſiologum & Anatomicum, cum figuris. *Francofurti*, 1610. — Sibylla Tryg Andrianæ, ſeù de virginitate, Virginium ſtatu & Jure tractatus. *Francofurti*, 1610, *in-12. rel. en velin.*

614 J. Gothof. Bergeri Phyſiologia-medica, ſive de naturâ humanâ liber bipartitus. *Vitembergæ*, 1702, *in-4.*

615 Bern. Ramazzini Opera omnia medica & phyſiologica, cum figuris. *Londini*, 1718, *in-4.*

616 Hermanii Frid. Teichmeyeri Elementa Anthropologiæ, ſivè Theoria corporis humani, cum figuris. *Jenæ*, 1719, *in-4.*

617 Georg. Dan. Coschwitz Organismus & Mechanismus in homine vivo obvius & stabilitus. *Lipsiæ*, 1725, *in-4*.

618 Ejusdem Organismus & Mechanismus in homine vivo obvius destructus & labefactatus. *Lipsiæ*, 1728, *in-4*.

619 J. Junckeri, conspectus Physiologiæ-medicæ & Hygieines ad dogmata Sthaliana adornatus. *Halæ Magdeburgicæ*, 1735, *in-4*.

620 Specimen novi Medicinæ conspectus. *Parisiis*, 1751, *in-8*.

621 Elementa Physiologiæ, auctore Jos. Lieutaud. *Amstelod. (Lugd.)* 1749, *in-8*.

622 Essai sur la Physiologie, par M. B***. *Amst. (Paris)* 1756, *in-12*.

623 Essais Physiologiques, trad. de l'angl. de Rob. Whytt, par M. Thebault. *Paris*, 1759, *in-12*.

624 Essai sur la Physiologie, par M. Bordenave. *Paris*, 1764, *in-12*.

625 Le sentiment d'Hippocrate touchant les circulations du corps humain, par Raim. Restaurant. *Lyon*, 1675, *in-12*.

626 Explication méchanique & physique des fonctions de l'ame sensitive, par Lamy. *Paris*, 1681, *in-12. fig.*

627 Gualt. Charleton Exercitationes Physico-Anatomicæ de Œconomiâ animali. *Amstel.* 1659, *in-12*.

628 J. Bohnii Circulus Anatomico-Physiologicus, seu Œconomia corporis animalis. *Lipsiæ*, 1686..... Dan. Clerici Historia naturalis & medica latorum Lumbricorum, intrà hominem & alia animalia nascentium, cum figuris. *Genevæ*, 1715, *in-4*.

629 J. Frid. Ortlob Historia partium & Œconomiæ hominis secundùm naturam. *Lipsiæ*, 1697, *in-4. fig.*

630 Tentamina Medico-Physica, ad quasdam quæstiones, quæ Œconomiam animalem spectant accommodata, auctore Jac. Keill. *Londini*, 1718, *in-8*.

631 Idée générale de l'Œconomie animale & Observations sur la petite vérole, par Helvetius. *Paris*, 1722, *in-8*.

632 Lettre à M.*** sur l'Ouvrage précédent, par Besse. *Paris*, 1723, *in-12*.

633 Lettres à M.***, au sujet de la Lettre de M. Besse, par Helvetius. *Paris*, 1725, *in-8*.

634 Réplique aux Lettres de M. Helvetius, par Besse. *Amst. (Paris,)* 1726, *in-12*.

635 J. Cl. Adr. Helvetii Principia Physico-medica. *Parisiis*, 1752, 2 *vol. in-8*.

636 Essai Physique sur l'Œconomie animale, par Fr. Quesnay. *Paris*, 1736, *in-12*.

637 Le même. *Paris*, 1747, 3 *vol. in-12.*

638 A Courfe of Anatomico-Phyfiological lectures, on the human ftructure and animal Œconomy, by Ch. Nic. Jenty. *London*, 1757, 3 *vol. in-8. v. f. & quatre autres Brochures du même Auteur.*

639 J. Swammerdami Tractatus Phyfico-Anatomico-Medicus de refpiratione, ufuque pulmonum, cum figuris. *Lugd. Batav.* 1667, *in-12.*

640 De Refpirationis ufu primario Diatriba, auctore Malachia Thrufton. *Londini*, 1670, *in-8.*

641 Th. Bartholini de Pulmonum fubftantiâ & motu diatribe. *Lugd. Batav.* 1672, *in-12.*

642 Differtation fur le méchanifme & les ufages de la refpiration, par M. David. *Paris*, 1766, *in-12.*

643 La nouvelle Découverte & les Admirables effets des ferremens dans le corps humain, par J. Pafcal. *Paris*, 1681, *in-12.*

644 Recueil d'Expériences & Obfervations fur le combat qui procede du mélange des corps fur les faveurs, les odeurs, fur le fang, fur le lait, &c. *Paris*, 1679, *in-12.*

645 P. Petiti de motu Animalium fpontaneo liber. *Parifiis*, 1660, *in-8. rel. en vélin.*

646 Joan. Alph. Borelli de motu Animalium. *Romæ*, 1680, 2 *vol. in-4.*

647 Gottlieb Ephr. Berneri Exercitatio Phyfico - Medica de applicatione Mechanifmi ad Medicinam; cui annectitur Differtatio de Apoplexiâ cum catarrho fuffocativo, &c. *Duifburgi ad Rhenum*, 1730, *in-8.*

648 Nicol. Bouchard Confpectus Phyfiologico - Mechanicus Secretionum in genere. *Monfpelii*, 1731. —— Hugoni Courraigne Differtationes Medico-Chirurgicæ juxtà circulationis leges. *Monfpelii*, 1731, *in-8.*

649 Jac. Keilii Tentamina Medico-Phyfica, cum figuris. *Lugd. Batav.* 1730, *in-4.*

650 Joan. Fantoni Opufcula Medica & Phyfiologica. *Genevæ*, 1738, *in-4.*

651 Synopfis Obfervationum medicarum & phyficarum quas decuriæ III. ac Centuriæ X. Ephemeridum Acad. Cæfareæ Leopold. Carolinæ naturæ curioforum ab anno 1670 ufque ad annum 1722, publicatarum continent, ordine alphabetico expofita & adornata à Wit. Andr. Kelluero, cum præfatiõe Andr. Eliæ Buchneri. *Norimbergæ*, 1739, *in-4.*

652 J. Georg. Henr. Krameri Differtatio Epiftolica de diffe-

rentiis quibufdam inter hominem natum & nafcendum, &c. cum figuris coloribus illuftratis. *Norimbergæ*, 1736, *in-4. br. en carton.*

653 Obfervations on Man, his frame, his duty, and his expectations, by Dav. Hartley. *London*, 1749, 2 *vol. in-8.*

654 Hiftoire naturelle de l'Homme confidéré par M. Clerc. *Paris*, 1767, 2 *vol. in-8.*

655 Lettres de G. Defnoues Chirurgien, de Guglielmini Médecin, & d'autres Sçavans, fur différentes nouvelles découvertes, avec figures. *Rome*, 1706, *in-8.*

656 Recherches & obfervations fur la durée de la vie de l'Homme. *Nancy*, 1754, *in-8. br.*

657 Effai fur la maniere de perfectionner l'Efpece humaine, par M. Vandermonde. *Paris*, 1756, 2 *vol. in-12.*

658 The Practice of Phyfic Founded on principles in Phyfiology and Pathology, by John Shebbeare, with figures. *London*, 1755, 2 *vol. in 8.*

Traités fur le cœur, fur fon mouvement & celui du fang.

659 Jac. De Back Differtatio de corde. *Roterod.* 1654, *in-12.*

660 Guil. Harvei, Exercitatio Anatomica de cordis & fanguinis motu. *Roterdami*, 1648, *in-12.*

661 Richardi Lower tractatus de corde, item de motu & colore fanguinis, & chyli in eum tranfitu. *Amftel. Elzev.* 1671, *in-8. fig.*

662 Phil. Jac. Sachs Oceanus Macro-microcofmicus, feu differtatio de Analogo motu Aquarum ex & ad Oceanum Sanguinis ex & ad Cor. *Vratiflaviæ*, 1674. — Valent. Andr. Mollenbroccii de varis, feu Arthritide vaga Scorbutica tractatus. *Lipfiæ*, 1663, *in-12.*

663 P. Chirac de motu cordis Specimen Analyticum. *Monfpelii*, 1698, *in-12.*

664 Nouvelles découvertes fur le Cœur, par Raymond Vieuffens. *Paris*, 1706, *in-12. br. en carton.*

665 Joan. Mariæ Lancifii de motu cordis, & Anevryfmatibus, cum figuris. *Romæ*, 1728, *in-fol.*

666 Ejufdem Lancifii, de motu Cordis & Anevryfmatibus, cum figuris, & præfatione Apulii. *Neapoli*, 1738, *in-4.*

667 Traité de la ftructure du cœur, de fon action & de fes maladies, par Senac. *Paris*, 1749, 2 *vol. in-4. fig.*

668 Th. Schwencke Hæmatologia, five Sanguinis Hiftoria, cum figuris. *Hagæ Comitum*, 1743, *in-8. br.*

669 Georg. Caspii Hannonii, ad indoctam & contumeliosam
Bonav. Grangerii admonitionem de cautionibus in sanguinis missione adhibendis brevis responsio. *Basileæ*, 1579,
in-8.

670 Hermannus Conringius de sanguinis generatione & motu
naturali, accedunt ejusdem & Anton. Guntheri Billichii
de fermentatione libri II. *Lugd. Batav.* 1646, *in-8.*

671 Questions sur l'origine & le mouvement du sang, par
Jac. Chaillou. *Paris*, 1664, *in-8.*

672 Christ. Theophili de sanguine vetito disquisitio uberior,
pro Th. Bartholino, accessit ejusdem Bartholini de sanguinis abusu disputatio. *Francofurti*, 1676, *in-12. rel. en
velin.*

673 Georg. Abr. Mercklini tractatio medica de ortu & occasu
transfusionis sanguinis. *Norimbergæ*, 1679, *in-8.*

674 Erasistratus, sivè de sanguinis missione, auctore Lucâ
Ant. Portio. *Venetiis*, 1683, *in-12.*

675 Henr. Alb. Nicolai de directione Vasorum, pro modifi-
cando Sanguinis circulo, Disputatio. *Argentorati*, 1725,
in-4, br.

676 J. de Gorter, de secretione humorum è sanguine ex
solidorum fabricâ præcipuè & humorum indole demonstra-
tatâ. *Lugd. Batav.* 1727, *in-4. fig.*

Traités sur le Chyle, la Bile, les Humeurs, &c.

677 Jer. Ad. Leiterspegeri Dissertatio Anatomica, exhibens
Encheirisin novum qua ductus Thoracicus una cum recep-
taculo Chyli in quovis subjecto humano demonstrari potest.
Argentorati, 1711. —— Theses Medicæ de Mesenterio quas
submittit Menhardus Carolus Landaviensis, auctor & res-
pondens, cum figuris. *Argentorati*, 1714, *in-4.*

678 J. Virideti tractatus medico-physicus de primâ coctione
præcipuè que de ventriculi fermento. cum indicibus. *Genevæ*, 1693, *in-12.*

679 Pancreas Pancrene, sivè Pancreatis & Succi ex eo pro-
fluentis commentum succinctum, adornante Bern. Swalve.
Amstel. 1667, *in-12.*

680 J. Nevye Disputatio medica de nutritione, & aliæ variorum dissertationes. *Lugd. Batav.* 1662, *in-4. fig. br. en
carton.*

681 J. Jac. Harderi Prodromus Physiologicus naturam explicans humorum nutritioni & generat. dicatorum. *Basileæ*,
1679, *in-8.*

682 Cromwel Mortimer Exercitatio de ingreſſu humorum in corpus humanum..... Problêmes de Phyſique réſolus, par Mery. *Paris*, 1711..... Bern. Albini Oratio de ortu & progreſſu medicinæ. *Lugd. Batav.* 1702..... Panaiota Condoidi Diſſertatio médica de morbis Ætatum. *Lugd. Batav.* 1732..... J. Pringle Diſſertatio medica de marcore ſenili. *Lugd. Batav.* 1730, *&c. in-4.*

683 Joſ. del Papa Exercitatio de Præcipuis humoribus qui in humano corpore reperiuntur, & accedit Hyer. Barbati Exercitatio de ſanguine & ejus ſero. *Lugd. Batav.* 1736, *in-8. fig.*

Traités ſur la Virginité, la Génération, le Fœtus, &c.

684 Sever Pinæus de Virginitatis notis, graviditate & partu ; Lud. Bonaciolus de conformatione fœtus, accedunt alia, cum figuris. *Amſtelæd.* 1663, *in-12.*

685 Jac. Rueff de Conceptu & Generatione hominis libri VI. *Tiguri*, 1554, *in-4. rel. en vélin.*

686 J. Ben. Sinibaldi Genanthropeiæ, ſivè de hominis Generatione Decateuchon : adjecta eſt Hiſtoria fœtus Muſſipontani. *Francofurti*, 1669, *in-4.*

687 Mart. Schurigii Spermatologia, hoc eſt, Seminis humani conſideratio, &c. *Francofurti ad Mænum*, 1720, *in-4.*

688 Diſſertations ſur la génération, ſur la ſuperfétation, &c. par le ſieur de la Motte. *Paris*, 1718, *in-12.*

689 La Génération de l'Homme, ou le Tableau de l'Amour conjugal, par Nic. Venette, avec figures. *Cologne (Rouen)*, 1721, *2 vol. in-12.*

690 Nouveau ſyſtème ſur la génération de l'Homme & celle de l'Oiſeau, par Ch. Denys de Launay. *Paris*, 1726, *in-12.*

691 De l'Homme & de la Femme conſidérés phyſiquement dans l'Etat du mariage, par M. de L. (Leurie), avec figures. *Lille*, 1772, *2 vol. in-12.*

692 L'Art de faire des Garçons, par M. *** (le Comte de Caylus, &, à ce qu'on écrit, du Médecin Procope.) *Montpellier (Paris)*, *2 tom. en un vol. in-12.*

693 Lettres ſur le pouvoir de l'imagination des Femmes enceintes. *Paris*, 1745, *in-12.*

694 Joan. Hucheri de ſterilitate utriuſque ſexus libri IV, acceſſit ejuſdem liber de Diætâ & Therapeiâ puerorum. *Genevæ*, 1609, *in-8.*

695 Georg. Frid. Orth Diſſertatio medica de Fœtu XLVI annorum, cum figuris. *Tubingæ*, 1620, *in-4. br. avec d'autres piéces manuſcrites ſur ſemblables phénomenes.*

696 Henr. Eyſſonii Diſſertatio medica de fœtu lapide facto. *Groningæ*, 1661, *in-12. fig.*

697 Diſquiſitio Anatomica de formato fœtu, auctore Gualtero Needham, cum figuris. *Amſtel.* 1668, *in-12.*

698 Hiſtoria fœtus Muſſi Pontani extra uterum in abdomine reperti & lapideſcentis, cum Commentariis variorum. *Francofurti*, 1669, *in-4.*

699 Abr. Cypriani Epiſtola exhibens hiſtoriam fœtus humani poſt xxi menſes & uteri Tuba, matre ſalva ac ſuperſtite, exciſi, cum figuris. *Lugd. Batav.* 1700, *in 8.*

700 Lettre d'Abraham Cyprianus, écrite à Thom. Millington rapportant l'hiſtoire d'un fœtus humain de vingt-un mois, détaché des trompes de la matrice, ſans que la mere en ſoit morte, avec figures. *Amſt.* 1707, *in-12. br.*

701 Traité de la génération & de la nourriture du fœtus, par Dan. Tauvry. *Paris*, 1700, *in-12.*

702 Traité de la nutrition & de l'accroiſſement, précédé d'une Diſſertation ſur l'uſage des eaux de l'Amnios, par J. P. David. *Paris*, 1771, *in-8. br.*

703 Embryulcia nova detecta, of Het geheim van Roonhuiſen. *Amſt.* 1747, *in-8. fig. br.*

704 J. B. de Lamzweerde Hiſtoria naturalis molarum uteri, cum figuris. *Lugd. Batav.* 1686, *in-8.*

Traités ſur la barbe, le cerveau, les glandes & les nerfs.

705 Franc. Joſ. Burrhi Epiſtolæ 11 : 1 de cerebri ortu & uſu medico; 11 de artificio oculorum humores reſtituendi. *Hafniæ*, 1669, *in-4. rel. en vélin.*

706 Gentiani Herveti Libellus in quo cum multatum, varia notatu digna de Pilis & Barba radenda comprehenduntur. *Pariſiis*, 1536, *in-8. rel. en vélin.*

707 Marci Ant. Ulmi Phyſiologia Barbæ humanæ, hoc eſt de fine illius philoſophico, & medico. *Bononiæ*, 1602, *in-fol.* Cum appendice hiſtoria & ſymbolica eorum quæ pertinere videntur ad ipſam Barbam humanam, *m/.*

708 Joan. Tardini Diſquiſitio Phyſiologica de Pilis. *Turnoni*, 1609, *in-8. rel. en vélin.*

709 Th. Whartoni Adenographia, ſivè Glandularum totius corporis deſcriptio. *Londini*, 1656, *in-8.*

710 Gul. Cowper Deſcriptio Glandularum quarundam, nuper detectarum, ductuumque earum excretoriorum, cum figuri. *Londini*, 1702, *in-4. rel. en vélin.*

711 Recherches Anatomiques ſur la poſition des Glandes &

fur leur action, par M. Théophile de Bordeu. *Paris*, 1751,
in-12.

712 J. Phil. Burggravii de Exiftentiâ Spirituum Nervoforum
commentatio medica. *Francofurti ad Mœnum*, 1725, *in*-4.

713 Traité de l'exiftence, de la nature & des propriétés du
fluide des Nerfs, &c. par le Cat. *Berlin*, 1765, 2 *vol. in*-8.

Traités fur les fens, fur la voix, &c.

714 Jul. Cafferii Pentæfthefeion, hoc eft de quinque fenfibus
liber, cum figuris. *Francofurti*, 1610, *in-fol.*

715 Ant. Molinetti Differtationes Anatomicæ & Pathologicæ
de fenfibus & eorum organis. *Patavii*, 1699, *in*-4.

716 Traité des Senfations & des Paffions en général & des
Sens en particulier, par le Cat. *Paris*, 1767, 2 *vol. in*-8.
brochés.

717 Laur. Bellini Guftus Organum. *Bononiæ*, 1665, *in*-12.
rel. en velin.

718 Traité de l'organe de l'Oüie, contenant la ftructure,
les ufages & les maladies de toutes les parties de l'oreille,
par du Verney. *Paris*, 1683, *in*-12. *mar.*

719 Guntheri Chrift. Shelhammeri de Auditu liber. cum fig.
Lugd. Batav. 1684, *in*-12.

720 Traité du Ris, contenant fon effence, fes caufes & merveilleux effets, par Laurent Joubert ; item la caufe morale
du Ris de Démocrite expliquée par Hippocras. *Paris*, 1679,
in-8.

721 Le fixiéme fens, (par M. de Buffon.) —— Réflexions fur
le fyftême de la Génération de M. de Buffon, trad. d'une
Préface allemande de Haller. *Genéve*, (*Paris*,) 1751,
in-12. *br.*

722 Bapt. Codronchii, de vitiis vocis libri II. quibus accedit
confilium de Raucedine, ac methodus teftificandi, &c. *Francofurti*, 1597, *in*-8.

723 Jul. Cafferii de vocis auditufque organis Hiftoria Anatomica iconibus ære excufis illuftrata. *Ferrariæ*, 1600, *in-fol.*

724 J. Wallis de loquelâ, fivè fonorum formatione tractatus.
Lugd. Batav. 1627, *in*-8.

725 Difcours Phyfique de la Parole. *Paris*, 1670, *in*-12.

726 Lettre à M. D ***. fur le nouveau Syftême de la Voix,
& autres Piéces fur le même fujet. *La Haye* (*Paris*), 1745,
in-12.

Hygiene, ou Traités du Régime de vie, & de l'Art de conserver sa santé.

727. Schola Salernitana, sivè de conservandâ valetudine præcepta metrica, auctore J. de Mediolano, ex recens. Zach. Sylvii, cum ejusdem Præfatione. *Roterod.* 1657, *in-12.*

728 Le Régime de santé pour conserver le corps humain & vivre longuement, composé par l'Ecole de Salerne, & mis au jour par Arnoul de Villeneuve. *Paris*, 1501, *in-4. goth.*

729 Tuendæ Sanitatis ratio, auctore Georg. Pictorio Villingano. *Parisiis*, 1555, *in-16.*

730 Erreurs populaires & Propos vulgaires touchant la Médecine & le Régime de santé, expliqués & réfutés par Laur. Joubert. *Bourdeaux*, 1579, 3 vol. *in-8.*

731 Barthol. Perdulcis ars sanitatis tuendæ. *Parisiis*, 1637, *in-12.*

732 L'Art de se conserver la santé, ou le Médecin de soi-même, par Flamant. *Paris*, 1692, *in-12.*

733 Dialogues de la Santé. *Paris*, 1683, *in-12.*

734 Medicina Corporis, seù cogitationes admodùm probabiles de conservandâ Sanitate. *Lipsiæ*, 1695, *in-4.*

735 Viti Riedlini Iter medicum sanitatis recuperandæ causâ institutum, cui annectantur Georg. Riedlini Observationes Chirurgicæ. *Augustæ Vindelicorum*, 1702, *in-8. br.*

736 Frid. Hoffmanni dissertationes Physico-medicæ curiosæ selectiores, ad Sanitatem tuendam maximè pertinentes. *Lugd. Batav.* 1708, *in-8.*

737 Conradi Bartholdi Behreus, selecta Diœtetica, seù de rectâ ac conveniente ad Sanitatem vivendi ratione tractatus. *Francofurti*, 1710, *in-4. rel. en velin.*

738 Lœvini Lemnii, exhortatio ad vitam optimè instituendam, &c. *in-12. abest titulus.*

739 La Médecine Statique de Sanctorius, trad. en franç. par le Breton. *Paris*, 1722, *in-12.*

740 Les Présages de la santé, des maladies & du sort des malades, ou Histoire universelle des signes prognostics, par M. ***. *Paris*, 1770, *in-12.*

741 Discours par lequel est montré qu'il n'y a aucune raison que quelques-uns puissent vivre sans manger, durant plusieurs jours & années, par Isr. Harvet. *Niort*, 1597, *in-12. rel. en velin.*

742 Latini Tancredi de Fame & Siti libri III. *Venetiis*, 1607, *in-4.*

743 Steph. Roderici Caftrenfis, tractatus de Afitiâ. *Florentiæ,* 1630, *in-8.*

744 J. B. Montani, de Excrementis Libri II. à Valent. Lublino dati, quibus acceffit Tractatus de morbo Gallico. *Parifiis,* 1555, *in-16.*

745 Bartoli Bartholini Commentarius de Pœnula. *Hafniæ,* 1655, *in-12. br. en carton.*

746 Del Vitto Pitagorico per ufo della Medicina difcorfo d'Antonio Cocchi. *In Firenze,* 1743, *in-4. br. en carton.*

747 Hieron Mercurialis de arte Gymnaſticâ libri VI. *Venetiis, apud Juntas,* 1573, *in-4. rel. en vélin.*

Traités diætétiques des Alimens, de leur ufage & faculté; des boiffons; enfemble les Traités de l'art de la Cuifine.

748 Jof. Quercetani Diæticon Polyhiftoricon. *Genevæ,* 1626, *in-8. rel. en vélin.*

749 Traité des Alimens, par Louis Lemery. *Paris,* 1705, *in-12.*

750 Effai fur la nature & le choix des Alimens, fuivant les différentes conftitutions, trad. de l'angl. de J. Arbuthnot. *Paris,* 1741, *in-12.*

751 Thom. Bartholini de Nivis ufu medico obfervationes variæ, acceffit Erafmi Bartholini de figurâ Nivis differtatio. *Hafniæ,* 1661, *in-12. fig.*

752 Les Vertus médicinales de l'eau commune. *Paris,* 1730, 2 *vol. in-12.*

753 Nouvelles Fontaines domeftiques approuvées par l'Acad. Royale des Sciences. *Paris,* 1750, 2 *vol. in-12.*

754 Lettre fur la Biere (par M. Creudal). *Valenciennes,* 1734, *in-8.*

755 Le bon ufage du Thé, du Caffé & du Chocolat, par de Blegny. *Lyon,* 1687, *in-12.*

756 Le Cuifinier Gafcon. *Amft. (Paris,)* 1740, *in-12.*

PATHOLOGIE.

Traités généraux Pathologiques ou Théoriques des Maladies, de leurs fymptômes, diagnoftics, &c.

757 Hieron. Cardani de Caufis fignis ac locis morborum liber. *Bononiæ,* 1569, *in-8.*

758 Gualteri Charletoni Exercitationes Pathologicæ. *Londini,* 1661, *in-4.*

759 Brunonis Seidelii liber explicans morborum incurabilium caufas, acceffit Fabr. de Paduanis Tractatus de morbis in quibus præfentaneis uti convenit remediis. *Lugd. Batav.* 1662, *in-*8.

760 Joan. Jac. Scharandei Modus & ratio vifendi Ægros. *Solodori,* 1670, *in-*12.

761 Herm. Grube de Tranfplantatione morborum Analyfis nova. *Hamburgi,* 1674, *in-*12.

762 G. Hier. Velfchii Hecatofteæ 11. Obfervationum Phyfico-Medicorum, cum figuris. *Auguftæ-Vind. licorum,* 1675, *in-*4.

763 Ant. Molinetti Differtationes Anatomico - Pathologicæ quibus humani corporis partes accuratiffimè defcribuntur morbique fingulas divexantes explicantur. *Venetiis,* 1675, *in-*4.

764 Georg. Phil. Nenteri Theoriæ hominis Ægroti, fivè Pathologiæ medicæ pars generalis, &c. *Argentorati,* 1716, *in-*8.

765 Jod. Lommii Obfervationum Medicinalium libri 111. *Amftel.* 1720, *in-*8.

766 Tableau des Maladies de Lommius, trad. par M. l'Abbé le Mafcrier. *Paris,* 1760, *in-*12. *mar. r.*

767 Gottlieb Ephr. Berneri Exercitatio Phyfico-Medica de efficacia & ufu Æris mechanico in corpore humano. *Amftel.* 1723, *in-*8.

768 Dan. Joan. Junckeri confpectus Pathologiæ ad dogmata Stahliana adornatæ. *Halæ-Magdeburgicæ,* 1736, *in-*4.

769 H. D. Gaubii Inftitutiones Pathologiæ medicinalis. *Leydæ Batavorum,* 1758, *in-*8.

770 Pathologie de Gaubius, trad. du lat. en franç. par M. Sue le jeune. *Paris,* 1770, *in-*12.

771 Alb. Halleri Opufcula Pathologica, cum figuris. *Laufannæ,* 1755, *in-*8. *br.*

772 Ejufdem Halleri Difputationes ad morborum hiftoriam & curationem facientes. *Laufannæ,* 1757, 3 *vol. in-*4. *v. f. filets.*

773 La Science du Pouls, le meilleur & plus certain moyen de juger des maladies, mife en langue franç. par J. Eufebe. *Lyon,* 1568, *in-*8.

774 Ars Sphygmica, feù Pulfuum doctrina à Jof. Struthio libris v. confcripta, acceffit Hier. Capivaccei de Pulfibus tractatus, & Gafp. Bauhini introductio Pulfuum fynopfin continens. *Bafileæ,* 1602, *in-*8. *rel. en velin.*

775 Euft. Rudii, de Pulfibus libri 11. *Patavii,* 1602. — Alex. Maffariæ, de Pulfibus & Urinis libri 11. *Venetiis,* 1603, *in-*4.

776 Obfervations nouvelles & extraordinaires fur la prédiction
des crifes par le Pouls, trad. de l'anglois de Nihell, par
Lavirotte. *Paris*, 1748, *in-12.*

777 Recherches fur le Pouls par rapport aux crifes, (par M.
de Bordeu fils). *Paris* , 1756, *in-12.*)

778 Andr. Argoli, de Diebus criticis , & de Ægrorum decu-
bitu libri II. *Patavii*, 1639, *in-4. br. en carton.*

779 Theophrafti , de Sudoribus libellus unus: de vertigine
libellus alter è grecâ linguâ in latinam converfi, cum annotationibus per Bonav. Grangerium, gr. & lat. *Parifiis*,
1576, *in-8. lav. régl.*

780 Steph. Roderici Caftrenfis, quæ ex quibus. Opufculum verè
aureum, ac præcipua Prognofeos myfteria referans. *Lugd.*
1645, *in-12. rel. en vélin.*

781 Trichiafis admiranda, fivè Morbus Pilaris mirabilis, ob-
fervatus à J. Sculteto. *Noriberga*, 1658, *in-12.*

782 Martini Schoockii, de Sternutatione Tractatus. *Amftel.*
1664, *in-12.*

783 Chrift. Lud. Moeglingii Tentamina Semioticæ. *Tubinga*,
1747 & *feq. in-4. br.*

784 Differtation fur la queftion, *Comment fe fait la tranfmiffion
des maladies héréditaires?* par M. Louis. *Paris*, 1749, *in-12.
veau marb. tr. dor.*

THÉRAPEUTIQUE.

*Traités de la Médecine pratique , & de l'art de guérir les
maladies.*

785 Pantheum Medicinæ felectum, fivè Medicinæ practicæ
Templum, auctore D. Hercule Saxonia, editore Pet. Vffen-
bachio. *Francofurti, finè anni indicatione.* — Ejufdem
Herculis Saxoniæ Tractatus de Pulfibus, editore eodem
Vffenbachio. *Francofurti*, 1604, *in-fol. rel. en vélin.*

786 Guill. Rondeletii Methodus curandorum omnium Morborum corporis humani in III libros diftincta. *Parifiis, finè
anni indicatione, in-8.*

787 Medicina practica, rationalis & empirica, authore F. Cor-
nacchinio Aretino. *Venetiis*, 1609, *in-fol. rel. en velin.*

788 Alex. Maffariæ Practica Medica. *Lugduni*, 1616, *in-4.
rel. en vélin.*

789 Aphorifmorum Medicinalium , cùm theoricorum, tùm
practicorum Sectiones VIII. collectæ ftudio & operâ Laur.
Scholzii. *Francofurti ad Mænum*, 1625, *in-12.*

790 Seb. Egberti Scholia in Remberti Dodonæi Praxin artis medicæ, cum auctuario annotationum Nic. Fontani. *Amst.* 1640, *in-8. rel. en vélin.*

791 Idea universæ Medicinæ practicæ libris XII absoluta, *Amstelodami, apud Lud. Elzevir*, 1648, *in-8.*

792 De Impedimentis magnorum auxiliorum in Morborum curatione libri III. authore D. Ant. Ponce de Santa Cruz. *Barcinonæ*, 1648, *in-8.*

793 Joan. Hieron. Pulverini Medicina practica, ex recensione Gerard Blasii Leonh filii. *Lugd. Batav.* 1649, *in-8. rel. en vélin.*

794 Anton. Deusingii Dissertatio de Morborum quorumdam superstitiosâ origine & curatione: speciatìm de morbo Mansslacht vulgò dicto: itèmque de Lycanthropiâ; necnon de Surdis ab ortu Mutisque, ubi & de ratione & loquelâ brutorum animantium. *Groningæ*, 1656, *in-12.*

795 Alex. Deodati Valetudinarium, seù Observationum curationum & consiliorum medicinalium Satura. *Lugd. Batav. ex Offic. J. Elzevir.* 1660, *in-12.*

796 Remoræ Acimpedimenta Purgationis, in scriptis Hippocratis detecta, exercitationibus v. comprehensa, auctore Jac. Pancratio Brunone, accessit J. Jac. Bajeri de longævitate Medicorum dissertatio. *Altdoffi*, 1676, *in-4.*

797 Th. Burnet Thesaurus medicinæ practicæ, à Dan. Puerario auctus. *Genevæ*, 1678, 2 *vol. in-12.*

798 Jos. Jackson Enchiridion medicum Theoretico-Practicum; sivè Tractatus de morborum theoriâ & praxi. *Amstel.* 1698, *in-12.*

799 Mich. Bern. Valentini Praxis medicinæ infaillibilis. *Francofurti ad Mœnum*, 1711, *in-4. rel. en vélin.*

800 J. Bern. Gladbachii Praxeos medicæ idea novissima. *Herbornæ*, 1711, *in-8.*

801 Georg. Baglivi Opera omnia medico-practica & anatomica. *Antverpiæ*, 1715, *in-4.*

802 J. Allen-Synopsis universæ medicinæ practicæ, sivè de morbis eorumque causis ac remediis judicia. *Amstelæd.* 1730, *in-8.*

803 Abrégé de toute la Médecine pratique, trad. du lat. de J. Allen, par M.***. *Paris*, 1741, 6 *vol. in-12.*

804 Herm. Boerhaave Aphorismi de cognoscendis & curandis morbis. *Lugd. Batav.* 1728, *in-8.*

805 Gerardi van Swieten Commentaria in Hermanni Boerhaave Aphorismos de cognoscendis & curandis morbis. *Lugd. Batav.* 1745, 2 *vol. in-4.*

806 Ejufdem van Swieten Commentaria in Herm. Boerhaave Aphorifmos de cognofcendis & curandis morbis. *Lugd. Batav.* 1752, 5 *vol. in-*4.

807 Aphorifmes de Herm. Boerhaave fur la connoiffance & la cure des maladies, trad. en franç. par M.***, *Rennes*, 1738, *in-*12.

808 Laur. Heifteri Compendium Medicinæ practicæ. *Amftel.* 1743, *in-*8.

809 Legs d'un ancien Médecin à fa patrie, trad. de l'angl. de Dover. *La Haye*, 1734, *in-*12.

810 Obfervations de Médecine pratique. *Paris*, 1743, *in·*12.

811 Traité de Thérapeutique, ou la méthode de guérir, par If. G.***. (*Paris*,) 1755, *in-*12. *v. éc. tr. dor.*

812 Confultations de Médecine, par Louis-Jean le Thieullier. *Paris*, 1739, 4 *vol. in-*12.

813 Ejufdem le Thieullier, Obfervationes Medico-Practicæ. *Parifiis*, 1766, *in-*12.

814 Cours de Médecine pratique, par M. Arnault de Nobleville. *Paris*, 1769, 3 *vol. in-*12.

815 Synopfis univerfæ Praxeos medicæ, auctore Jof. Lieutaud. *Parifiis*, 1770, 2 *vol. in-*4. *br.*

816 Précis de la Médecine pratique, par le même. *Paris*, 1759, *in-*8.

817 Franc. Valleriolæ Obfervationum medicinalium libri vi. *Lugd.* 1588, *in-*8.

818 Amati Lufitani curationum medicinalium centuriæ vii. *Burdigalæ*, 1620, *in-*4.

819 Car. Pifonis Obfervationes medicæ, ftudio ac operâ Bern. Langwedellii. *Lugd. Batav. ex Offic. Elzevir.* 1639, *in-*12.

820 Domin. Panaroli Iatrologifmorum, feù Medicinalium Obfervationum Pentecoftæ v. *Hanoviæ*, 1654, *in-*4.

821 J. Schenckii Obfervationum medicarum rariorum libri vii, cum obfervationibus Laur. Stranffii. *Francofurti*, 1665, *in fol.*

822 Bern. Verzafchæ Obfervationum medicarum centuria. *Bafileæ*, 1677, *in-*8.

823 Traité des mouvemens fympathiques, avec une explication de ceux qui arrivent dans le vertige, &c. par M. Boiffeau. *Mons*, 1692, *in·*12. *rel. en vélin.*

824 Ehrenfried Hagendornii Obfervationum & hiftoriarum medico-practicarum rariorum centuriæ iii. *Francofurti*, 1698, *in-*8.

825 Chrift. Franc. Pauflini Obfervationes Medico-Phyficæ. *Lipfiæ*, 1706, *in-*8.

826 Nic. Tulpii Obfervationes medicæ, cum figuris. *Lugd. Batav.* 1716, *in*-8.

827 De Sympathiâ, feù confenfu partium corporis humani, ac potiffimum ventriculi in ftatu morbofo Differtatio medica, auctore Henr. Jof. Rega. *Harlemi*, 1721, *in*-8.

828 Mich. Alberti Tentamen lexici Realis obfervationum medicarum ex variis authoribus Selectarum, &c. *Halæ Magdeburgicæ*, 1727, 3 *vol. in*-4.

829 Bibliothéque choifie de Médecine, par M. Planque. *Paris*, 1748 *& fuiv.* 9 *vol. in*-4.

830 Obfervátions de Médecine, d'Anatómie & de Chirurgie, trad. du lat. de Vander Wiell par M. Planque, avec figures. *Paris*, 1758, 2 *vol. in*-12.

831 Medical Effays and Obfervations revifed and published, by a Society in Edinburgh. *Edinburgh*, 1733 *& fuiv.* 6 *vol. in*-8.

832 Effais & Obfervations de Médecine de la Société d'Edinbourg, trad. de l'angl. par M. P. Demours. *Paris*, 1740, 7 *vol. in*-12.

833 Medical Obfervations and Inquiries, by a Society of Phyficians in London, with figures. *London*, 1757, 3 *vol. in* 8.

Traités particuliers théoriques & pratiques des maladies.

834 Joan. Mich. Savonarole Practica ad omnes Ægritudines. *Venetiis, Luc. Ant. de Giunta*, 1518..... Ejufdem Tractatus de Febribus, Pulfibus, Urinis, Egeftionibus, Balneis, ac Vermibus. *Venetiis, idem de Giunta*, 1517, *in-fol. litt. goth.*

835 Remb. Dodonæi Medicinalium obfervationum exempla rara. *Hardevici*, 1521, *in*-8.

836 Cælii Aureliani de Acutis morbis libri III; de Diuturnis libri v, cum indice. *Lugduni, Gul. Rouillius*, 1567, *in* 8.

837 J. Uvieri de Ira morbo, ejufdem curatione, liber. *Bafileæ*, 1577, *in*-8.

838 J. B. Codronchii Libellus de morbis qui imolæ & alibi communiter hoc anno 1602, vagati funt. *Bononiæ*, 1603, *in*-4.

839 Proti Cafulani de Lingua quâ maximum eft morborum acutorum fignum. *Florentiæ*, 1621, *in*-4.

840 Ætii Cleti Signini Opus de morbo Strangulatorio. *Romæ*, 1636, *in*-8. *rel. en velin.*

841 Joh. Beverovicii Idea medicinæ veterum. *Lugd. Batav. ex Offic. Elzevir.* 1637, *in*-8.

H

842 Le Médecin charitable, par Phil. Guybert. *Paris*, 1639,
in-8.

843 Les Œuvres charitables de Philbert Guybert. *Paris*,
1655, *in-8.*

844 Rob. Lyonnet Differtatio de morbis Hæreditariis. *Parifiis*,
1647. & Lettres de différens Médecins, *in-4.*

845 Phil. Salmuthi Obfervationum medicarum centuriæ III.
pofthumæ, cum Herm. Conringii Præfatione de doctrinâ
Pathologicâ ; accedit Rolandi Capelluti libellus de Pefte à
mendis liberatus. *Brunfvigæ*, 1648, *in-4.*

846 J. Wieri Medicarum obfervationum rararum liber. *Amftel.*
1657, *in-12.*

847 Nathan. Highmori Exercitationes II. prior de Paffione
Hyfterica, altera de Affectione Hypochondriacâ. *Oxoniæ*,
1660, *in-12.*

848 Jof. Pandolphini Tractatus de Ventofitatis fpinæ fæviffimo
morbo ; revifus & annotat. illuftratus à Georg. Abr. Mer-
clino. *Norimbergæ*, 1664, *in-12.*

849 Jul. Palmarii Conftantini de Morbis contagiofis libri VII,
cum indice. *Hagæ Comitis*, 1664, *in-12.*

850 Praxis Barbettiana, cum notis & obfervat. Fred. Deckers.
Lugd. Batav. 1699, *in-12.*

851 Herm. Grube de Arcanis medicorum non Arcanis commentatio, cui præfixa Thom. Bartholini de tranfplantatione
morborum Epiftola. *Hafniæ*, 1673, *in-12.*

852 Jufti Cortnummii de morbo Attonito liber. *Lipfiæ*, 1677,
in-4.

853 Obfervationum Fel. Plateri libri III totidem praxeos ejus
tractatibus, indole & methodo refpondentes, atque affec-
tuum corporis & animi plurimorum, tùm hiftorias fidè ac
fedulò obfervatas, tùm curationes feliciter præftitas, gra-
phicè enarrantes, operâ & ftudio Franc. Plateri. *Bafileæ*,
1680, *in 8.*

854 Les Remédes charitables de Madame Fouquet. *Lyon*,
1696, *2 vol. in-12.*

855 La Décade de Médecine, ou le Médecin des Riches &
des Pauvres, compofé en vers latins par Franç. Du Port,
& mis en vers françois par Dufour. *Paris*, 1694, *in-12.*

856 Traité des Maladies les plus fréquentes & des Remédes
pour les guérir, par Helvetius. *Paris*, 1707, *in-12.*

857 Le même. *Paris*, 1734, *2 vol. in-12.*

858 Nic. Chefneau Obfervationum medicarum libri V. *Lugd.*
Batav. 1719, *in 4.*

859 J. B. Bianchi Hiftoria Hepatica, feù Theoria ac Praxis

omnium morborum Hepatis & Bilis, cum ejufdem Vifceris Anatome. *Genevæ*, 1725, 2 vol. *in-4. fig.*

860 Pratique des Maladies chroniques ou habituelles, par Tauvry. *Paris*, 1712, *in-12.*

861 Traité des Maladies chroniques & aigues, par P. V. Dubois. *Paris*, 1727, 3 vol. *in-12.*

862 Nouvelles Découvertes en Médecine, ou Ancienne Médecine développée par le fieur de Marconnay. *Paris*, 1729, *in-12. br.*

863 Les mêmes. *La Haye (Paris)*, 1731, *in-12.*

864 Georg. Ernefti Stalh ars fanandi cum expectatione, ubi fides & veritas proborum Medicorum oftenditur & confirmatur. *Sinè loci annique indicatione*, *in-8.*

865 Gedeonis Hervei ars curandi morbos expectatione ; item de vanitatibus datis & mendaciis Medicorum. *Sinè loci annique indicatione*, *in-8.*

866 J. B. Mazini mechanices morborum defumptæ à motu Sanguinis & folidorum. *Parifiis*, 1731, 2 vol. *in-4.*

867 Car. Pifonis, felectiorum Obfervationum & confiliorum de prætervifis hactenùs morbis affectibufque præter naturam, ab aquâ feù ferosâ colluvie & diluvie ortis, liber fingularis, cum Præfatione Herm. Boerhaave. *Lugd. Batav.* 1733, *in-4.*

868 Profp. Alpini de præfagienda vitâ & morte Ægrotantium libri VII. cum Præfatione Herm. Boerhaave. *Lugd. Batav.* 1733, *in-4.*

869 Gal. Ballonii Epidemiorum & Ephemeridum libri II, ftudio & operâ Jac. Thevart. *Venetiis*, 1734, 4 tom. en 2 vol. *in-4.*

870 Milcolumbi Flemyng Neuropathia ; fivè de morbis hypochondriacis & hyftericis libri III, Poëma medicum. *Eboraci*, 1740, *in-8.*

871 N. Fournier Differtatio mechanico-practica de Syncope, & caufis eam producentibus. *Monfpelii*, 1735, *in-8. br. en carton.*

872 La Médecine naturelle, par Hecquet. *Paris*, 1738, 2 vol. *in-12.*

873 Méthode naturelle de guérir les maladies du corps & les déréglemens de l'efprit qui en dépendent, trad. de l'angl. de Cheyne par M. de la Chapelle. *Paris*, 1749, 2 vol. *in-12.*

874 Obfervations fur la guérifon de plufieurs maladies aigues & chroniques, par Franç. Nic. Marquet. *Paris*, 1750, *in-12.*

H ij

875 Raccolta di Offervazioni mediche, del Giov. Targioni
Tozzetti. *In Firenze*, 1752, *in-8. br. en carton.*

876 Des Maladies occafionnées par les promptes & fréquentes
variations de l'air, par M. Jof. Raulin. *Paris*, 1752, *in-12.*

877 Traité des Maladies occafionnées par les excès de chaleur,
de froid & autres intempéries de l'air, par le même. *Paris*,
1756, *in-12.*

878 Obfervations de Médecine, où l'on trouve des Remarques qui tendent à détruire le préjugé où l'on eft fur l'ufage du lait dans la pulmonie, par le même. *Paris*, 1754,
in-12.

879 Le Manuel des Dames à la Charité. *Paris*, 1758, *in-12.*

880 L'Onanifme, Differtation fur les maladies produites par
la Mafturbation, par M. Tiffot. *Laufanne*, (*Paris*,) 1769,
in-12.

881 Effai fur les maladies de Dunkerque, (par M. Tully).
Dunkerque, 1760, *in-8.*

Traités fur les maladies de la tête.

882 Jafonis Pratenfis de Cerebri morbis liber. *Bafileæ*, 1549,
in-8.

883 Vinc. Alfari à Cruce de morbis capitis frequentioribus
libri VII. *Romæ*, 1617, *in-4.*

884 J. Phil. Ingraffia, Jatrapologia, liber quo multa adverfus
barbaros medicos difputantur, &c. Ejufdem quæftio quæ
capitis vulneribus ac phrenitidi medicamenta conveniant.
Venetiis, J. Gryphius, in-8.

885 J. Jac. Wepferi Obfervationes Medico-Practicæ de Affectibus capitis internis & externis, ftudio & operâ nepotum
Bern. & Georg. Mich. Wepferi. *Scaphufii*, 1727, *in-4.*

Traités fur l'Apopléxie, Paralyfie, Epilepfie, &c.

886 Conradi Victoris Schneideri liber de Apoplexiâ, Lipopfychiâ, Paralyfi & eorum curatione. *Francofurti*, 1672,
in-4.

887 Joan. Jac. Wepferi Hiftoriæ Apoplecticorum, obfervat.
& fcholiis Anatomicis & medicis illuftatæ. *Amftel.* 1724,
in-8.

888 Traité de l'Epilepfie, par J. Taxil. *Tournon*, 1602, *in-8.*

889 Differtation fur le Guy, reméde fpécifique pour la cure
des maladies convulfives, trad. de l'angl. de J. Colbatch
par H. D. S. *Paris*, 1729, *in-12. br.*

Traités sur l'estomac, le ventre, les urines, &c.

890 Bern. Swalve Querelæ & opprobria ventriculi. *Amstel.*
1664, *in-12.*

891 Mich. Morgenbesser Dissertatio de vomitu. *Lipsiæ*, 1738,
in-4. fig. br. en carton.

892 J. Fieni de Flatibus humanum corpus molestantibus commentarius. *Amstel.* 1643, *in-12.*

893 Jodoci Wlichii Urinarum probationes, illustratæ scholiis
medicis Hier. Reusneri. *Basileæ*, 1592, *in 8.*

894 Joan. Zecchii de Urinis brevis & pulcherrima methodus.
Bononiæ, 1613, *in-4.*

895 Laur. Bellini, de Urinis & Pulsibus, de missione Sanguinis, de Febribus, de Morbis Capitis & Pectoris, cum indice.
Lugd. Batav. 1717, *in-4.*

896 Le Miroir des Urines, par lequel on voit & connoît les
différens tempéramens, &c. par Davach de la Riviere.
Paris, 1752, *in-12.*

Traités sur la Poitrine, &c. sur le Foie, &c.

897 Dissertations nouvelles sur les Maladies de la Poitrine,
du Cœur, de l'Estomac, &c. par Barbeyrac. *Amst.* 1731,
in-12.

898 Recueil de différens Ouvrages de Médecine, dont Dissertation sur l'Hydropisie de poitrine, par Bergeron. —— Lettre de M. Morand sur l'Histoire de la femme Supiot. ——
Observations curieuses & intéressantes sur la Goutte, par M.
Chrvy de Mongerbert. —— &c. 2 vol. *in-12.*

899 Casp. Hofmanni, de usu Lienis Cerebri & de Ichoribus.
Lugd. Batav. 1639, *in-12. rel. en vélin.*

900 Lamb. Velthusii Tractactus II. unus de Liene, alter de
Generatione. *Trajecti ad Rhenum*, 1657, *in-12.*

901 Explication des accidens extraordinaires que la Ratte
cause dans le corps humain par son déréglement, par Fr.
Lambert. *Toulouse*, 1684, *in-12.*

Traités sur les maladies des Femmes.

902 Gynæciorum, hoc est, de Mulierum, tùm aliis, tùm gra-
vidarum, parientium & puerperarum affectibus & morbis, libri veterum ac recentiorum aliquot. *Basileæ*, 1566,
in 4.

903 Ifr. Spachius, de morbis Mulierum, cum figuris. *Argentinæ*, 1597, *in-fol.*

904 J. Raph. Moxii, Methodi medendi, per venæ fectionem, morbos muliebres acutos, libri IV. *Coloniæ Allobrogum*, 1612, 2 *vol. in-8.*

905 Roderici à Caftri, de universâ muliebrium morborum medicinâ libri IV. *Venetiis*, 1644, *in-4.*

906 Syntagma medicum de morbis Mulierum, in libros IV. diftinctum, à Nic. Fontano. *Amftel.* 1645, *in-12.*

907 Jac. Primerofii de Mulierum morbis & fymptomatis libri V. *Roterod.* 1655, *in 4.*

908 Obfervations diverfes fur la ftérilité, perte de fruit, fécondité, accouchemens & maladies des femmes, &c. par L. Bourgeois dite Bourfier, Sage-femme. *Paris*, 1652, *in-8.*

909 Traité des maladies des Femmes groffes & de celles qui font accouchées, par Franç. Mauriceau. *Paris*, 1681, *in-4. fig.*

910 Aphorifmes touchant la groffeffe, l'accouchement, les maladies & autres difpofitions des Femmes, par le même. *Paris*, 1694, *in-18.*

911 Gualteri Charletoni Inquifitiones medico-phyficæ, de caufis Catameniorum, five fluxûs Menftrui : necnon uteri Rheumatifmo fivè Fluore albo. *Lugd. Batav.* 1686, *in-12.*

912 Traité des Pertes de Sang, avec leur remede fpécifique, par Helvetius. *Paris*, 1697, *in-12.*

913 Le même. *Paris*, 1706, *in-12.*

914 Joh. Gabr. Rudolphi, Progyfmnafma medicum de iis, quæ funt obfervanda in Mulieribus largiter, menftruatis, &c. *Lugd. Batav.* 1708, *in-8.*

915 Emmënologia, in quâ fluxûs muliebris menftrui phænomena, periodi, vitia, cum medendi methodo, ad rationes mechanicas, exiguntur, authore Johan. Friend. *Parifiis*, 1727, *in-12.*

916 Effais de Médecine fur le flux menftruel & la curation des maladies de la tète, trad. du latin de Rob. Emett, par M. Hurtaut. *Paris*, 1754, *in-12.*

917 Differtation fur ce qu'il convient faire pour diminuer ou fupprimer le lait des Femmes, par M. David. *Paris*, 1763, *in-12. br.*

Traités fur les différentes efpèces de fiévres.

918 Obfervations fur les fiévres & les fébrifuges, par Spon. *Lyon*, 1684, *in-12.*

919 De la nature & des causes de la fièvre, par Minot. *Paris*, 1691, *in-12.*

920 Système des fièvres & des crises, selon la doctrine d'Hippocrate, par N. Falconnet. *Paris*, 1723, *in-12.*

921 Traité des fièvres, trad. du lat. de Fréd. Hoffmann par M. Eidous. *Paris*, 1746, 3 *vol. in-12.*

922 Hug. Gourraigne Tractatus de Febribus. *Monspelii*, 1730, *in-12.*

923 Observations sur les différentes espèces de fièvres, (par Charles.) *Besançon*, 1743, *in-12. br.*

924 Jod. Lommii Burani de curandis febribus continuis liber. *Roterod.* 1720, *in-8. br.*

925 Traité des fièvres continues, par Quesnay. *Paris*, 1753, 2 *vol. in-12.*

926 Dissertation contenant de nouvelles Observations sur la fièvre quarte & l'eau Thermale de Bourbonne en Champagne, par M. Juvet. *Chaumont*, 1750, *in-8.*

927 Febrium malignarum historia & curatio. *Parisiis*, 1660, *in-8.*

928 Anton. Menjotii Febrium malignarum historia & curatio, &c. *Parisiis*, 1665, *in-4.*

929 Traité des fièvres malignes, de la rougeole & de la petite vérole, par M. Donet. *Paris*, 1753, *in-12.*

930 Traité des fièvres de l'Isle de S. Domingue, (par M. Poissonnier Desperrieres). *Paris*, 1763, *in-8. br.*

931 A Treatise concerning the malignant fever in Barbados, and the Neighbouring Islands, by Henr. Warren. *London*, 1740, *in-8.*

932 Christ. Molinarii de Milliarium exanthematum indole & tractatione, disquisitio. *Vindobonæ*, 1764, *in-4.*

Traités sur les Venins, le Scorbut, la Rage, &c.

933 Santis Ardoyni Opus de Venenis. *Basileæ*, 1562, *in-fol.*

934 And. Baccii de Venenis & Antidotis prolegomena. *Romæ*, 1586, *in-4.*

935 Deux Livres des Venins auxquels il est amplement traité des Bêtes venimeuses, Thériaques, poisons & contre poisons, par Jac. Grevin ; ensemble les Œuvres de Nicandre, Médecin & Poëte Grec, trad. en vers franç. *Anvers, Christ. Plantin*, 1667, *in-4.*

936 A Mechanical account of Poisons in several Essays, by Rich. Mead. *London*, 1702, *in-8. fig.*

937 Joan. Linder de Venenis in genere & in specie exercitatio. *Lugd. Batav.* 1708, *in-12.*

938 Chrift. Godefridi Steutzelii Toxicologia Pathologico-
Medica, fivè de Venenis libri III. *Vitembergiæ*, 1733,
in-4.

939 Mechanica Expofitio Venenorum variis Diſſertationibus
comprehenſa : ex anglico ſermone Rich. Mead, in latinum
verſa à Joſ. Nelſon. *Lugd. Batav.* 1737, *in-8.*

940 Severini Eugaleni de Morbo Scorbuto liber, cum obſer-
vationibus. *Hagæ Comitis*, 1658. —— Balth. Bruneri de
Scorbuto tractatus II. *Hagæ Comit.* 1658, *in-12.*

941 Gualteri Charleton de Scorbuto liber fingularis. *Londini*, 1672, *in-8. rel. en parch.*

942 J. Fred. Bachſtrom obſervationes circà Scorbutum, ejuſque indolem, cauſas, figna, & curam. *Lugd. Batav.*
1734, *in-12. br.*

943 Diſſertation ſur le Scorbut, par Cadet. *Paris*, 1742,
in-12. br.

944 Bapt. Codronchi, de Rabie, Hydrophobiâ communiter
dictâ, libri II. &c. *Francofurti*, 1610, *in-12.*

945 Joſ. de Aromatariis de Rabie contagioſâ, magni momen-
ti affectu, diſcurſus. *Francofurti*, 1626. —— Diſſertation
ſur la cauſe de la Purgation, par Nicol. Lienard. *Paris*,
1659. —— Deſcription des Eaux minérales de Vichy, par
Ant. Joly. *Paris*, 1675. —— Deſcription du Jardin Royal
des Plantes médicinales de Paris, par Guy de la Breſſe.
Paris, 1636, *in-4.*

946 Rofini Lentilii de Hydrophibiæ cauſâ & curâ diſſertatio.
Ulmæ, 1700, *in-12. br, en carton.*

947 Entretiens ſur la rage & ſes remédes, par Hunauld.
Châteaugontier, 1714, *in-12.*

948 Della cura preſervativa della Rabbia Canina oſſervazioni
medico-pratiche di Morando Morando. *In Ancona*, 1755,
br. in-8.

Traités ſur la Peſte.

949 Traité de la Peſte, avec les remédes certains & approuvés
pour s'en préſerver & garantir, par le Collége des Maîtres
Chirurgiens de Paris. *Paris*, 1606, *in-8. encadré dans du
papier blanc, en feuilles & de format in-4.*

950 Problêmes ſur la nature, préſervation & cure de la maladie peſtilentielle, par Nic. Habicot. *Paris*, 1607, *in-8.*

951 Rodolphi Goclenii de Peſte. *Francofurti*, 1613, *in-12.*

952 Alex. Maſſariæ Tractatus IV. de Peſte, de affectibus Renum
& Veficæ, de Pulſibus, & de Urinis. *Lugduni*, 1616, *in-4.
rel. en vélin.*

953

953 Traité de la Peste, divisé en Dianostic, Pronostic & Curation, par Eman. Labadie. *Tolose*, 1620, *in* 12.

954 Athan. Kircheri Scrutinium Physico-Medicum contagiosæ Luis quæ dicitur Pestis. *Lipsiæ*, 1659, *in-12*.

955 Préservatifs & remédes contre la Peste, ou le Capucin charitable, par le P. Maurice de Tolon Capucin. *Paris*, 1668, *in-8*.

956 Traités contenant la pure & vraie doctrine de la Peste & de la coqueluche, les impostures spagyriques & plusieurs abus de la Médecine, par J. Suau. *Paris*, 1686..... Nouveau Chasse-Peste, par Marcellin Bompart. *Paris*, 1630, *in-8*.

957 Traité de la Peste, recueilli des meilleurs Auteurs, avec des Remarques & Observations théoriques & pratiques, par Manget. *Genéve*, 1721, 2 tom. en un vol. *in-12*.

958 Recueil de Piéces, tant imprimées que manuscrites, sur la Peste de Provence & de Marseille en 1720, 1721 & 1722, par différens Médecins. 13 *vol. tant in-4. qu'in-8. & in-12.*

959 Traité de la Peste, par M. Andry. *in 4. manusc.*

960 Traité de la Peste, trad. de l'ital. en franç. par M. Charpentier, Commissaire des Guerres, en résidence à Belle-Isle en 1721, sur des Mémoires qu'il a apportés d'Italie. *in-4. manusc. en feuilles.*

Traités sur la petite Vérole.

961 Anton. Sidobre Tractatus de variolis & morbillis. *Lugduni*, 1699, *in-12*.

962 Traité de la petite Vérole, par Wagret. *Douay*, 1718..... Observations de Médecine & de Chirurgie faites dans les hôpitaux du Roi, par le même. *Valenciennes*, 1718, *in-12.*

963 Recueil de piéces sur l'Inoculation, en anglois. *Londres*, 1722, *in-8*.

964 Observations & Réflexions sur la petite vérole & sur un remède préservatif contre cette maladie, par P. V. Dubois. *Paris*, 1725, *in-12. br.*

965 Relation du succes de l'Inoculation de la petite vérole dans la Grande-Bretagne, trad. de l'angl. de Jurin par Noguez. *Paris*, 1725, *in-12*.

966 Della cura del Vajolo con la China-China, e col bagno tiepido brieve saggio istorico-practico di Morando Morando. *In Amona*, 1753, *in-8. br.*

967 Nova Scoperta a felicemente suscitare il vajuolo per artificiale contatto di Franc. Berzi. *In Padova*, 1758, *in-4*.

968 A Sermon on Inoculation, &c. by Rob. Houlton. *Effex*, 1766, *in*-8. *br.*

969 Premier & fecond rapport en faveur de l'Inoculation, par M. A. Petit. *Paris*, 1766, *in*-8. *v. marb. fil.*

970 Recüeil de Piéces concernant l'Inoculation de la petite vérole, en différentes langues, *9 vol. tant in*-8. *qu'in*-12.

971 Mémoire fur l'Inoculation de la perite vérole, par M. Tully, Médecin à Dunkerque, *manufc.* & autres Piéces fur le mème fujet, *tant imprimées que manufc. in*-4.

Traités fur les maladies Vénériennes.

972 La Méthode curatoire de la maladie Vénérienne, appellée Groffe vérole, &c. par Th. de Hery. *Paris*, 1552, *in*-8. *lav. regl.*

973 Angerii Ferreii de Lue Hifpanicâ, fivè de morbo Gallico libri II, avec un Extrait defdits Livres mis en franç. par les Barbiers. *Parifiis*, 1564, *in*-8.

974 La Vérolle recogneue, combatue & abbatue fans fuer, & fans tenir chambre, avec tous fes accidens, par David de Planis-Campy. *Paris*, 1623, *in*-8.

975 Phil. Jac. Sachs Gammarologia, fivè Gammærorum vulgò Cancrorum confideratio Phyfico-medico-chymica, cum figuris. *Francofurti & Lipfiæ*, 1665, *in*-12.

976 Obfervations fur l'Art de guérir la Maladie vénérienne ou groffe vérole, par Nic. de Blegny. *Paris*, 1674, *in*-12.

977 Les Difcours de Chirurgie pour l'explication des nouvelles Machines pour les os & pour la vérole, &c. par J. Michault. *Paris*, 1682, *in*-12.

978 Obfervations fur les Maladies vénériennes, par Charles Thuillier. *Paris*, 1698, *in*-12.

979 Ger. Coris Mercurius triomphator, continens argenti vivi hiftoriam, indolem, prærogativas & Noxas in morborum Chronicorum, præfertìm in Luis venereæ curatione. *Lugd. Batav.* 1717, *in*-8.

980 Virulentæ Gonorrhœæ fymptomata, natura, caufa & curationes, auctore Gul. Cockburn. *Lugd. Batav.* 1717.
—— Traité de la nature, des caufes & curation du Mal vénérien, trad. de l'anglois de Guil. Cockburn, par Devaux. *Paris*, 1730, *in*-12.

981 Traité de la Maladie vénérienne, par Uray. *Paris*, 1718, *in*-12.

982 The Symptoms, nature, caufe and cure of à Gonor-

rhœa, by W. Cockburn, with figures. *London*, 1719, *in-8*.

983 Jacobi Vercelloni de Pudendorum morbis & Lue Venereâ Tetrabiblion. *Lugd. Batav.* 1722, *in-8*.

984 Dissertation sur les maladies vénériennes, par le sieur Dibon. *Paris*, 1725, 5 *vol. in-12*.

985 Deux Dissertations médecinales & chirurgicales, l'une sur la maladie vénérienne, l'autre sur la nature & la curation des Tumeurs, par Deidier. *Paris*, 1725, *in-12*.

986 Aphrodisiacus, sivè de Lue Venereâ, auctore Aloysio Luisino, cum Præfatione Herm. Boerhaave. *Lugd. Batav.* 1728, 2 *tom. en un vol. in-fol*.

987 A Practical Dissertation on The Venereal Disease, by Dan. Turner. *London*, 1727, 2 *vol. in-8*.

988 Barth. Boschetti Dissertatio de Salivatione mercuriali. *Francofurti*, 1732, *in-4. br. en carton*.

989 Dissertation sur les maladies vénériennes, par P. Desault. *Bordeaux*, 1733, *in-12*.

990 Système de Herm. Boerhaave sur les maladies vénériennes, trad. en franç. par de la Mettrie. *Paris*, 1735, *in-12*.

991 Dissertation médecinale sur les maladies vénériennes, par Deidier. *Paris*, 1735, *in-12*.

992 J. Astruc de Morbis venereis libri ix. *Lutetiæ-Parisiorum*, 1740, 2 *vol. in-4*.

993 Traité des Maladies vénériennes, trad. du lat. de J. Astruc. *Paris*, 1740, 3 *vol. in-12*.

994 Dissertation sur l'origine de la maladie vénérienne. *Paris*, 1752, *in-8. br*.

995 Traité complet de la Gonorrhée virulente des hommes & des femmes, par M. Daran. *Paris*, 1756, 2 *vol. in-12*.

996 Essai sur les maladies vénériennes, par M. Fabre. *Paris*, 1758, *in-12*.

997 Traité des maladies vénériennes, par le même. *Paris*, 1765, 2 *vol. in-12*.

998 Traité sommaire des maladies vénériennes, par M. Ballay. *Paris*, 1762, *in-12. br*.

999 Parallele des différentes méthodes de traiter la maladie vénérienne. *Amsterd.* (*Paris*) 1764, *in-12*.

1000 Examen d'un Livre qui a pour titre, Parallele des différentes méthodes de traiter la maladie vénérienne. *Paris*, 1765, *in-12*.

1001 Traité des maladies vénériennes, par M. Jauberthou. *Paris*, 1766, *in-12*.

I ij

1002 Recueil de différens Traités fur les maladies vénériennes, *in-8.*

1003 A Letter addreffed to Cæfar Hawkins containing new Thoughts and Obfervations, on the cure of the yenereal difeafe ; by Ch. Hales. *London, in-8.*

Traités fur les maladies de la Peau, &c.

1004 Samuelis Hafenrefferi de Cutis affe&ibus libri iv. *Ulmæ,* 1660, *in-8.*

1005 De morbis cutaneis, a treatife of Difeafes incident to the Skin, by Dan. Turner. *London,* 1726, *in-8.*

Traités fur le Catarrhe, l'Afthme, la Pleuréfie, la Phtyfie, &c.

1006 De Diftillatione Catarrho vulgò di&â libri iii, au&ore Bartholomæo Pafchetto. *Venetiis,* 1615, *in-4.*

1007 Conradi Vi&oris Schneideri de Catarrhis libri iii, cum figuris. *Wittebergæ,* 1660, 2 *vol. in-4.*

1008 Novum Afthma novis fignis novam caufam arguentibus noviffimè detectum ; au&ore Joan. Coufin. *Parifiis,* 1673, *in-12.*

1009 Hum. Ridley Obfervationes de Afthmate & Hydrophobiâ. *Lugd. Batav.* 1738, *in 8.*

1010 Andr. Vuefalii Epiftola docens venam axillarem dextri cubiti in dolore laterali fecandam, &c. *Bafileæ,* .... Joan. Anton. Cafaleni de fecandâ venâ in Pleuritide difputatio. *Venetiis,* 1605 ..... J. B. Sylvatici de fecandâ venâ in putridis Febribus, Epiftola. *Mediolani,* 1583, *&c. in 4.*

1011 Fa&um pour Nic. Poftel, ou Differtation fur les Péripneumonies d'hyver. 1685, *in-12.*

1012 J. B. Verna Morborum acutorum Pleuritis tra&atus fingularis. *Venetiis,* 1713, *in-4. br. en carton.*

1013 Renati Moreau de Miffione fanguinis in Pleuritide. *Halæ,* 1740 ..... Balth. Ludov. Tralles de Venâ jugulari frequentius fecanda commentatio. *Lipfiæ,* 1735, *in-8.*

1014 Tabidorum Theatrum ; fivè Phthyfios, Atrophiæ, & He&icæ Xenodochium, au&ore Chrift. Benedi&o. *Londini,* 1656, *in-12.*

Traités fur la Goutte.

1015 De curandis articularibus morbis commentarius, au&ore Gul. Budæo. *Parifiis,* 1539, *in-8. br. en carton.*

1016 An Essay of the True nature, and due method of treating the Gout, by Geo. Cheyne. *London*, 1724, *in-8.*

1017 Dissertation sur la Goutte, par P. Desault. *Paris*, 1735, *in-12.*

1018 Observations intéressantes sur la cure de la Goutte & du Rhumatisme de MM. Fred. Hoffmann, U*** & James. *Paris*, 1747, *in-12.*

Traités sur l'Hydropisie, Dyssenterie, Coliques, &c.

1019 An Essay on the Dropsy and itz different species, by Donald Monro. *London*, 1755, *in-12.*

1020 Observations sur l'Anasarque, les Hydropisies de poitrine, du péricarde, &c. par MM. Bouillet, pere & fils. *Beziers*, 1765, *in-8.*

1021 Précis de la Méthode d'administrer les pilules toniques dans les hydropisies, par M. Bacher. *Paris*, 1767, *in-12.* broché.

1022 A Treatise of the Cholick, by John. Purcell. *London*, 1714, *in-8.*

Traités sur les Hémorrhoïdes.

1023 J. Christ. Fromanni Tractatus de Hemorrhoidibus. *Norimbergæ*, 1677, *in-12.*

Traités sur les différentes espèces de Vers, & sur le Tœnia.

1024 Adr. Spigelii de Lumbrico lato liber, cum ejusdem Lumbrici icone & notis, accessit ejusdem auctoris Epistola de incerto tempore partus. *Patavii*, 1618..... Hieron. Senis de totius animalis integumentis Opusculum. *Patavii*, 1618, *iu-4. rel. en vélin.*

1025 Georgii Hier. Velschii Exercitatio de Venâ Medinensi, sivè de Dracunculis veterum, cui accedit de Vermiculis capillaribus infantium, cum figuris. *Augustæ Vindelicorum*, 1674, *in-4.*

1026 Vers Solitaires & autres de diverses espèces dont il est traité dans le Livre de la génération des vers, avec figures. *Paris*, 1718, *in-4.*

1027 De la génération des Vers dans le corps de l'homme, par M. Andry. *Paris*, 1741, *2 vol. in-12.*

1028 Dissertation sur le Tœnia ou Ver plat, par Ch. Dionis. *Paris*, 1749, *in-12.*

*Traités sur les Reins & la Vessie ; ensemble les moyens de
dissoudre la pierre.*

1029 J. Ferrandus de Nephresis & Lilthasis, seu de Renum &
Vesicæ calculi definitione, &c. *Parisiis*, 1570, *in-8. br. en
carton.*

1030 Gul. Laurembergii Dissertatio Epistolica continens curationem calculi Vesicæ. *Lugd. Batav.* 1619, *in-12.*

1031 Math. Vntzeri de Renum Calculo florilegium medico-
chymicum. *Magdeburgi*, 1623..... J. Car. Heinlein Historia & curatio Calculorum humanorum. *Jenæ*, 1676.....
J. Dan. Majoris Historia Anatomica Calculorum, & alii
tractatus. *Lipsiæ*, 1662, *in-4.*

1032 Franc. Colutii de Querelis Nephreticis ex Renum &
Vesicæ Calculo, tractatus. *Romæ*, 1624, *in-4.*

1033 Traité des maladies des Reins & de la Vessie, par L.
Ollivier. *Rouen*, 1631, *in-8. rel. en velin.*

1034 J. Beverovicii de Calculo Renum & Vesicæ liber singularis. *Lugd. Batav. Elzevir*, 1638, *in-12. rel. en vélin.*

1035 J. Christiani Jehringii Exercitatio medica de Genuinâ
Calculorum in humano corpore præcipuè Renibus & Vesicâ
generatione, necnon eorum signis & remediis. *Jenæ*, 1664,
in-4.

1036 J. B. Contuli Tractatus de Lapidibus in humano corpore
productis, cum figuris. *Romæ*, 1699, *in-fol. br. en carton.*

1037 Methodus cognoscendi, extirpandique excrescentes in
Vesicæ collo carunculas, auctore Andr. Lucana. *Olisipone*,
1560, *in-8. br.*

1038 Mich. Raph. Schmuzen à Poystorff Methodus curandi
Calculum. *Neoburgi*, 1640, *in-12. rel. en vélin.*

1039 Domin. de Marinis Dissertatio Philosophico-Medica de
Re monstrosâ à Capuccino Pifauri per urinam excretâ. *Romæ*, 1678, *in-12.*

1040 Dissertation sur la Pierre des Reins & de la Vessie,
avec une méthode pour la dissoudre sans endommager les
organes de l'urine, par P. Desault. *Paris*, 1736, *in-12.*

1041 A Treatise on dissolvents of the Stone ; and on curing
the Stone and Gout by aliment, &c. by Theoph. Lobb. *London*, 1739, *in-8.*

1042 Tractatus de Dissolventibus Calculos, ac curatione Calculi & Podagræ ope alimentorum, ex anglico Theoph. Lobb
in latinum versum. *Basilea*, 1742, *in-8.*

1043 Traité des moyens de diffoudre la Pierre & de guérir cette maladie & celle de la Goutte par le choix des alimens, trad. de l'angl. de Lobb par M. T. A. *Paris*, 1744, *in-12. v. marb. tr. dor.*

1044 Tea Cafes of Perfons who have taken M. Stephens's Medicines for the Stone, by Dav. Hartley. *London*, 1739..... Dav. Hartley Differtatio de Lithontriptico à J. Stephens nuper invento, cum figuris. *Lugd. Batav.* 1741, *in-8.*

1045 An Account of the fuccefs of M. Stephens's Medicines for the Stone. *London*, 1739..... Nouv. Expériences fur le reméde de Mademoifelle Stephens, trad. de l'angl. de Hales par M. Cantwell. *in 8.*

1046 Différens Ouvrages en anglois fur les remédes de Mademoifelle Stephens. *in-8. br.*

1047 Recueil pour fervir d'éclairciffement détaillé fur la maladie d'une fille qui, depuis plufieurs années, jettoit des pierres tantôt par la bouche, tantôt par la voie des urines, & à qui on en a tiré de la veffie à douze reprifes différentes, par M. Morand. *Paris*, 1754, *in-12.*

Traités fur les Maladies des Enfans, des Pauvres, &c.

1048 Franc. Gliffonii de Rachitide, fivè morbo puerili tractatus. *Lugd. Batav.* 1671, *in-12.*

1049 Gualterus Harris de Morbis acutis infantum, acceffere obfervat. medicæ de morbis aliquot gravioribus & quædam de Luis veneræ origine, naturâ & curatione, & Vincentii Ketelaer Commentarius de Aphtis Noftratibus, feù Belgarum, &c. *Amftel.* 1715, *in-8.*

1050 Theod. Zuingeri Pœdojatreja Practica curationem plerorumque morborum puerilium per meras obfervationes in praxi quotidianâ factas, clarè exponens, &c. *Bafileæ*, 1722, *in 8.*

1051 L'Orthopédie, ou l'Art de prévenir & de corriger dans les enfans les difformités du corps, par M. Andry, avec figures. *Paris*, 1741, 3 *vol. in-12.*

1052 J. Prævotii Medicina Pauperum, cum cenfu Venenorum & Alexipharmacorum. *Lugduni*, 1643, 2 *vol. in-12.*

1053 Le Médecin des Pauvres, par Dubé. *Paris*, 1678, *in-12.*

Traités fur les maladies des Gens de guerre & de mer.

1054 Le Médecin d'armée, ou Entretiens fur les maladies des Soldats, par Remy Fort. *Paris*, 1681, *in-12.*

1055 La Médecine militaire, ou l'Art de conferver la fanté des Soldats dans les camps, par L. A. Portius, avec figures. *Paris*, 1744, *in-12.*

1056 La Médecine d'armée, par M. de Meyferey. *Paris*, 1754, 3 *vol. in-12.*

1057 Obfervations fur les maladies des armées dans les camps & dans les garnifons, par M. Pringle. *Paris*, 1755, 2 *vol. in-12.*

1058 Moyens de conferver la fanté aux équipages des Vaiffeaux, par M. Duhamel du Monceau. *Paris*, 1759, *in-12.*

1059 Traité des maladies des Gens de mer, par M. Poiffonnier Defperrieres. *Paris*, 1767, *in-8.*

Traités fur la mort fubite, les fignes de la mort, & fur les noyés.

1060 Domin. Terilli de caufis mortis repentinæ. *Venetiis*, 1615, *in-4. rel. en vélin.*

1061 Differtation fur la mort fubite, par Dionis. *Paris*, 1709, *in-12.*

1062 Differtation fur l'incertitude des fignes de la mort, & l'abus des enterremens & embaumemens précipités, par Jac. Ben. Winflow, trad. & commentée par Jac. Jof. Bruhier. *Paris*, 1742, *in-12. v. marb. fil.*

1063 Lettres fur la certitude des fignes de la mort, par M. Louis. *Paris*, 1755, *in-12. v. marb. fil.*

1064 J. Nic. Pechlini, de Æris & Alimenti defeftu & vita fub aquis meditatio. *Kiloni*, 1676, *in-12.*

1065 J. Conradi Beckeri, de fubmerforum morte finè potâ aquâ, traftatus medico-legalis, cum præfatione Georg. Volffgangi. *Jenæ*, 1720, *in-4.*

Relations & Hiftoires de différentes maladies.

1066 Relation d'une maladie extraordinaire, qui s'eft déclarée par une énorme tumeur qui occupoit toute l'étendue du ventre d'un homme que cette circonftance faifoit croire hydropique, par Anel. *Paris*, 1722, *in-8. br.*

1067 Herm. Boerhaave, atrocis nec defcripti prius morbi hiftoria. *Lugd. Batav.* 1724. —— Ejufdem atrocis rariffimique morbi hiftoria altera. *Lugd. Batav.* 1728. —— Confultationes medicæ : fivè filloge Epiftolarum, cum refponfis Herm. Boerhaave. *Hagæ Comitum*, 1743, *in-8.*

1068 J. B. Bianchini, de naturali in humano corpore vitiofa morbofaque

morbofaque generatione Hiftoria, cum æneis Tabulis &
Indicibus. *Augufta Taurinorum*, 1745, *in-8*.

1069 Hiftoria Morborum qui annis 1699, 1700, 1701 &
1702. Vratiflaviæ graffati funt à Collegio Vratiflavienfe in
lucem edita, cum Præfatione Alb. Halleri. *Laufannæ &
Genevæ*, 1746, *in-4*.

1070 Hiftoire de la maladie finguliere & de l'examen du ca-
davre d'une femme devenue toute contrefaite par un ramol-
liffement général des os, par M. Morand. *Paris*, 1752,
in-12.

Mélanges de Médecine.

1071 Epiftolæ medicinales, in quibus multa recentiorum
errata & antiquorum decreta referantur, auctore J. Manar-
do. *Lutetiæ*, 1528, *in-8*.

1072 Andr. Cœfalpini Quæftionum Peripateticarum libri v.
Venetiis, apud Juntas, 1593, *in-4*.

1073 J. B. Sylvatici, J. Petri filii, de iis qui morbum fimu-
lant deprehendendis liber. *Mediolani*, 1595..... Marfilii
Cagnati de continentiâ, vel de fanitate tuendâ liber. *Romæ*,
1591, *in-4. rel. en vélin.*

1074 Abftinens confolentanea, cui obiter annexa eft pro Jou-
berto Apologia, per Fr. Citefium. *Auguftoriti - Pictonum*,
1602, *in-12*.

1075 Paul. Lentuli Hiftoria admiranda de prodigiofa Apollo-
niæ Schreieræ, virginis in agro Bernenfi, inedia. *Bernæ*,
1604, *in-4. rel. en vélin.*

1076 Problematum Mifcellaneorum, Antariftotelicorum, centuria dimidiata à Lud. Rouzæo. *Lugd. Batav.* 1616, *in-12.
broché.*

1077 Volumen continens varios tractatus; *dont*, J. Jac. Fede-
rer, brevis & compendiofa febris Ungaricæ curandæ, cognof-
cendæ & ab aliis febribus difcernendæ methodus. *Friburgi
Bifgoiæ*, 1624.——— J. Ernefti Burggravi Biolychnium, feu
lucerna cum vita ejus, cui accenfa eft myfticè vivens jugi-
ter, &c. 1629.——— Empiricus, five indoctus medicus, Dialogus brevis, Pet. Talpa auctore. *Franckeræ*, 1565.——— Eme-
tologia, ou Énarration du naturel & ufage des vomitoires,
par Ang. Sala Vincentinus. *Delphis*, 1613. ——— Traité de
l'homme & fon effentielle Anatomie, par Roch le Baillif.
Paris, 1580, *in-12*.

1078 Mich. Boudewyns Ventilabrum Medico-Theologicum,
quo omnes cafus, tùm medicos, tùm ægros aliofque con-
cernentes eventilantur. *Antverpiæ*, 1666, *in-4*.

K

1079 Th. Bartholini de Anginâ puerorum Campaniæ Siciliæque epidemicâ exercitationes. *Lutet. Parif.* 1646, *in-*12.

1080 Ejufdem Bartholini de Medicinâ Danorum domefticâ differtationes x. *Hafniæ*, 1666, *in-*8.

1081 Th. Bartholini, J. Henr. Meibomi & Henr. Meibomi filii de ufu flagrorum in Re medicâ & Venereâ, Lumborumque & Renum Officio. *Francofurti*, 1670, *in-*12.

1082 Th. Bartholini Cifta medica Hafnienfis; accedit ejufdem domus Anatomica breviffimè defcripta. *Hafniæ*, 1662, *in-*12.

1083 Ejufdem Bartholini Orationes. *Hafniæ*, 1669, *in-*12. *rel. en vélin.*

1084 Ejufdem de morbis Biblicis mifcellanea medica. *Francofurti*, 1671, *in-*12.

1085 Epiftolæ & Refponfa medica & philofophica, quibus adduntur Encomia medicinæ, necnon pulveris fympathetici compofitio. *Roterod.* 1665, *in-*8.

1086 Car. Drelincurtii Libitinæ Trophæa. *Lugd. Batav.* 1680, *in-*12.

1087 Myfteria Phyfico-medica. *Francofurti*, 1681, *in-*12.

1088 Balduini Rouffei Mifcellanea, feù Epiftolæ medicinales. *Lugd. Batav. ex Officinâ Plant.* 1690, *in-*8.

1089 Réponfe du fieur Viéuffens à trois Lettres imprimées du fieur Chirac. *Montpellier*, 1698, *in-*8. *rel. en vélin.*

1090 Lettres d'un Médecin des Hôpitaux du Roi, à un autre Médecin de Paris, avec figures. *Namur*, 1710. —— A Defcription of the Peritonæum, by James Douglas. *London*, 1730. —— Bern. Feldmann Differtatio Phyfico-medica fiftens comparationem Plantarum & Animalium. *Lugd. Batav.* 1732. —— Hugonis Gourraigne Differtatio Phyfiologica de refpiratione. *Monfpelii*, 1729, & aliæ Differtationes, *in-*4.

1091 Herm. Boerhaave Sermones Academici. *Lugd. Batav.* 1715 & *fuiv. in-*4.

1092 J. F. Favelet Novarum quæ in medicinâ à paucis annis repullularunt Hypothefeon Lydius lapis, &c. *Aquifgrani*, 1737, *in-*8.

1093 Alb. Schultens Oratio funebris in memoriam Herm. Boerhavii. *Lugd. Batav.* 1738, *in-*4. *br.*

1094 Embryologia Sacra, five de Officio Sacerdotum, Medicorum, & aliorum circà æternam Parvulorum in utero exiftentium falutem libri IV. Fr. Emman. Cangiamila, auctore ac interprete, cum figuris *Panormi*, 1758, *in-fol. rel. en vélin.*

1095 Abrégé de l'Embryologie facrée, ou Traité des devoirs

des Prêtres, des Médecins, des Chirurgiens, &c. envers les enfans qui font dans le fein de leurs meres, par l'Abbé Dinouart, avec figures. *Paris*, 1766. —— Regolamenti dal Re Carlo Infante di Spagna, per li Porti Cefarei, e Bambini Projetti. *In Napoli*, 1758, *in-12.*

1096 Medical Commentaries, by William Hunter. *London*, 1762, *in-4. fig. br. en carton.*

1097 Medical Effays and Obfervations abridged from the Mémoirs of the Royal Academy, by Thom. Southwell. *London*, 1764, *4 vol. in-8.*

Differtations, Thèfes & Journaux de Médecine.

1098 Variæ Differtationes Medicæ. *Parifiis*, 1539 *& feqq. in-4.*

1099 Conciliator controverfiarum quæ inter Philofophos & Medicos verfantur, Petro Abano auctore. *Venetiis, apud Juntas*, 1595, *in-fol.*

1100 Volumen continens varios Tractatus ; fcilicet, Franc. Uleni de Liene libellus. *Lutetiæ*, 1578. —— J. Caftellani Phylachtirion Phlebotomiæ & Arteriotomiæ. *Argentinæ*, 1628. —— Relation de l'ouverture du corps d'une femme trouvée prefque fans cœur, par Soumain. *Paris*, 1728. —— L'Art de fucer les plaies fans fe fervir de la bouche d'un homme, par le fieur Dominique Anel. *Amft.* 1707. —— Differtation fur la nouvelle découverte de l'hydropifie du conduit lacrymal, &c. par le même. *Paris*, 1716. —— Lettres fur le choix des faignées, par Jul. Moriffon. *Paris*, 1730. *in-12.*

1101 Variæ Differtationes Medicæ. *Venetiis*, 1588 *& feqq. in-4. fig.*

1102 J. Affueri Difputatio de Calculo. *Roftochi*, 1617. —— Ejufdem de Theriacâ fenioris Andromachi Oratio. 1613. —— J. Steinmeieri Thefes de Alopeciâ & Ophiafi. *Roftochi*, 1616. —— J. Georg. Schenckii Lithogenefia, five de Microcofmi membris petrefactis, & de Calculis eidem Microcofmo per varias matrices innatis Pathologia Hiftorica, cum figuris. *Francofurti*, 1608, *in-4. rel, en velin.*

1103 Centuria difficultatum medicarum in quæftiones redactarum & more fcholaftico breviter difcuffarum, per J. Matthæan. *Herboriæ Naffoviorum*, 1616, *in-8. rel. en velin.*

1104 J. Car. Rofenbergi Rofa nobilis Iatrica, feu animadverfiones & exercitationes medicæ. *Argentorati*. 1623, *in-12.*

1105 Sylloges memorabilium Medicinæ & mirabilium Naturæ arcanorum, centuriæ ix. studio & labore J. Rudolphi Camerarii. *Augustæ Trebocorum*, 1624, *in-12.*

1106 Gab. Naudæi ΠΕΝΤΑΣ quæstionum Iatro-Philologicarum. *Genevæ*, 1647, *in-8.*

1107 Volumen continens varias dissertationes, scilicet; J. Cl. de la Courvée frequentis Phlebotomiæ usus & cautio in abusum. *Parisiis*, 1647. —— Ant. Petitæi Ambiani Crisimerologion. *Parisiis*, 1566. —— Deliramenta Hæmophobi. *Lutetiæ*, 1628. —— Physiologia crepitûs ventris & risûs, recognita & edita à Rod. Goctenio. *Francofurti*, 1607. —— J. Dinckelii, oratio de origine, caussis, typo, & cæremoniis illius ritûs qui vulgò in Scholis depositio appellatur. *Sine loci & anni indicat. in-12.*

1108 Disputationes variæ ; prima, De conditurâ, seù ut vulgò loquuntur, de balsamatione Cadaverum humanorum, à J. Dan. Wilvilsheimio. *Argentorati*, 1649. Secunda, De Urinæ suppressione ab Andr. Schilling. *Argentorati*, 1651. Tertia, De Morbis contagiosis & contagio, à Georg. Hilenaro Cratzman. *Argentorati*, 1650, *in-4.*

1109 Diquisitiones Physicæ & Medicæ præmio coronatæ in conventu Publico Academiæ Petropolitanæ. *Petropoli*, 1655, *in-4.*

1110 Elysius Jucundarum quæstionum campus, auctore Gasp. à Rejes Franco. *Antuerpiæ*, 1667, *in-fol.*

1111 J. Rhodii de Acia dissertatio ad Corn. Celsi mentem qua simul universa fibulæ ratio explicatur, edita à Thomâ Bartholino, accedit ejusdem autoris dissertatio de Ponderibus & mensuris, cum figuris. *Hafniæ*, 1672, *in-4.*

1112 Vesperiæ & Pileus doctoralis, cum aliquot quæstionibus medicis in utramque partem agitatis, in Scholis Medicorum, &c. auctore Steph. Bachot. *Parisiis*, 1675, *in-12.*

1113 Georg. Volffgangi Exercitationum Medico-Philologicarum, &c. Decades x. *Jenæ*, 1686 & *suiv. in-4.*

1114 Dissertatio Academica proposita à P. Chirac, sub hac verborum serie an incubo ferrum rubiginosum, quam propugnabit J. B. de Rosnel. —— Altera Dissertatio de Ileo, quam propugnabit Ant. Sidobre. *Monspelii*, 1694, *in-12.*

1115 Anton. Cœlest. Cocchii Epistolæ Physico-Medicæ. 1732, *in-4. br. en carton.*

1116 Martini Lister, Gul. Cole, Gualt. Harris, &c. Exercitationes medicinales. *in-4.*

1117 Laurea medica, id est, Inauguratio septem Medicinæ Doctorum. *Viennæ Austriæ*, 1732, *in-4. br.*

1118 Variorum Medicorum Parisiensium quæstiones medicæ.
in-4.

1119 Variæ Dissertationes Medicæ. *Erfordiæ*, 1727, *in-4.*

1120 Medicorum Monspeliensium Dissertationes Academicæ.
Monspelii, 1728, *in-8.*

1121 Volumen continens varias quæstiones medicas, &c.
Monspelii, 1729, *in-8.*

1122 Fasciculus Dissertationum inauguralium in Academia
Argentinensi habitarum. *in-8.*

1123 Nic. de Blegny Zodiacus Medico-Gallicus, cum figuris.
Genevæ, 1680, 2 *vol. in-4.*

1124 Le Progrès de la Médecine, contenant des Recueils de
tout ce qui s'observe de plus singulier dans cette Science,
pour les mois de Janvier, Février & Mars 1709. *Paris*,
in-12.

1125 Journal de Médecine, Chirurgie, Pharmacie, &c. par
M. Vandermonde. *Paris*, 1758, *jusques & compris* 1761,
8 *vol. in-12.*

1126 Gazette de Médecine pour les années 1761 & 1762,
(par M. Dubour.) *Paris*, 1761 & 1762, 4 *vol. in-8.*

MÉDECINE DES ÉTRANGERS.

1127 Prosperi Alpini de Medicinâ Ægyptiorum. *Venetiis*, 1591,
in-4.

1128 Jac. Bontii de Medicinâ Indorum libri iv. *Lugd. Batav.*
1642, *in-12.*

1129 Andr. Cleyer Specimen medicinæ Sinicæ, cum figuris
æneis & ligneis. *Francofurti*, 1682, *in-4.*

1130 Amœnitatum Exoticarum Politico-Physico-medicarum
Fasciculi v, quibus continentur variæ relationes, observationes & descriptiones rerum Persicarum & Ulterioris Asiæ,
auctore Engelb. Kœmpfero, cum figuris. *Lemgoviæ*, 1712,
in-4.

ANATOMIE.

*Traités généraux de l'étude de l'Anatomie ; Abrégés, Cours,
Principes, &c.*

1131 Dan. Clerici & Joan. Jacobi Mangeti Bibliotheca Anatomica; sivè recens in anatomiâ inventorum Thesaurus locu-
pletissimus. *Genevæ*, 1695, 2 *vol. in-fol. fig.*

1132 Bibliographiæ Anatomicæ Specimen, sivè Catalogus om-

. nium penè auctorum qui ab Hippocrate ad Harvæum rem
Anatomicam ex profeſſo, vel obiter ſcriptis illuſtrarunt,
curâ & ſtudio Jac. Douglas. *Lugd. Batav.* 1734, *in*-8.

1133 Andr. Ottomari Goelicke Introductio in Hiſtoriam litte-
rariam Anatomes. *Francofurti ad Viadrum*, 1738, *in*-4.

1134 Ejuſdem Goelicke Hiſtoria Anatomiæ. *Halæ Magdeburgicæ*, 1713, *in*-8.

1135 D. Joh. Danielis majoris Hiſtoria Anatomes. *Kiloni*,
1666, *in-fol. br.*

1136 Hiſtoria Anatomico-Medica, auctore Joſ. Lieutaud. *Pariſiis*, 1767, 2 *vol. in*-4.

1137 Hiſtoire de l'Anatomie & de la Chirurgie, par M. Portal. *Paris*, 1770, 5 *vol. in*-8.

1138 Compendioſa totius Anatomiæ delineatio ære exarata,
per Th. Geminum. *Londini*, 1545, *in-fol.*

1139 De Diſſectione partium corporis humani libri III. à Car.
Stephano editi, unà cum figuris & inciſionum declarationi-
bus, à Steph. Riverio compoſitis. *Pariſiis*, *Simo Colinæus*,
1545, *in fol.*

1140 Idem Liber. *Paris*, 1545, *in-fol.*

1141 Steph. Blancardi Anatomia reformata, ſivè concinna
Corporis humani Diſſectio: accedit ejuſdem de Balſama-
tione nova methodus, cum figuris. *Amſtel.* 1687, *in*-8.

1142 Leçons Anatomiques & Chirurgicales de Germain
Courtin, recueillies & réduites par Traités & Chapitres, par
Et. Binet. *Paris*, 1612, *in-fol.*

1143 Alphabet Anatomique auquel eſt contenue l'explication
exacte des parties du Corps humain, par Barthol. Cabrol.
Lyon, 1624, *in*-4. *br. en carton.*

1144 Gaſ. Bartholini inſtitutiones Anatomicæ, cum figuris.
Lugd. Batav. 1641, *in*-8.

1145 Joan. Veſlingii Syntagma Anatomicum. *Patavii*, 1647,
in-4. *fig.*

1146 Ejuſdem Veſlingii Syntagma Anatomicum, commentario atque appendice auctum à Gerardo Leon. Blaſio. *Amſt.*
1666, *in*-4. *fig.*

1147 L'Anatomie Françoiſe en forme d'Abrégé, par Théoph.
Gelée. *Rouen*, 1658, *in* 8.

1148 La Semaine, ou Pratique Anatomique, par Nic. Habicot. *Paris*, 1660, *in*-8.

1149 Lud. de Bils Specimina Anatomica, interprete G. Bue-
nio; cum figuris. *Roterod.* 1661, *in*-4.

1150 Abrégé d'Anatomie, accommodé aux Arts de Peinture

& de Sculpture, (par de Piles,) & mis en lumiere par Fr. Tortebat, avec figures. *Paris*, 1668, *in-fol. gr. pap.*

1151 Anatomia delineata in piu Tavole, con tutte le figure in varie faccie, e vedute, preparata sui Cadaveri, dal Dottor Bern. Genga, con le Spiegazioni & indice del Giov. Maria Lancisi. *In Roma*, 1691, *in-fol. gr. pap.*

1152 Theophili Boneti Sepulchretum, sivè Anatomia practica ex cadaveribus morbo denatis ; cum observationibus J. Jac. Mangeti. *Genevæ*, 1700, 3 *vol. in-fol*

1153 Gasp. Bartholini Specimen historiæ Anatomicæ partium corporis humani, cum figuris. *Amst.* 1701, *in-8.*

1154 The Anatomy of humane Bodies Epitomized, by Th. Gibson. *London*, 1703, *in-8. fig.*

1155 The Anatomy of the Humane Body Abridg'd, by James Keill. *London*, 1714, *in-12.*

1156 L'Anatomie d'Heister, avec figures. *Paris*, 1735, *in-8.*

1157 Laur. Heisteri Compendium Anatomicum totam rem Anatomicam brevissimè complectens, cum figuris. *Norimbergæ.*, 1741, 2 *tom. et un vol. in-8.*

1158 Ejusdem Heisteri Oratio de incrementis Anatomiæ. *Wolffenbuttelæ*, 1720, *in-8. br.*

1159 Abrégé Anatomique d'Heister, trad. en langue Russe par M. Condoidi. *S. Petersbourg*, 1757, *in-4. fig.*

1160 Abrégé de l'Anatomie du Corps humain, par M. ***. *Paris*, *le Mercier*, 1739, 2 *tom. en un vol. in-12.*

1161 Essais Anatomiques, contenant l'histoire exacte de toutes les parties qui composent le corps de l'homme, avec la maniere de disséquer, par M. Lieutaud. *Paris*, 1742, *in-8.*

1162 Abrégé de l'Anatomie du Corps de l'homme, (par M. Sue.) *Paris*, 1748, 2 *vol. in-12. v. marb. tr. dor.*

1163 Nouveaux Élémens d'Anatomie raisonnée, (par Person.) *Paris*, *de Saint & Saillant*, 1749, *in-8. fig.*

1164 Anthropotomie, ou l'Art de disséquer, avec figures, (par Tarin.) *Paris*, *Briasson*, 1750, 2 *vol. in-12.*

1165 Abrégé d'Anatomie pour l'instruction des Éléves Chirurgiens de l'Ecole de Brest, par M. de Courcelles. *Brest*, 1752, 2 *parties en un vol. in-8.*

1166 Institutiones Anatomicæ per placita & responsa, digestæ à Cl. Fr. Atthalin. *Vesontione*, 1753, *in-8.*

1167 Dictionnaire Anatomique, suivi d'une Bibliotheque Anatomique & Physiologique, par Tarin. *Paris*, 1753, *in-4.*

1168 Abrégé de l'Anatomie du Corps humain, par M. Verdier, & augmentée par M. Sabatier. *Paris*, 1768, 2 *vol. in-12.*

1169 Tables Anatomiques, dans lesquelles on explique la structure & l'usage du Corps humain & de toutes ses parties, avec des remarques & des figures, par J. Ad. Kulm, trad. sur l'édition latine par P. Massuet. *Amst.* 1734, *in-8.*

1170 Anthropotomie, ou l'Art d'injecter, de disséquer, d'embaumer & de conserver les parties du corps humain, par M. Sue. *Paris,* 1765, *in-12.*

Anatomistes anciens & modernes.

1171 Oribasii Anatomica ex libris Galeni gr. cum versione latinâ J. B. Rasærii, curante Gul. Dundass. *Lugd. Batav.* 1735, *in-4.*

1172 L'Anatomie de Maître Mundin, trad. de langue latine en vulgaire franç. par Maître Rich. Roussal, avec figures en bois. *Paris,* 1532, *in-4. goth.*

1173 D. Math. Curtii, in Mundini Anatomen explicatio. *Papiæ,* 1550, *in-8.*

1174 Jac. Carpi Isagoge in Anatomiam corporis humani, cum figuris, in ligno incisis. *Sinè loci annique indicatione,* *in-8.*

1175 Andreæ Vesalii de humani corporis fabricâ libri VII. *Basileæ, Opporinus,* 1555, *in-fol.* (V, Bibl. instr. p. 489, vol. des Sciences & Arts.)

1176 Realdi Columbi de re Anatomicâ libri xv. *Venetiis,* 1559, *in-fol. fig.* (V. Bibl. instr. p. 490, vol. des Sciences & Arts.)

1177 Idem Liber. *Parisiis,* 1572, *in-8.*

1178 Vivæ imagines partium corporis humani Æreis formis expressæ. *Antuerpiæ, Christ. Plantinus,* 1565, *in-fol. le frontispice est fait à la main.*

1179 Externarum & internarum principalium humani corporis partium Tabulæ, atque Anatomicæ exercitationes observationesque variæ, auctore Volchero Croiter Frisio. *Norimbergæ,* 1573. —— Librorum Andr. Vesalii de humani corporis fabricâ Epitome: cum annotationibus Nicol. Fontani. *Amstel.* 1642, *in-fol.*

1180 Constantii Varolii Anatomiæ sivè de resolutione corporis humani libri IV. *Francofurti,* 1591, *in-8.*

1181 Historia Anatomica humani Corporis, auctore Andreâ Laurentio. *Paris,* 1600, *in-fol. fig.*

1182 Felicis Platéri de Corporis humani structurâ & usu libri III, Tabulis methodicè explicati & iconibus illustrati. *Basileæ,* 1603, *in-fol.*

1183 Gasp. Bauhini Theatrum Anatomicum, cum figuris. *Francofurti ad Mœnum,* 1605 , *in-8.*

1184 Anatome Corporis humani, auctore Joan. Valverdo, nunc primum à Mich. Columbo latinè reddita , & additis novis aliquot Tabulis exornata. *Venetiis,* 1607 , *in-fol.*

1185 Les IV livres d'Albert Durer de la proportion des parties du corps humain , trad. de lat. en franç. par L. Meigret, avec figures en bois. *Arnhem,* 1613. —— La pratica della Perspettiva di Dan. Barbaro, con figure. *In Venetia ,* 1568, *in-fol.*

1186 Nic. Nancelii Analogia Microcosmi ad Macrocosmon, *Lutet. Parif.* 1611 , *in-fol.*

1187 Les Œuvres de Mᶜ André du Laurens, trad. en franç. par Théoph. Gelée. *Paris ,* 1621 , *in-fol. fig.*

1188 Adriani Spigelii de humani corporis fabricâ libri x , opus datum in lucem à Dan. Bucretio, cum figuris. *Venetiis ,* 1627 , *in-fol.*

1189 Ejufdem Spigelii Opera omnia , ex recenfione Joan. Antonidæ Vander-Linden. *Amfterod. Blaeu ,* 1645 , 2 *vol. in-fol. fig. rel. en vélin.*

1190 Joan. Riolani filii Opera Anatomica. *Lutet. Parif.* 1650, *in-fol.*

1191 Thom. Bartholini Anatomia reformata , cum figuris. *Lugd. Batav.* 1651 , *in-8.*

1192 Ejufdem Bartholini Hiftoriarum Anatomicarum rariorum Centuriæ VI , cum figuris. *Hagæ Comitum ,* 1654 *& feq.* 3 *vol. in-12.*

1193 Dominici de Marchettis Anatomia. *Sinè indicatione loci ,* 1656 , *in-12.*

1194 J. Sigifmundi Elsholtii Anthropometria , fivè de mutuâ membrorum corporis humani proportione, & Nervorum harmoniâ libellus. *Francofurti ad Oderam ,* 1663 , *in-12. fig.*

1195 Nouvelle Defcription Anatomique de toutes les parties du corps humain & de leurs ufages , par Ame Bourdon. *Lyon,* 1665 , *in-12.*

1195 *bis.* Tables Anatomiques de Bourdon, *coloriées.*

1196 Jac. Henr. Paulli Anatomiæ Bilfianæ Anatome. *Argentorati ,* 1665 , *in-12.*

1197 Nic. Hobokeni Anatomia fecundinæ humanæ repetita , aucta & roborata , cum figuris. *Ultrajecti ,* 1675 , *in-8.*

1198 Ejufdem Hobokeni Anatomia fecundinæ Uitulinæ, cum figuris. *Ultrajecti ,* 1675 , *in-8.*

1199 J. Conr. Peyeri Parerga Anatomica & Medica. *Amftel.* 1681 , *in-8. fig.*

L

1200 Anatome Mytuli, Belgicè Moffel, acceffit centuria obfer-vationum Medicarum, auctore Antonio de Heide, cum figuris. *Amftel.* 1684, *in-8.*

1201 Godefr. Bidloo Anatomia humani corporis cv tabulis, per G. de Laireffe ad vivum delineatis, demonftrata, cum additionibus Cowperi latinitate donatis. *Amftelod.* 1685, *in-fol. gr. pap.*

1202 Ejufdem Bidloo Opera omnia Anatomico-Chirurgica, cum figuris. *Lugd. Batav.* 1715, *in-4.*

1203 Ifbrandi de Diemerbroeck Opera omnia Anatomica & Medica. *Londini,* 1685, *in-fol. fig.*

1204 Hyeron. Fabricii ab Aquapendente Opera omnia Anatomica & Phyfiologica; cum indice & præfatione D. Joan. Bohnii. *Lipfiæ,* 1687, *in fol. fig.*

1205 Anthropologia nova; or a new Syftem of Anatomy, with copper-plates, by James Drake. *London,* 1707, 2 *vol. in-8.*

1206 J. Van Horne Opufcula Anatomico-Chirurgica, ftudio & operâ D. J. Guil. Pauli. *Lipfiæ,* 1707, *in-8.*

1207 Phil. Verheyen, corporis humani Anatomia, cum figuris. *Bruxellis,* 1710, 2 *vol. in-4.*

1208 Tabulæ Anatomicæ Barth. Euftachii, cum notis & præfatione J. Mariæ Lancifii. *Romæ,* 1714. —— Ludov. Ferdin. Marfilii Differtatio de generatione fungorum, cum figuris. *Romæ,* 1714, *in-fol. rel. en velin.*

1209 Ædem Tabulæ Anatomicæ. *Amftel.* 1722, *in-fol.*

1210 J. Jac. Mangeti Theatrum Anatomicum univerfale : adjectæ funt ad calcem, Barthol. Euftachii Tabulæ Anatomicæ, à J. Mariâ Lancifio explanatæ. *Genevæ,* 1717, 2 *vol. in-fol. fig.*

1211 Frid. Ruifchii Opera omnia Anatomico-medico-Chirurgica, cum figuris æneis. *Amftel.* 1721, 6 *vol. in-4.*

1212 Impetus primi Anatomici ex luftratis cadaveribus nati, quos propriâ confignavit manu Arent Cant. *Lugd. Batav.* 1721, *in-fol. gr. pap. fig.*

1213 Anatomie du Corps humain, avec des remarques & des figures, par J. Palfin. *Paris,* 1726, *in-8.*

1214 Anatomie Chirurgicale, ou Defcription exacte des parties du Corps humain, par le même, avec des notes, par P. Boudon. *Paris,* 1734, 2 *vol. in-8. fig.*

1215 Barth. Euftachii Opufcula Anatomica : accedit Leal Lealis exercitatio de partibus femen conficientibus in viro, cum figuris. *Delphis,* 1726, *in-8.*

1216 The Anatomy of the Human Body, with copper-plates, by W. Chefelden. *London,* 1726, *in-8.*

1217 Anatomie de l'Homme, par Dionis, avec figures. *Paris*, 1729, *in-8*.

1218 Exposition Anatomique de la structure du Corps humain, par Jac. Ben. Winslow. *Paris*, 1732, *in-4. fig.*

1219 Anatomia Chrporum humanonum Capita cxiv. Tabulis ad vivum expressis atque in æs incisis illustrata ; observationibus aucta à Guil. Cowper, curante Gul. Dundass. *Lugd. Batav.* 1739, *in-fol. gr. pap.*

1220 Ant. Pacchioni Opera Anatomica. *Romæ*, 1741, *in-4.*

1221 Anatomie raisonnée du Corps humain, par Deidier. *Paris*, 1742, *in-8.*

1222 Iconum Anatomicarum quibus præcipuæ partes corporis humani exquisitâ curâ delineatæ continentur fasciculus. *Gottingæ*, 1743, *in-fol. fig. br. en carton.*

1223 Abr. Vateri Museum Anatomicum proprium, cum præfatione Laur. Heisteri. *Helmstadii*, 1750, *in-4. br. en carton fig.*

1224 Adversaria Anatomica de omnibus Corporis humani partium, tùm descriptionibus, càm picturis, auctore P. Tarin. *Parisiis*, 1750, *in-4. v. f. tr. dor.*

1225 Archang. Piccolomini Anatome integra Tabulis explanata, cum præfatione J. Fantoni. *Veronæ*, 1754, *in-fol. v. marb. fil.*

1226 Œuvres Anatomiques de M. Duverney, avec figures. *Paris*, 1761, 2 *vol. in-4.*

1227 Petri Camper, Demonstrationum Anatomico-Pathologicarum libri ii. cum figuris. *Amstel.* 1760 & 1761, 2 *vol. in-fol. gr. pap. br.*

1227 *bit.* Différentes Planches anatomiques, *en feuilles.*

Traités d'Ostéologie.

1228 Joan. Philippi Ingrassiæ in Galeni librum de Ossibus Commentaria, cum figuris. *Panormi*, 1603, *in-fol.*

1229 Ostéologie, ou Histoire générale des Os du Corps humain, par G. des Innocens. *Bourdeaux*, 1604, *in-8. rel. en vélin.*

1230 P. Paaw, de Ossibus humani corporis, cum figuris. *Lugd. Batav.* 1615, *in-4. rel. en vélin.*

1231 Anatomia Chirurgica, cioè Istoria Anatomica dell' Ossa e muscoli del Corpo humano, di Bern. Genga. *In Roma*, 1672, *in-8.*

1232 Nouvelle Histoire des Os, selon les Anciens & les Modernes, enrichie de vers, avec figures. *Paris*, 1685, *in-12.*

1233 Nouvelle Ostéologie, où l'on explique la formation &
la nourriture des *Os*, avec figures. *Paris*, 1689, *in-12.*

1234 Domin. Gagliardi Anatome Ossium, cum figuris. *Lugd.
Batav.* 1723, *in-8.*

1235 Bernardi Siegfried Albini de Ossibus corporis humani.
Leydæ Batav. 1726, *in-8.*

1236 Animadversions on a late Pompous book intituled Osteo-
graphia Will. Cheselden, by J. Douglas. *London*, 1735,
in-8. br.

1237 The Anatomy of the Human Bones and Nerves, by
Alex. Monro. *Edinburgh*, 1741, *in-12.*

1238 Abrégé complet de l'Ostéologie, ou Histoire exacte des
Os, par F. D. * * *. *Avignon*, 1737, *in-12.*

1239 Histoire exacte des Os, ou Description complette de
l'Ostéologie, par Franç. Mich. Deidier. *Paris*, 1745, *in-12.*

1240 Histoire exacte, ou Description complette des Os du
corps humain, par le même, avec figures. *Paris*, 1767, 2
vol. in-12.

1241 Ostéographie & Myographie, avec une Introduction à
l'étude des parties solides du corps humain, par Tarin,
avec figures. *Paris*, 1753, *in-4.*

1242 Traité d'Ostéologie, par M. Bertin. *Paris*, 1754, 4 *vol.
in-12.*

1243 Traité d'Ostéologie, trad. de l'angl. de Monro par M.
Sue, avec des Planches en taille-douce. *Paris*, 1759, 2 *vol.
in-fol. gr. pap. br. en carton.*

1244 Abrégé de l'Ostéologie, *in-12.*

Traités de Myologie.

1245 Paradoxe Myologiste, par lequel est démontré que le
Diaphragme n'est pas un seul muscle, par Nic. Habicot. *Paris*, 1610, *in-8.*

1246 Nic. Stenonis Elementorum Myologiæ specimen ; seu
Musculi descriptio geometrica, cum figuris. *Amstel.* 1669,
in-8.

1247 Myologie raisonnée, par J. B. Verduc. *Paris*, 1698, *in-12.*

1247 *bis.* Myologie complette en couleur & grandeur naturelle, par Gautier, avec les figures. *Paris*, 1746, *in-fol.
gr. pap. en feuilles.*

1248 Sarcologie, ou Traité de la Myologie, par Franç. Mich.
Deidier. *Paris*, 1748, *in-12.*

1249 Myotomie humaine & canine, ou la maniere de disséquer
les muscles de l'homme & des chiens, par René Jac. Croiss-
sant de Garengeot. *Paris*, 1728, *in-12.*

1250 La même, augmentée. *Paris*, 1750, 2 *vol. in-12.*

1251 A compleat Treatise of the muscles, as the appear in humane Body, and arise in dissection ; with diverse anatomical Observations not yet discover'd, illustrated by near fourty copper plates, by John Browne. *In the Savoy*, 1681, *in-fol. mar. r.*

1252 Bern. Siegfried Albini Historia musculorum hominis. *Leydæ Batav.* 1734, *in-4. fig. v. marb. fil.*

1253 Ejusdem Albini Tabulæ Sceleti & Musculorum corporis humani. *Lugd. Batav.* 1747, *in-fol. gr. pap. fig. en feuilles.*

1254 Syndesmologia, sivè Historia ligamentorum corporis humani, auctore Josias Weitbrecht. *Petropoli*, 1742, *in-4. fig.*

1255 Davidis Cornelii de Courcelles Icones musculorum capitis, Plantæ pedis. *Lugd. Batav.* 1743 & 1760, 2 *vol. in-4. br. en carton.*

1256 Myotomia reformata : or a new administration of all the muscles of Humane Bodies, with figures, by Williams Cowper. *London*, 1694, *in-8.*

1257 Myotomia reformata : or an Anatomical treatise on the muscles of the human body, illustrated with figures after the life, by Will. Cowper. *London*, 1724, *in-fol. gr. pap. écaille dent.*

1258 Jac. Douglass, Descriptio comparata Musculorum corporis humani & quadrupedis : accessit Historia Musculorum feminæ singularium, ex anglico latinè scripta à J. Frid. Schreiber. *Lugd. Batav.* 1729, *in-8.*

1259 Myotomologie, ou Dissection raisonnée des muscles (par Jac. Franç. Marie Duverney.) *Sans indicat. de lieu ni d'année*, *in-12.*

1260 Myographiæ comparatæ specimen : or a comparative description of all the Muscles in a Man and in a Quadruped by James Douglas. *London*, 1707, *in-12.*

Traités de Splanchnologie.

1261 Discours de M. Stenon sur l'Anatomie du Cerveau. *Paris*, 1669, *in-12. rel. en velin.*

1262 Description du Cerveau, avec figures, par Drouin. *Paris*, 1691, *in-12.*

1263 The Anatomy of the Brain, with figures. *London*, 1695, *in-8.*

1264 Aglossostomographie, ou Description d'une bouche sans langue, laquelle parle & fait naturellement toutes ses autres fonctions, par Jac. Roland. *Saumur*, 1630, *in-12. rel. en velin*.

1265 Nic. Stenonis Obfervationes Anatomicæ, quibus varia Oris, Oculorum, & Narium vafa defcribuntur, novique Salivæ, lacrymarum & muci fontes deteguntur. *Lugd. Batav.* 1680, *in-12. br.*

1266 Ant. Mariæ Vafalva tractatus de Aure humanâ, cum figuris. *Trajecti ad Rhenum*, 1707, *in-4.*

1267 Ejufdem Opera Anatomica de Aure humanâ, &c. cum additionibus J. Bapt. Morgagni. *Venetiis*, 1740, 2 *vol. in-4. fig.*

1268 J. Frid. Caffebohm, tractatus Anatomici de Aure humanâ, cum figuris. *Halæ Magdeburgicæ*, 1735 *& feqq.* —— J. Aug. Rivini Differtatio medica de auditûs vitiis, cum figuris. *Lipfiæ*, 1717, *in-4. br. en carton.*

1269 Methodus fuccincta fecandi & contemplandi vifcera hominis, auctore J. Frid. Caffebohm. *Halæ Magdeburgicæ*, 1740, *in-12. br,*

1270 Difcours Anatomiques fur la ftructure des vifceres, trad. de Marc. Malpighi en franç. par M. * * * (Sauvelle.) *Paris*, 1687, *in-12.*

1271 Splanchnologie, ou l'Anatomie des Vifceres, par René Jac. Croiffant de Garengeot, avec figures. *Paris*, 1728, *in-8.*

1272 Le même. *Paris*, 1742, 2 *vol. in-12.*

1273 Splanchonologie raifonnée, rédigée en démonftrations par Flurant. *Paris*, 1752, 2 *vol. in-12.*

1274 Sarcologie, ou Hiftoire exacte des Vifceres, par Franç. Mich. Difdier. *Paris*, 1753, 3 *vol in-12.*

1275 Expériences & Réflexions fur la ftructure & l'ufage des Vifceres, par Raymond Vieuffens. *Paris*, 1755, *in-12. fig.*

1276 Cæcil. Folii, Sanguinis à dextro in finiftrum cordis ventriculum defluentis facilis reperta via. *Francofurti*, 1641, *in-12. br.*

1277 Jac. Douglafii Defcriptio Peritonæi & membranæ cellularis, &c. ex anglico latinè verfa, cum annotationibus ab Elia Frid. Heiftero. *Helmftadii*, 1733, *in-8. br. en carton.*

1278 Olai Rudbeckii Infidiæ ftructæ ductibus hepaticis aquofis, & vafis glandularum ferofis, Arofiæ editis à Thom. Bartholino. *Lugd. Batav.* 1654, *in-8.*

1279 Franc. Gliffonii Anatomia Hepatis, cum figuris. *Amftel.* 1665, *in-12.*

1280 Ger. Blafii Anatome Medullæ fpinalis & nervorum indè provenientium. *Amftel.* 1666, *in-12.*

1281 J. Conr. à Brunn, Glandulæ duodeni ; accedit differtatio de Glandulâ pituitariâ. *Francofurti*, 1715 , *in-4. fig.*

1282 Mat. Tilingii de Placentâ Uteri difquifitio Anatomica, *Rinthelii*, 1672 , *in-12.*

1283 J. Ægidii Euth Anatome Umbilici curiofa. *Lugd. Batav.* 1697 , *in-12. br. en carton.*

1284 J. Georg. Roederer Icones Uteri humani obfervationibus illuftratæ. *Gottingæ*, 1759. —— Tabulæ iv, Uteri duplicis Obfervationem rariorem fiftentes , in lucem editæ à Georg. Henr. Eifenmanno. *Argentorati* , 1752 , *in-fol.* gr. pap. br. en carton.

1285 A Defcription of the human Urinary Bladder, and parts belonging to it : with anatomical figures, by James Parfons. *London* , 1742 , *in-8.*

1286 Defcription de la Veffie urinaire de l'homme & des parties qui en dépendent, par Parfons , avec figures. *Paris* , 1743 , *in-12.*

Traités d'Angéologie.

1287 Raymundi Vieuffens , Novum vaforum corporis humani fyftema. *Amftel.* 1705 , *in-12. fig.*

1288 Thom. Bartholini, Anatomica aneurifmatis diffecti Hiftoria ; accedit J. Van-Horn , ejufdem argumenti Epiftola. *Panormi* , 1644 , *in-12.*

Traités de Névrologie.

1289 Alex. Monro Nervorum Anatome contracta latinè reddita ab G. Coopmans. *Franequeræ*, 1754 , *in-8.*

1290 Raymundi Vieuffens Neurographia univerfalis, hoc eft omnium corporis humani nervorum , fimul & cerebri , medullæque fpinalis defcriptio anatomica, cùm figuris. *Lugduni* , 1684 , *in-fol.*

Traités fur les Eunuques , les Hermaphrodites , &c.

1291 Traité des Eunuques, par M. D.*** (Ch. Ancillon.) (Paris) 1707 , *in-12.*

1292 Des Hermaphrodites, Accouchemens des femmes, &c. avec figures, par Jac. Duval. *Rouen* , 1612 , *in-8.*

1293 Difcours fur les Hermaphrodites, où il eft démontré qu'il n'y a point de vrais Hermaphrodites, (par Riolan). *Paris* , 1614 , *in-8.*

1294 Description d'un Hermaphrodite que l'on voyoit à Paris
en 1749, par M. Morand, avec figures. —— Observations
sur l'Histoire naturelle, avec des Planches imprimées en
couleur, par Gautier. *Paris*, 1752. —— Mémoire pour Anne
Grandjean contre M. le Procureur Général, &c. *Paris*, 1765,
in-4. br. en carton.

Traités sur les Monstres, Géants, Prodiges, &c.

1295 J. Riolani Disputatio Philosophica de Monstro nato Lutetiæ, anno 1605, cum figuris. *Parisiis*, 1605. —— Capitu-
laire auquel est traité qu'un Homme né sans testicules appa-
rens, & qui a néanmoins toutes les autres marques de viri-
lité, est capable des œuvres du mariage, par Séb. Roulliard.
Paris, 1600. —— Discours sur l'impuissance de l'homme &
de la femme, auquel est déclaré ce que c'est qu'impuissance
empêchant & séparant le mariage ; comment elle se connoît, &c. par Vincent Tagereau. *Paris*, 1611. —— Histoire
de l'Inappétence d'un enfant de Vauprofonde, près Sens,
de son désistement de boire & de manger pendant quatre ans
onze mois, & de sa mort, par Siméon de Provenchere. *Sens*,
1616, *in-8. rel. en vélin.*

1296 Fortunius Licetus de Monstris, ex recensione Ger. Blasii, cum figuris. *Patavii*, 1668, *in-4.*

1297 Storia del Mostro di due corpi che nacque sul Pavese in
Giugno 1748, riferita da G. B. Bianchi, con fig. *In Torino*,
1749, *in-8.*

1298 J. Cassanionis de Gigantibus, eorumque reliquiis. *Basileæ*, *in-8. rel. en vélin.* Et plusieurs piéces sur ce sujet, *imprimées & manusc. br.*

1299 Gigantostéologie, ou Discours des Os d'un Géant,
par Nic. Habicot. *Paris*, 1613. —— Gigantomachie, pour
répondre à la Gigantostéologie, 1613. —— L'imposture
découverte des Os humains supposés & faussement attribués
au Roi Theutobochus. *Paris*, 1614. —— Discours Apologétique touchant la vérité des Géans. *Paris*, 1615, & autres
piéces sur le même sujet, *in-8. br. en carton.*

1300 Mémoire pour servir à l'Histoire des Géans, par le Cat.
n-4. manusc.

1301 Orang-outang, ou l'Homme des bois ; ou l'Anatomie
d'un Pigmé comparée avec celle du Singe & de l'Homme,
par Edouard Tyson, avec huit Planches gravées. *in-fol.
manusc. br. en carton.*

Mélanges

Mélanges d'Observations & de Dissertations Anatomiques.

1302 Casp. Bartholini Controversiæ Anatomicæ, &c. *Gosta-riæ, 1631, in-8.*

1303 J. Pecqueti Experimenta nova Anatomica. *Parisiis, 1654, in-4. rel. en vélin.*

1304 Ejusdem Pecqueti Experimenta nova Anatomica, cum dissertatione de circulatione Sanguinis & Chyli motu, cum figuris. *Amstel. 1661.* —— Thomæ Bartholini Spicilegia bina ex vasis lymphaticis. *Amstel. 1661, in-12. rel. en vélin.*

1305 Nic. Stenonis Observationum Anatomicarum specimen. *Hafniæ, 1664, in-4. br. en carton.*

1306 Joan. Veslingi Observationes Anatomicæ, &c. *Hafniæ, 1664, in-12.*

1307 Theod. Kerckringii Spicilegium Anatomicum continens Observationum anatomicarum rariorum centuriam unam : necnon Osteogeniam fœtuum. *Amstel. 1670, in-4. fig.*

1308 Les Administrations anatomiques de Léon. Tassin. *Sedan, 1676, in 8.*

1309 Discours Anatomiques de Lamy. *Paris, 1685, in-12.*

1310 J. Jac. Harderi Observationes Anatomico-practicæ, cum figuris. *Basileæ, 1687, in-4.*

1311 J. Hier. Sbaragli Exercitationes Physico-Anatomicæ. *Bononiæ, 1701, in-4.*

1312 J. Bapt. Morgagni Adversaria anatomica omnia. *Patavii, 1719, 3 vol. in-4. fig.*

1313 Nathan. Higmori, Corporis humani disquisitio anatomica in sanguinis circulationem. *Hagæ Comitis, 1651, in-fol. fig.*

1314 IV. Opusculorum Anatomicorum fasciculus : 1. J. Bapt. Bianchi, Ductuum lacrymalium novorum dissertatio : II. Abr. Vateri, novi ductus Salivalis in linguâ excretorii demonstratio : III. Henr. Meibomii, de Vasis Palpebrarum novis Epistola : IV. Cæcil. Folii, viæ Sanguinis à dextro in sinistrum cordis ventriculum defluentis accurata delineatio, cum figuris. *Lugd. Batav. 1723, in-8.*

1315 J. Dominici Santorini Observationes Anatomicæ. *Venetiis, 1724, fig.* —— Réponse de P. Simon Rouhault à la Critique faite à son Mémoire de la circulation du sang dans le fœtus humain, par Winslow, ital. & franç. *Turin, 1728, in-4.*

1316 Abr. Kaau Boerhaave Historiæ Anatomicæ infantium

quorum partes corporis inferiores monstrosæ, cum figuris.
Petropoli, 1754 & 1757, 2 *parties en un vol. in-4.*

1317 J. B. Morgagni de Sedibus & causis morborum per anatomen indigatis libri v. *Venetiis*, 1762, 2 *tom. en un vol. in-fol.*

1318 Remarques de M. Winslow sur le Mémoire de M. Ferrein, touchant le mouvement de la mâchoire inférieure. *Paris*, 1755, *in-12. br.*

1319 Description du Cabinet Anatomique de M. de Rosiere, sieur Desenclosses. *Douay*, 1727, *in-8. br.*

1320 Variæ Dissertationes Anatomicæ, cum figuris. *Athenis Rauracis & al.* 1614 & *seq. in-4.*

1321 Dissertations Anatomiques sur la Génération de l'homme & sur l'origine & la nourriture du fœtus, par le sieur ***. *Paris*, 1706, *in-12.*

1322 Recueil contenant différens Traités d'Anatomie, dont : J. Frid. Lobstein Dissertatio anatomica de Nervo spinali, cum figuris. *Argentorati*, 1760. —— J. Jac. Huber de Medullâ spinali speciatim de Nervis ab eâ provenientibus Commentatio, cum figuris. *Gottingæ*, 1741. —— Alb. Haller Descriptio fœtus bicipitis, cum figuris. *Hannoveræ*, 1739. —— Ejusdem Haller Dissertatio de Monstris, cum figuris. *Gottingæ.* —— J. B. Paitoni Vindiciæ contra Epistolas P. Blanchi. *Faventinæ*, 1724. —— Car. Augusti à Bergen Methodus Cranii Ossa dissuendi, cum figuris. *Francofurti ad Viadrum*, 1741. —— Historia medica de Acephalis, auctore Marco Mappo, cum figuris. *Argentorati*, 1687. —— Ejusdem Dissertatio de duobus Ossiculis in cerebro humano mulieris apoplexiâ extinctæ repertis. *Argentorati*, 1687. —— Egberti Veen Dissertatio de motu Cyli & sanguinis. *Lugd. Batav.* 1651. —— J. Bernoulli Dissertatio de motu musculorum. *Basileæ*, 1694. —— Jos. Gaertner Dissertatio de viis urinæ ordinariis & extraordinariis. *Tubingæ*, 1753. —— J. Phil. Gravel de Superfœtatione conjecturæ, cum figuris. *Argentorati*, 1738, *in-4.*

1323 Recueil contenant différens Traités d'Anatomie, dont : A Mechanical Essay upon the Eart, by Will. Wood. *London*, 1729. —— Petr. Vink Dissertatio anatomico medica de Hepate. *Lugd. Batav.* 1735. —— Abr. Kaau Boerhaave Historiæ anatomicæ infantis monstrosæ, cum figuris. *Petropoli*, 1754 & 1757. —— Dissertation sur la cause physique de la couleur des Negres, &c. *Paris*, 1741. —— J. Nathan. Lieberkuhn, Dissertatio de fabricâ & actione Villorum intestinorum Tenuium hominis, cum figuris. *Lugd. Batav.*

1745. —— Bern. Siegfried Albini Differtationes II : prima de Arteriis & Venis inteftinorum hominis ; fecunda de fede & caufsâ coloris Æthiopum & cæterorum hominum. *Leydæ Batav.* 1736 & 1737. —— Corn. Trioen Obfervationum medico-chirurgicarum fafciculus, cum figuris. *Lugd. Batav.* 1743. —— J. Lud. Leberecht Loefeke Obfervationes anatomico-chirurgico-medicæ, cum figuris. *Berolini*, 1754. —— Compendium Anatomico Œconomicum à Fr. Nicholls, cum figuris. *Londini*, 1742, *in-*4.

1324 J. Fantoni Differtationes Anatomicæ, *Taurini*, 1745, *in-*8.

C H I R U R G I E.

Hiftoire de la Chirurgie & des Chirurgiens.

1325 Vindiciæ Artis Chirurgicæ, fivè Differtatio de Nobilitate & præftantiâ artis Chirurgicæ, auctore Franc. Jof. Haas. *Viennæ Auftriæ*, 1729, *in-*4. *br.*

1326 Recueil de piéces concernant l'Hiftoire de la Société Académique de Chirurgie. *in-*4. *manufc.*

1327 Mémoires & Hiftoire de l'Académie Royale de Chirurgie, avec figures. *Paris*, 1743, 4 *vol. in-*4.

1328. Planches des Mémoires & de l'Hiftoire de l'Académie Royale de Chirurgie. 2 *vol. in-*4. *br.*

1329 L'Etat préfent de la Chirurgie, où il eft parlé enfuite de la préféance du Chirurgien & de l'Apothicaire, par J. Charpentier. *Paris*, 1673, *in-*12.

1330 Regiftre de l'Académie de Chirurgie depuis l'année 1731 jufques & compris 1741. *in-*4. *manufc.*

1331 Recherches critiques & hiftoriques fur l'origine, fur les divers états & les progrès de la Chirurgie en France. *in-*4. *fans les cartons.*

1332 A critical Enquiry in to the prefent State of Surgery, by Sam. Sharp. *London*, 1750, *in-*8.

1333 Recherches critiques fur l'état préfent de la Chirurgie, trad. de l'angl. de Sam. Sharp par A. F. Jault. *Paris*, 1751, *in-*12.

1334 Memorias chronologicas e criticas para a Hiftoria da Chirurgia moderna, por Manoel Gomes de Lima. *Porto*, 1762, *in-*12.

1335 Recherches critiques fur la Chirurgie moderne, par M. Valentin. *Paris*, 1772, *in-*12.

1336 Examen critique des Chirurgiens de Paris, par un Chirurgien Anglois. *in-*4. *manufc. en blanc.*

Jurisprudence de la Chirurgie.

1337 L'Art de faire les rapports en Chirurgie, par D. * * *; *Paris*, 1703, *in-12.*

1338 L'Art de faire les rapports en Chirurgie, par Devaux. *Paris*, 1743, 2 *vol. in-12. br. avec du pap. blanc entre les pages.*

1339 Le même. *Paris*, 1743, *in-12. mar. r.*

1340 Mémoire contre la légitimité des naissances prétendues tardives, par M. Louis, & autres piéces sur ce sujet. *Paris*, 1764, 3 *vol. in-8.*

1341 Mémoire pour le sieur Franç. de la Peyronie, premier Chirurgien du Roi, contre les Doyens & Docteurs-Régens de la Faculté de Médecine de Paris. *Paris*, 1748, *in-4. br.*

1342 Mémoire pour le premier Chirurgien du Roi & le Collége de Chirurgie de Paris, contre les Freres de la Charité, avec les Réponses. *in-4.*

Statuts des Chirurgiens de Paris & autres.

1343 Réglement pour une Académie de Chirurgie..... Testament de M. de la Peyronie..... Arrét du Parlement, qui ordonne l'exécution de ce Testament..... Nouveau Réglement pour l'Académie Royale de Chirurgie. *Paris*, 1751, *in-4. br. en carton.*

1344 Statuts pour la Communauté des Maîtres Chirurgiens-Jurés de Paris. *Paris*, 1732 & 1738, 2 *vol. in-4.*

1345 Statuts, Priviléges & Réglemens du Collége de Chirurgie de la Ville de Paris. *Paris*, 1743, *in-4. br. en carton.*

1346 Statuts & Réglemens pour les Chirurgiens des Provinces établis ou non établis en corps de Communauté. *Paris*, 1735, *in-4. br. en carton.*

Traités généraux de l'Etude de la Chirurgie ; Institutions, Cours, &c.

1347 Enchiridion Chirurgicum, externorum morborum remedia, tàm universalia, tàm particularia brevissimè complectens. *Parisiis, apud Wechelum*, 1564, *in-8.*

1348 Thom. Fieni libri Chirurgici XII, de præcipuis artis Chirurgiæ controversiis, curâ Herm. Conringii. *Francofurti*, 1602, *in-4.*

1349 Le Guide des Chirurgiens, trad. du lat. d'Est. Gourmelen, par Germ. Courtin. *Paris*, 1603, *in-8.*

1350 Chirurgie Françoise, recueillie par Jac. Dalechamps & augmentée par J. Girault, avec figures. *Paris*, 1610, *in-4.*

1351 A Discourse of the Whole art of Chyrurgerie, by Pet. Lowe, with figures. *London*, 1612, *in-4.*

1352 Les Principes de la Chirurgie, réduits par Tables, avec leurs explications, par Est. Desforges. *Paris*, 1673, *in-8.*

1353 J. Dolæi Encyclopædia Chirurgica rationalis. *Francofurti ad Mænum*, 1689, 2 vol. *in-4.*

1354 Nouvelle Chirurgie médicale & raisonnée de Mich. Etmuller. *Lyon*, 1691, *in-12.*

1355 La Chirurgie complette par demandes & par réponses, par le Clerc. *Paris*, 1708, *in-12.*

1356 Pathologie de Chirurgie, par J. Bapt. Verduc. *Paris*, 1710, 2 vol. *in-12.*

1357 J. Junckeri Conspectus chirurgiæ tùm medicæ, methodò Stahlianâ conscriptæ. *Halæ*, 1721, *in-4.*

1358 Elementa Chirurgiæ medicæ ex mente, manu methodoque Stahlianâ proflua, &c. *Budingæ*, 1727, *in-8.*

1359 Aphorismes de Chirurgie d'Herm. Boerhaave, commentés par Van-Swieten, trad. du lat. (par M. Ferrand). *Paris*, 1765, *le tome 6 seulement* qui traite de l'Esquinancie, des Aphtes & de l'Empyeme.

1360 Laur. Heisteri Institutiones Chirurgicæ, cum figuris. *Amstel.* 1739, 2 vol. *in-4.*

1361 J. Van Horne ΜΙΚΡΟΤΕΧΝΗ, seù Methodica ad Chirurgiam introductio. *Sinè loci & anni indicat. in-8.*

1362 The Art Surgery, by Dan. Turner. *London*, 1725, 2 vol. *in-8.*

1363 Essais de Chirurgie, par Ant. du Croc. *Liége*, 1727, *in-12.*

1364 Cours de Chirurgie, par Elie Col de Villars. *Paris*, 1738, 5 vol. *in-12.*

1365 A General system of Surgery, translated into english from the latin of Laurence Heister, with figures. *London*, 1743, 2 vol. *in-4.*

1366 Chirurgie complette, suivant le systême des Modernes. *Paris*, 1744, 2 vol. *in-12.*

1367 Elémens de Chirurgie, par M.***. *Londres*, (*Paris*,) 1754, *in-12. v. f. tr. dor.*

1368 Principes de Chirurgie, par G. de la Faye. *Paris*, 1761, *in-12.*

1369 Les mêmes. *Paris*, 1773, *in-12.*

1370 Elémens de Chirurgie, par le Cat. *Sans frontispice*, *in-8, fig.*

1371 La Chirurgie Militaire , trad. du lat. de Nic. Goddin
par Jac. Blondel. *Anvers , 1558 , in-8.*

1372 La Chirurgia Svellata, o sia continuazione dello Chirone
in Campo. *In Venezia , 1716 , in-8.*

1373 Le Timon & Carte de Navigation des jeunes Chirurgiens, pour leur apprendre à conduire en bon port les
malades de leurs bords , par Henry David. *Marseille ,*
in-8.

1374 The Navy-Surgeon : or a Practical system of Surgery ;
by John Atkins. *London , 1734 , in-12.*

1375 Onomatologie Chirurgique , ou Explication des mots
grecs appartenans à la Chirurgie, par le R. P. J. Durette.
Lyon , 1644 , in-12. v. f. fil.

1376 Dictionnaire portatif de Chirurgie, par M. Sue le jeune.
Paris , 1771 , in-8.

Chirurgiens anciens & modernes.

1377 Græcorum Chirurgici libri ; Sorani unus de Fracturarum
signis, Oribasii duo de fractis & luxatis, è collectione Nice-
tæ , ab antiquissimo codice Florentino descripti , conversi,
atque editi ab Ant. Cocchio, gr. lat. *Florentiæ , 1754 ,*
in-fol. avec des Extraits de Journaux sur cet Ouvrage, qui
sont proprement écrits à la tête du volume.

1378 Chirurgia Magistri Petri de Largelata. *Venetiis , 1497 ,*
in-fol. caract. goth.

1379 Von dem Cyrurgicus Durch Joh. Gruniger Ghedruckt
und volendt zu Strasburg uf dinstaganach S. Peter and Paul
dag 1397 ; *c'est-à-dire ,* du Chirurgien, (par Jérôme de
Brunzwig , natif de Strasbourg ,) *imprimé à Strasbourg par*
Jean Gruniger, le mardi d'apres la fête de S. Pierre & S. Paul
l'an 1397 (pour 1497) avec des figures en bois & enluminées,
in-fol. mar. rouge. Ouvrage singulier & le premier dans ce
genre que l'on ait vu à Paris. L'exemplaire, dont il est ici
question, a passé du Cabinet de feu M. de Boze , dans celui
de M. Girardot de Préfont , & de ce dernier dans celui de
M. Morand.

1380 Ars Chirurgica, sivè lucubrationes chirurgicæ Guidonis,
Bruni , Theodorici, Rolandi, Lanfranci & Bertapaliæ : his
accesserunt Rog. ac Guil. Saliceti Chirurgiæ, cum figuris.
Venetiis , apud Juntas , 1546 , in-fol. v. f. filets.

1381 Chirurgia de Chirurgia Scriptores optimi , editore
Conrado Gesnero. *Tiguri , 1555 , in-fol. v. f. filets.*

1382 La grande Chirurgie de Guy de Chauliac , trad. en

françois par Sim. Mingeloufaulx. *Bourdeaux, fans indic.
d'année*, 2 vol. *in-8.*

1383 Le Maître en Chirurgie, ou l'Abrégé de la Chirurgie
de Guy de Chauliac, par L. Verduc. *Paris*, 1704, *in-12.*

1384 Andr. Veffalii Chirurgia magna in VII. libros digefta,
edita operâ Prof. Borgarutii. *Venetiis, ex Offic. Valgris.*
1559, *in-8.*

1385 P. Pigrei Chirurgia. *Parifiis*, 1609, *in-8.*

1386 Thefaurus Chirurgiæ continens, Opera Chirurgica
præftantiffimorum virorum; collecta per Pet. Uffenbachium,
cum figuris. *Francofurti*, 1610, *in-fol.*

1387 Guill. Fabricii Hildani Opera obfervationum medico-
chirurgicarum, quæ extant omnia, cum figuris. *Francofur-
ii*, 1646, *in-fol.*

1388 Les Œuvres de Chirurgie de Jac. Guillemeau, avec
figures. *Rouen*, 1649, *in-fol.*

1389 Les Œuvres de François Thevenin, Chirurgien ordinaire du Roi, recueillies par Guill. Parthon. *Paris*, 1658,
in-fol.

1390 J. Vigierii Opera Medico-Chirurgica. *Hagæ Comitum*,
1659, *in-4.*

1391 Cirurgia univerfale e perfetta, di Gio. And. dalla
Croce, con fig. in lineo intagliate. *In Venetia*, 1661,
in-fol. couv. en velin.

1392 Hyeron. Fabricii ab Aquapendente Opera Chirurgica.
Lugd. Batav. 1723, *in-fol. cum fig.*

1393 Les Œuvres d'Ambroife Paré, avec figures. *Lyon*,
1664, *in-fol.*

1394 J. Dan. Majoris Chirurgia infuforia. *Kiloni*, 1667,
in-4.

1395 La Chirurgie de Félix Wurtzius, trad. de l'allem. par
Franç. Sauvin. *Paris*, 1672, *in-12.*

1396 Pauli Barbette Opera Chirurgico-Anatomica, accedit
de Pefte tractatus obfervat. illuftratus. *Lugd. Batav.* 1672,
in-12.

1397 Ejufdem Barbette Opera omnia Medica & Chirugica,
notis & obfervationibus illuftrata, operâ & ftudio J. Jac.
Mangeti. *Genevæ*, 1688, *in-4.*

1398 Joan. Muys Praxis Medico-Chirurgica rationalis. *Amft.*
1695, *in-8.*

1399 Mich. Bern. Valentini Chirurgia Medica, cum figuris.
Francofurti ad Mænum, 1715, *in-4.*

1400 J. Jac. Mangeti Bibliotheca Chirurgica, cum figuris.
Genevæ, 1731, 4 vol. *in-fol.*

1401 Traité complet de Chirurgie, par Guill. Mauqueſt de la Motte. *Paris*, 1732, 4 *vol. in*-12.

1402 J. de Gorter Chirurgia repurgata. *Lugd. Batav.* 1742, *in*-4.

1403 Alb. Halleri Diſputationes Chirurgicæ ſelectæ. *Lauſannæ*, 1755, 2 *vol. in*-4. *v. ſ. tr. dor.*

Chirurgie pratique, ou Traité des Opérations de Chirurgie.

1404 La Pratique & Chirurgie de Mᵉ Jean de Vigo, recognuë diligentement ſur le latin, avec les aphoriſmes & canons de Chirurgie, compoſés par Mᵉ Nic. Godion. *Paris*, 1542, *in*-8.

1405 La Practica univerſale in Cirurgia, di Giov. di Vico, con figure. *In Venetia*, 1568, *in*-4.

1406 Hyer. Fabricii ab Aquapendente operationes Chirurgicæ. *Venetiis*, 1619. —— Chirurgiæ J. And. à Cruce libri VII. *Venetiis*, 1573, *in-fol. cum figuris in ligno inciſis.*

1407 Gaſp. Taliacotii de Curtorum Chirurgiâ per inſitionem libri II. *Venetiis*, 1597, *in-fol. cum figuris in ligno inciſis.*

1408 Le Chirurgien Opérateur, par Joſ. Covillard. *Lyon*, 1640, *in* 8.

1409 Guil. Fabricii Obſervationum & curationum chirurgicarum Centuriæ, cum figuris. *Lugduni*, 1641, *in*-4.

1410 J. Sculteti Armamentarium Chirurgicum, cum figuris. *Amſtel.* 1662, *in*-8.

1411 L'Arſenal de Chirurgie de J. Scultet, mis en franç. par Franç. de Boze, avec figures. *Lyon*, 1675, *in*-4.

1412 Pet. de Marchettis Obſervationum medico-chirurgicarum rariorum ſylloge. *Amſtel.* 1665, *in*-12.

1413 Obſervations & hiſtoires chirurgiques tirées & traduites en franç. des Œuvres latines de P. la Foreſt, Felix Plater, Balth. Timœus & P. de Marchettis. *Genéve*, 1669, *in*-4.

1414 Jobi à Meek'ren Obſervationes Medico-Chirurgicæ, ex belgico in lat. tranſlatæ, ab Abr. Blaſio, cum figuris. *Amſt.* 1682, *in*-8.

1415 Anton. Nuck Operationes & Experimenta Chirurgica, edita per J. Tiling. Brem. *Lugd. Batav.* 1696. —— Ejuſd. Anton. Nuck Adenographia curioſa & uteri fœmini Anatome nova. *Lugd. Batav.* 1696. —— Ejuſdem Sialographia & ductuum aquoſorum Anatome nova. *Lugd. Batav.* 1695, *in*-8. *fig.*

1416 Traité complet des Opérations de Chirurgie, par de la Vauguion. *Paris*, 1696, *in*-8.

1417

1417 Le Chirurgien d'Hôpital , par Belloste. *Paris* , 1696 , *in-*12.

1418 Suite du Chirurgien d'Hôpital, par Aug. Belloste. *Paris,* 1725 , *in-*12.

1419 J. Munniks Praxis Chirurgica. *Amstel.* 1715 , *in-*4.

1420 Traité des Opérations de Chirurgie , par René-Jacques Croissant de Garengeot. *Paris* , 1720 , 2 *vol. in-*12.

1421 Le même , avec figures. *Paris* , 1731 , 3 *vol. in-*12.

1422 Nouveau Traité des instrumens de Chirurgie les plus utiles , par le même , avec figures. *Paris* , 1727 , 2 *vol. in-*12.

1423 Observations de Chirurgie pratique, par Chabert. *Paris,* 1724 , *in-*12.

1424 Traité des Opérations de Chirurgie , par J. B. Verduc, avec figures. *Paris* , 1721 , *in-*12.

1425 Traité des Opérations de la Chirurgie , par Jos. de la Charriere. *Paris* , 1721 , *in-*12.

1426 Colloquia Chirurgica : or the whole art of Surgery epitomiz'd and made Easie , according to modern practice, by James Handley. *London* , 1721 , *in-*8.

1427 Cl. Stalpartii Vander Wiel , Observationum rariorum medicarum anatomicarum chirurgicarum centuriæ 11 , accedit de unicornu Dissertatio , cum figuris. *Leydæ* , 1727 , 2 *vol. in-*8.

1428 Exercitaciones Anatomicas , y essenciales Operaciones de Cirurgia , con un breve resumen de los instrumentos y Vendages , por D. Blas Beaumont. *Madrid,* 1728 , 2 *tom.* en *un vol. in-*4.

1429 Observations de Chirurgie , par Henr. Franç. le Dran. *Paris* , 1731 , *in-*8.

1430 Cours d'Opérations de Chirurgie, par Dionis, avec figures. *Paris* , 1736 , *in-*8.

1431 Le même, avec des Remarques par G. de la Faye. *Paris,* 1740, *in-*8. *fig.*

1432 A Treatise on the Operations of Surgery , by Sam. Sharp, with figures. *London* , 1739 , *in-*8.

1433 A Treatise on the Operations of Surgery , with a description and representation of the instruments used in performing them , by Sam. Sharp. *London* , 1739 , *in-*8.

1434 Traité des Opérations de Chirurgie, trad. de l'angl. de Sharp par A. F. Jault, avec figures. *Paris* , 1741 , *in-*8.

1435 Recueil d'Observations de Chirurgie , par Delaisse. *Paris* , 1753 , *in-*12.

N

1436 Manuel des Opérations les plus ordinaires de la Chirurgie, par M. de Courcelles. *Brest*, 1756, *in-12.*

1437 Obſervations de Chirurgie, trad. de l'angl. de Warner. *Paris*, 1757, *in-12.*

1438 Curſo Theorico-Practico de Operaciones de Cirurgia compueſto por D. Diego Velaſco, y D. Franc. Villaverde, con fig. *En Madrid*, 1763, *2 parties en un vol. in-4.*

1439 Trattato delle Operazioni di Chirurgia, di Ambr. Bertrandi. *In Nizza*, 1763, *2 vol. in-8.*

1440 Traité des Opérations de Chirurgie, par Ambr. Bertrandi, trad. de l'ital. par M. Solier de la Romillais. *Paris*, 1769, *in-8.*

1441 Opérations de Chirurgie, par Leſcot. *in-8. manuſc.*

1442 Caſes in Surgery, with remarks by Ch. White, to which is added an Eſſay on the ligature of arteries, by J. Aikin. *London*, 1770, *in-8. fig.*

1443 Traité d'Opérations de Chirurgie, en allemand, par Fred. Henckels, avec figures. *Berlin*, 1770 *& ſuiv.* 4 parties en 3 *vol. in-8.*

1444 Nouvelles Obſervations de Médecine & de Chirurgie, en allemand, par le même, avec figures. *Berlin*, 1769 *& ſuiv.* 2 vol. *in-8. br.*

1445 Diſſertazione ſull' Aneuriſma del Poplite, di Dom. Maſotti. *In Firenze*, 1772, *in-8. rel. en vélin.*

1446 Queſtion Chirurgicale, par laquelle il eſt démontré que le Chirurgien doit pratiquer l'opération de la Bronchotomie, &c. par Nic. Habicot. *Paris*, 1620, *in-8.*

1447 Traité de la fiſtule de l'anus, par L. Lemonnier. *Paris*, 1689, *in-12.*

1448 Nouvelles Obſervations, ou Méthode certaine ſur le traitement des Cors, par M. Rouſſelot. *Paris*, 1762, *in-12. rel. en vélin.*

Traités ſur la Phlébotomie ou opération de la ſaignée.

1449 Explication phyſique & méchanique des effets de la ſaignée & de la boiſſon dans la cure des maladies. *Chambery*, 1707, *in-12.*

1450 Traité de l'uſage des différentes ſortes de ſaignées, principalement de celle du pied, par J. B. Sylva. *Paris*, 1727, 2 vol. *in-8.*

1451 Obſervations ſur les effets de la ſaignée, avec des Remarques critiques ſur le Traité de Sylva, par Franç. Queſnay. *Paris*, 1730, *in-12.*

1452 Réflexions critiques sur le Traité de l'usage des différentes saignées, principalement de celle du pied, en forme de Lettres, par Chevalier. *Paris*, 1730, *in-12*.

1453 L'Art de guérir par la saignée, par Franç. Quesnay. *Paris*, 1736, *in-12*.

1454 Traité des effets & de l'usage de la saignée, par le même. *Paris*, 1750, *in-12*.

1455 Traité de la Phlébotomie & de l'Artériotomie, recueilli des Auteurs anciens & modernes, avec des Remarques critiques par Martin. *Paris*, 1741, *in-12*.

1456 Elémens de l'Opération de la Phlébotomie, vulgairement dite la saignée, par M. Taillard fils. *Paris*, 1749, *in-12*.

1457 Recherches sur la maniere d'agir de la saignée & sur les effets qu'elle produit, relativement à la partie où on l'a fait, par M. David. *Paris*, 1762, *in-12*. *écaille fil.*

Traités sur la Lithotomie ou opération de la Taille.

1458 Guil. Fabrici Hildani Lithotomia Vesicæ. *Basileæ*, 1628, *in-4*.

1459 Gualt. Charleton de Lithiasi Diatriba. *Lugd. Batav. Elzevir*, 1650, *in-8*.

1460 La Légende du Gascon, ou Lettre de Ch. Drelincourt à M. Porrée sur la méthode prétendue nouvelle de tailler la Pierre. *Leyde*, 1673, *in-12*.

1461 Nic. Franchimont à Frankenfeld, Lithotomia medica, seù Tractatus Lithontripticus de Caculo Renum & Vesicæ. *Pragæ*, 1683, *in-12. rel. en vélin.*

1462 J. Groenevelt Dissertatio Lithologica variis observationibus & figuris illustrata. *Londini*, 1687, *in-8*.

1463 Observations sur la maniere de Tailler dans les deux sexes pour l'extraction de la Pierre, pratiquée par Fr. Jacques, par J. Mery. *Paris*, 1700, *in-12. fig.*

1464 Dissertation physique & pratique sur les maladies, & sur les opérations de la Pierre, par Ch. Deh. de Launay. *Paris*, 1700, *in-12*.

1465 Traité des Pierres qui s'engendrent dans les terres & dans les animaux, où l'on parle des causes qni les forment dans les hommes, par Nic. Venette, avec figures. *Amst.* 1701, *in-12*.

1466 Trattato di Litotomia del Dottore Alghisi, con figure. *In Firenze*, 1707, *in-fol. rel. en vélin.*

1467 Traité de la Lithotomie, ou de l'extraction de la Pierre hors de la Veſſie, avec figures, par Franç. Tolet. *Paris,* 1708, *in-12.*

1468 A compleat Treatiſe of the Stone and Gravel, by J. Greenfield. *London,* 1710, *in-8.*

1469 A Treatiſe on the High operation for the Stone, by Franc. Roſſet, &c. London, 1723, *in-8. fig.*

1470 A Treatiſe on the High operation for the Stone, with figures, by Will. Cheſelden. *London,* 1723, *in-8.*

1471 Nouvelle maniere de faire l'opération de la Taille, trad. de l'angl. de Douglas (par Noguez), avec figures. *Paris,* 1724, *in-12.*

1472 Traité de l'Opération de la Taille, par Franç. Colot. *Paris,* 1727, *in-12.*

1473 Traité de la Taille au haut appareil, avec une Diſſertation de M. Morand, & une Lettre de M. Winſlow. *Paris,* 1728, *in-12.*

1474 Réflexions Anatomiques en forme de Lettre, ou Analyſe de la Diſſertation de M. Morand ſur la Taille au haut appareil (par Joſ. Rameau.) *Amſt.* 1729. —— L'Analyſe de la Diſſertation de M. Morand ſur la Taille au haut appareil, par Rameau, réfutée dans une Lettre écrite à M. Sénac. *manuſc. in-8.*

1475 Della Litotomia piu facile, e piu ſicura breve trattato dal Giocachino Pariſi. *In Veneſia,* 1728, *in-4. fig.*

1476 Parallele des différentes manieres de tirer la pierre hors de la Veſſie, par H. Fr. le Dran, avec figures. *Paris,* 1730, *in-8.*

1477 Suite du Parallele des différentes manieres de faire l'extraction de la Pierre qui eſt dans la Veſſie urinaire, par le même, avec figures. *Paris,* 1756, *in-8.*

1478 Jac. Denys Obſervationes Chirurgicæ de Calculo Renum, Veſicæ, Urethræ, Lithotomiâ & Veſicæ puncturâ. *Lugd. Batav.* 1731, *in-8.*

1479 Mart. Schurigii Lithologia Hiſtorico-Medica, hoc eſt, Calculi humani conſideratio Phyſico-medico curioſa. *Dreſdæ,* 1744, *in-4.*

1480 Nouvelles Remarques ſur la Lithotomie, ſuivies de pluſieurs Obſervations ſur la ſéparation du Penis & ſur l'amputation des Mammelles, avec figures, par M. Pallucci. *Paris,* 1750, *in-12. v. marb. filets.*

1481 Lithotomie nouvellement perfectionnée par le même, avec figures. *Vienne,* 1757, *in-12. v. f. tr. dor.*

1482 Lettre de M. Pallucci à M. de Humelauer ſur la cure de la Pierre. *Vienne,* 1764, *in-8.*

1483 Recueil de Piéces importantes fur l'Opération de la Taille faite par le Lithotome caché. *Paris*, 1751, 2 *vol. in-12.*

1484 La Méthode de tailler au petit appareil, trad. du latin de Heifter, par M. M. S. avec figures. *Paris*, 1751, *in-8.*

1485 Hiftoire de Frere Jacques Lithotomifte, par M. Vacher. *Befançon*, 1756, *in-12. mar. r.*

1486 Recueil de Piéces concernant l'Opération de la Taille, par Cl. Nic. le Cat, avec figures enluminées. *Rouen*, 1752, *in-8.*

1487 Traité des caufes & fymptômes de la Pierre & des principaux remédes en ufage pour guérir cette maladie, par D. D'Efcherny. *Dublin*, 1755, *in-8.*

1488 Lettera di Dom. Mafotti fopra gl'inftromenti neceffari per la Litotomia nelle Donne e fopra l'ago Barbæ Ziano. *In Firenza*, 1756, *in-4. mar. r.*

1489 La Litotomia delle Donne perfezionata, trattato di Dom. Mafotti, con figure. *In Faenza*, 1763, *in-4.*

1490 La Taille au niveau ; Mémoire fur la Lithotomie par l'appareil latéral, &c. par M. Pouteau, avec figures. *Avignon*, 1765, *in-4.*

1491 Parallele de la Taille latérale de le Cat, avec celle du Lithotome caché, publié par Alex. P. Nahuys. *Amfterd.* 1766, *in-8. fig.*

1492 Piéces concernant la cure de M. de Poinfable, Gouverneur de la Martinique, & autres Piéces fur l'opération de la Taille. *broché.*

1493 Lithotomiæ Tractatus fingulares variorum Auctorum, cum figuris. *in-4.*

1494 Recueil de Piéces latines & françoifes fur l'Opération de la Taille, avec figures. *in-12.*

1495 Différens Traités concernant l'opération de la Taille. 2 *vol. in-8. br.*

1496 Recueil de Piéces concernant l'Opération de la Taille, imprimées & manufcrites. 3 *vol. br.*

1497 Reeueil de Piéces en différentes langues fur l'Opération de la Taille. *in-4. broché en carton.*

1498 Différentes méthodes de Lithotomie en anglois, avec figures, par divers Auteurs. *in-4.*

1499 Recueil de deffins relatifs à l'Opération de la Taille. *in-fol.*

1500 Extraits de Journaux & autres Piéces fur l'Opération de la Taille. *in-12.*

Traités sur les différentes espèces de Polypes.

1501 Observation de Chirurgie au sujet d'un Polype extraordinaire, par M. Manne, avec figures. *Avignon*, 1747, *in-8. mar. r. dent.*

1502 Observations sur la cure radicale de plusieurs Polypes de la matrice, de la gorge & du nez, opérée par de nouveaux moyens, inventées par Levret, avec figures. *Paris*, 1749, *in-8. mar. r. dent.*

1503 Les mêmes. *Paris*, 1771, *in-8. fig.*

1504 Car. Jos. Olivier Dissertatio medica de Polyporum in humano corpore ortu, &c. *Lugduni*, 1762. —— Dissertation sur l'origine, l'accroissement & la nature des Polypes dans le Corps humain, par M. Olivier fils. —— Nouvelle idée sur l'apoplexie, avec les moyens de s'en préserver & d'en guérir, par M. Olivier. *Lyon*, 1752, *in-4. v. marb. tr. dor.*

1505 Ratio facilis atque tuta narium curandi Polypos, cum figuris. *Viennæ*, 1763, *in-8.*

Maladies de l'Urethre.

1506 Franc. Roncalii exercitatio Medico-Chirurgica agens nov. methodum extirpandi carunculas & curandi fistulas Urethræ, cum figuris. *Brixiæ*, 1720, *in-8. br. en cart.*

1507 Observations Chirurgicales sur les maladies de l'Urethre, par Jac. Daran. *Paris*, 1748, *in-12.*

1508 Dissertation sur les maladies de l'Urethre qui ont besoin de bougies, par M. André. *Paris*, 1751, *2 vol. in-12.*

1509 Mémoire sur les maladies de l'Urethre, par M. Goulard. *Montpellier*, 1751, *in-8. br.*

1510 Instructions simples & aisées sur les maladies de l'Urethre & de la Vessie, par G. Arnaud. *Amst.* 1764, *in-12.*

Traités sur les maladies des Os.

1511 Paradoxe ou Traité médullaire, auquel est amplement prouvé que la moelle n'est pas la nourriture des Os, par Jac. de Marque. *Paris*, 1609, *in 8.*

1512 Commentaire sur la carie & corruption des Os, par Ant. Lambert. *Marseille*, 1656, *in-8.*

1513 La maniere d'amollir les Os, & de faire cuire toutes

fortes de viandes en fort peu de temps & à peu de frais,
par Papin. *Paris*, 1682, *in-12. fig.*

1514 J. Ch. Hayne Tentamen Chirurgico-medicum, de
præcipuis Ossium morbis, cum figuris. *Amstel.* 1705, *in-8.*

1515 Nouvelles Observations Anatomiques sur les Os, par
J. Jos. Courtial. *Paris*, 1705, *in-12.*

1516 L'Art de guérir les maladies des Os, par J. L. Petit.
Paris, 1705, *in-12.*

1517 Traité des maladies des Os, par le même. *Paris*, 1723,
2 *vol. in-12.*

1518 Le même. *Paris*, 1735, 2 *vol. in-12.*

1519 Lettre à l'Auteur de l'article second du Journal des
Sçavans de Mars 1724, écrite au sujet du Traité des maladies des Os. *Paris*, 1724. —— Examen de divers points
d'Anatomie, de Chirurgie, &c. par Nic. Andry. *Paris*,
1725, *in-12.*

1520 Dissertation en forme de Lettres, au sujet des Ouvrages de l'Auteur du Livre sur les maladies des Os, avec
la Dissertation du Chirurgien-Médecin. *Paris*, 1726, *in-12.*

1521 Discours histor. & crit. sur le Traité des maladies des
Os de J. L. Petit, par M. Louis. *in-12. br.*

1522 Mémoire sur les Os avec ceux de Messieurs Haller &
Bordenave, par M. Fougeroux, avec figures. *Paris*, 1760,
in-8.

1523 Jac. Berengari de fracturâ crani liber Aureus. *Lugd.
Batav.* 1629, *in-8.*

1524 Observation Apologétique de Chirurgie au sujet d'une
maladie des Os du crâne avec carie, &c. par M. Manne.
Avignon, 1747, *in-8. mar. r. dent.* & autres Ouvrages du
même, *br.*

1525 Mémoire de M. Manne sur une maladie des Os du
crâne, & autres Piéces à ce sujet. *in-4. manusc. br.*

1526 Traité des Fractures & des Luxations, par Joach. Fréd.
Henckel, avec figures. *Berlin*, 1759, *in-8.*

1527 Avis au Public sur différentes espèces de corps & de
bottines d'une nouvelle invention, par le sieur Doffemont.
Paris, 1758, *in-12.*

*Traités des Plaies en général, des Ulceres, de la Suppuration
& de la Gangrene.*

1528 Andr. Libavii Tractatus II. Physici, 1. de Impostoriâ
vulnerum per unguentum armarium sanatione Paracelcisis

ufitata commendataque. II. de Cruentatione cadaverum in
juftâ cæde factorum præfente, qui occidiffe creditur. *Francofurti*, 1594, *in-8*.

1529 Rod. Goclenii Tractatus de Magneticâ vulnerum curatione, &c. *Francofurti*, 1613, *in-8*.

1530 Bern. Suevi Tractatus de infpectione Vulnerum lethalium & fanabilium præcipuarum partium corporis humani.
Marpurgi, 1629, *in-8*.

1531 Fr. Arcæi de rectâ curandorum vulnerum atque febrium
ratione Tractatus. *Amftel.* 1658, *in-12*.

1532 Cæfaris Mangatî de rarâ medicatione Vulnerum libri
II. *Venetiis*, 1676, *in-fol*.

1533 Praxis Vulnerum Lethalium, cum cribrationibus fingu-
laribus adornata à Paulo Ammanno. *Francofurti*, 1701, *in-8*.

1534 Ant. de Juffieu differtatio de Vulneribus. *Monfpelii*,
1707, *in-8*.

1535 J. Bohnii de Renunciatione Vulnerum, feù Vulnerum
Lethalium examen. *Lipfiæ*, 1711, *in-4. rel. en parch.*

1536 Idem Liber. *Amftel.* 1732, *in-12*.

1537 Réflexions fur les Plaies, où la Méthode de procéder
à leur curation, par C. F. Faudacq. *Paris*, 1735, *in-8.
v. marb. fil.*

1538 Explication claire de l'état de toutes fortes de Plaies
récentes à l'égard de leur nature différente, fignes & fuites;
avec un Appendix de quelques raifonnemens fur leurs caufes mortelles, & des formules des dépofitions qu'on doit
faire à ce fujet, par Olof Acrell. *Stockolm*, 1745, *in-12.
en fuédois.*

1539 Pratique de Chirurgie, ou Hiftoire des Plaies en général & en particulier, par M. Guifard. *Paris*, 1747, *in-12.*

1540 La Grande Chirurgie des Ulceres, par J. Vigier. *Lyon*,
1656, *in-8*.

1541 Chriftiani à Steenevelt, Differtatio de Ulcere Vermi-
nofo, cum figuris. *Lugd. Batav.* 1697, cum aliis VIII
Differtationibus curiofis variorum Auctorum. *in-4*.

1542 Traité de la Suppuration, par M. Quefnay. *Paris*,
1749, *in-12*.

1543 Queftio de Gangrænæ & Sphaceli diversâ curatione,
ab Ant. Boldefio Medico, ex colloquiis & controverfiis à
Jul. Signio Piftorienfi Chirurgo, collecta & in lucem edita
per J. Caftellinum. *Florentiæ*, 1613, *in-8. rel. en vélin.*

1544 Traité de la Gangrene, par Quefnay. *Paris*, 1749,
in-12.

1545 Deux Lettres d'un Chirurgien à M..***. l'une sur
plusieurs chapitres du Traité de la Gangrene par Quesnay,
l'autre sur le Traité des Plaies d'armes à feu par Duport.
Paris, 1750, *in-12. br.*

Traités sur les Plaies de la Tête.

1546 Le Livre du grand Hippocrate des Playes de Tête,
trad. du grec par Fr. Dissaudeau. *Rouen*, 1658, *in-12.*

1547 P. Paaw Succenturiatus Anatomicus continens commentaria in Hippocratem de Capitis Vulneribus : additæ
in aliquot Capita libri VIII. C. Celsi explicationes, cum
figuris. *Lugd. Batav.* 1596, *in-4. rel. en velin.*

1548 J. Cæs. Arantii in librum Hippocratis de Vulneribus
Capitis commentarius, cum Claud. Porrulii annotationibus. *Lugd. Batav.* 1639, *in-12.*

1549 J. B. Carcani de Vulneribus Capitis liber. *Mediolani*,
1583. —— Traité des Plaies de Tête, par P. Simon Rouhault. *Turin*, 1720, *in-4.*

1550 Traité des Playes de Tête, par Ant. Boirel. *Alençon*,
in-8.

1551 Observations faites par Brisseau. *Douay*, 1716, *in-12.*

1552 Observation de Chirurgie au sujet d'une Plaie à la
Tête avec fracas, par L. Fr. Manne. *Avignon*, 1729,
in-12. mar. r. dent.

1553 Recueil d'Observations d'Anatomie & de Chirurgie,
pour servir de base à la théorie des lésions de la Tête par
contre-coup. *Paris*, 1766, *in-8.*

Traités sur les Tumeurs & Abcès, &c.

1554 Hier. Crassi Tractatus de Tumoribus præter naturam,
de Solutione continui & de Ulceribus. *Venetiis*, 1562. ——
Eust. Rudii de Tumoribus præter naturam libri III. *Venetiis.*
—— J. Costæi, de Igneis medicinæ præsidiis libri II. *Venetiis*, 1595, *in-4.*

1555 Guntheri Christ. Schelhammeri, de humani corporis
Tumoribus, eorumque legitimâ curatione liber. *Jenæ*, 1695,
in-4. rel. en parch.

1556 Ant. Saportæ de Tumoribus præter naturam libri V.
Lugduni, 1621, *in-12.*

1557 Traité des Tumeurs & des Obstructions, par Maubec.
Paris, 1709, *in-12.*

1558 Nouveau Traité des Scrofules ou Tumeurs froides, des

O

Cancers & des Loupes, par P. V. Dubois. *Paris*, 1726, *in*-12.

1559 Traité des Tumeurs contre nature, par Deidier. *Paris*, 1738, *in*-12.

1560 Traité des Tumeurs enkiftées, & un Traité des Métaftafes, par le fieur Rey. *Bruxelles*, 1752, *in*-12.

1561 Marci Aurelii Severini, de abfceffuum reconditâ naturâ libri VIII, cum figuris. *Lugd. Batav.* 1724, *in*-4.

Traités fur les Plaies d'armes à feu.

1562 Traité de la nature & curation des plaies de Piftolle, Harquebufes & autres bâtons à feu, par J. le Paulmier. *Caen*, 1569, *in*-4.

1563 Traité des Arquebufades, par Laur. Joubert. *Lyon, J. de Tournes*, 1581, *in*-8.

1564 J. Franc. Rota, de Tormentariorum, fivè Archibuforum Vulnerum naturâ & curatione, liber. *Antuerpiæ*, 1583, *in*-4.

1565 Guil. Fabrici, de Vulnere quodam graviffimo ictu Sclopeti inflicto, obfervatio & curatio fingularis. *Oppenhemio*, 1614, *in*-8.

1566 Traité des Playes faites par les Moufquetades, par Dav. de Planis Campy, avec figures. *Paris*, 1623, *in*-8.

1567 Jof. Quercetani Sclopetarius, fivè de curandis Vulneribus, quæ Sclopetorum & fimilium tormentorum ictibus acciderunt, liber. *Lugduni*, 1676, *in*-8.

1568 Nouveau Traité des Plaies d'armes à feu, par C. F. Faudacq. *Namur*, *in*-8.

1569 Traité ou Réflexions tirées de la pratique fur les Plaies d'armes à feu, par H. Fr. le Dran. *Paris*, 1737, *in*-12.

1570 Méthode de traiter les Plaies d'armes à feu, par J. Ranby. *Paris*, 1745, *in*-12.

1571 Traité des Plaies d'armes à feu, par M. Defport. *Paris*, 1749, *in*-12.

1572 Traité des Plaies d'armes à feu, par Ravaton. *Paris*, 1750, *in*-12.

1573 Traité des Plaies d'armes à feu, par J. Ant. Loubet. *Paris*, 1753, *in*-12.

Traités fur les Cancers.

1574 La guérifon du Cancer au fein, (par de Houppeville). *Rouen*, 1693, *in*-12.

1575 Differtation fur le Cancer des Mammelles, par Vacher. *Befançon*, 1740, *in-12.*

1576 Trattato Chirurgico delle Malattie delle Mammelle, d'Angelo Nannoni. *In Firenʒe*, 1746, *in-4. br. en carton.*

1577 Théorie nouvelle fur les maladies cancéreufes & nerveufes, par J. M. Gamet. *Paris*, 1772, *2 vol. in-8. br.*

Traités des Bandages & Appareils.

1578 La maniere de guérir, par le moyen des Bandages, les fractures & les luxations qui arrivent au corps humain, pa L. Verduc, avec figures. *Paris*, 1712, *in-12.*

1579 Traité des Bandages, par Franç. Mich. Difdier. *Paris*, 1741, *in 12. mar. vert.*

1580 Traité des Bandages & Appareils propres à chaque maladie, par M.***. *Paris*, 1746, *in-12.*

1581 Introduction à la correction des Bandages chirurgiques, en allemand, par Joach. Fred. Henckel, avec figures. *Berlin*, 1756, *in-8.*

1582 Méthode pour corriger les Bandages & panfemens de Chirurgie, en allemand, par le même, avec figures. *Berlin*, 1767, *in-8. br.*

1583 Traité des Bandages & des Appareils, par M. Sue. *Paris*, 1761, *in-12.*

1584 Tratado de Vendages, y apofitos con laminas, por D. Franc. Canivell. *Barcelona*, 1763, *in-4.*

Traités fur les Accouchemens.

1585 De Partu hominis & quæ circà ipfum accidunt, libellus D. Eucharii Rhodionis, cum figuris. 1535, *in-12. br. en carton.*

1586 Feder. Bonaventuræ, de naturâ Partus octomeftris adverfus vulgatam opinionem libri x. *Urbini*, 1600, *in-fol. rel. en velin.*

1587 Franc. Roffeti, Exfectio fœtus ex matre vivâ finè alterutrius vitæ periculo, & abfque fœcunditatis ablatione, ex gallico-latinè reddita à Gafp. Bauhino. *Francofurti*, 1601, *in-12.*

1588 Thom. Bartholini de infolitis partus humani viis, Differtatio. *Hafniæ*, 1664, *in-12.*

1589 La Pratique des Accouchemens, par Paul Portal, avec figures. *in-8. fans frontifpice.*

Q ij

1590 Obſervations ſur la Pratique des Accouchemens, par Coſme Viardel. *Paris*, 1671, *in-*8.

1591 Obſervations ſur la Pratique des Accouchemens, naturels, contre nature & monſtrueux, par le même, avec figures. *Paris*, 1748, *in-*8.

1592 La Pratique des Accouchemens, par Paw. *Paris*, 1694, *in-*8.

1593 Inſtruction familiere & utile aux Sages-Femmes pour bien pratiquer les Accouchemens, par Madame de la Marche, avec figures. *Paris*, 1710, *in-*12. *v. m. fil.*

1594 Traité général des Accouchemens, par Dionis. *Paris*, 1718, *in-*8. *fig.*

1595 Traité complet des Accouchemens naturels, non naturels, & contre nature, par le ſieur de la Motte. *Paris*, 1721, *in-*4.

1596 Henr. à Deventer Operationes Chirurgicæ, quibus manifeſtatur Artis obſtetricandi nov. lumen, cum figuris. *Lugd. Batav.* 1725, *in-*4.

1597 Caſp. Boſe Diſputatio de Obſtetricum erroribus. *Lipſiæ*, 1729. — Chriſt. Anton. Ziegenhornii Diſſertatio de generatione Calculorum in corpore humano. *Wittenbergæ*, 1726. — Abr. Vateri Epiſtola ad Fred. Ruyſchium in quâ de muſculo orbiculari in fundo uteri detecto gratulatur, cum ejuſdem Ruyſchii Reſponſione. *Wittenbergæ*, 1727, *in-*4.

1598 Le Guide des Accoucheurs, par J. Meſnard. *Paris*, 1743, *in-*8. *fig.*

1599 Obſervations ſur les cauſes & les accidens de pluſieurs Accouchemens laborieux, par And. Levret, avec figures. *Paris*, 1747, *2 parties en un vol. in-*8. *mar. r.*

1600 L'Art des Accouchemens, démontré par des principes de Phyſique & de Méchanique, par le même, avec figures. *Paris*, 1761, *in-*8.

1601 Eſſai ſur l'abus des régles générales & contre les préjugés qui s'oppoſent aux progrès de l'Art des Accouchemens, avec figures, par le même. *Paris*, 1766, *in-*8.

1602 Traité de la Théorie & Pratique des Accouchemens, trad. de l'angl. de Smellie, par de Préville. *Paris*, 1754, *4 vol. in-*8.

1603 Abrégé de l'Art des Accouchemens, par Madame le Bourſier du Coudray. *Paris*, 1759, *in-*12.

1604 Traité des Accouchemens, par Puzos, corrigé & publié par Morizot Deſlandes. *Paris*, 1759, *in-*4.

1605 Traité de l'Art d'accoucher, par Joach. Fred. Henckel, en allemand, avec figures. *Berlin*, 1761, *in-*8.

1606 Elémens de l'Art des Accouchemens , par J. G. Roederer, trad. par M. ***. avec figures. *Paris*, 1765, *in-*8. *v. f. tr. dor.*

1607 A Treatife on the Management of Pregnant and Lying-in Women, &c. by Ch. Wite, with figures. *London*, 1773, *in-*12.

1608 Diſſertation concernant la Chirurgie des Accouchemens, *in-*12. *br.*

Traités ſur l'Opération Cæſarienne.

1609 Traité de l'Hyſterotomotokie, ou enfantement Cæſarien , par Fr. Rouſſet. *Paris*, 1581, *in-*8.

1610 ΥΣΤΕΡΟΤΟΜΟΤΟΚΙΑ Franc. Rouſſeti gallicè primùm edita, nunc verò Gaſp. Bauhini operâ latinè reddita. *Baſileæ*, 1588, *in-*8. *rei. en vélin.*

1611 Ejuſdem Roſſeti, Hyſterotomotokium, id eſt, Cæſarei partus aſſertio hiſtoriologica. *Pariſiis*, 1590, *in-*8.

1612 Ejuſdem Roſſeti, Dialogus apologeticus pro Cæſareo partu. *Pariſiis*, 1590. — In Franc. Roſſeti Apologiam Jac. Marchant declamatio. *Pariſiis*, 1598, *in-*8. *br. en carton.*

1613 Theoph. Raynaudi, de Ortu infantium contrà naturam, per ſectionem Cæſaream tractatio. *Lugduni*, 1637, *in-*8.

1614 Traité de l'Opération Cæſarienne & des Accouchemens laborieux, par J. Ruleau. *Paris*, 1704, *in-*12.

1615 Hiſtoire de deux Opérations Céſariennes, par Guenin. *Paris*, 1750, *in-*12.

1616 Détail d'une Opération Céſarienne faite par M. Soumain. *Manuſc. in-*12. *br.*

Traités ſur les Maladies des yeux.

1617 J. Remmelini, Catoptrum Microcoſmicum , ſplendens viſionibus ære inciſis, cum hiſtoriâ & Pináce. *Auguſtæ Vindelicorum*, 1619, *in-fol. fig.*

1618 Vopiſci Fortunati Plempii Ophthalmographia , ſivè tractatio de oculo ; cum animadverſionibus Gerardi Gutiſchovii. *Lovanii*, 1659, *in-fol.*

1619 Anatomia Artifiziale dell' Occhio umano inventata da Giovanni Battiſta Verle. *In Firenze*, 1679, *in* 12. *rel. en vélin.*

1620 Guil. Briggs Ophtalmographia , ſivè Oculi deſcriptio

Anatomica; accessit ejusdem nova visionis Theoria; cum figuris. *Lugd. Batav.* 1686, *in-12.*

1621 Herm. Boerhaave Prælectiones publicæ de morbis oculorum, cum figuris. *Parisiis*, 1748, *in-12.*

1622 Des Maladies des yeux, trad. du lat. d'Herm. Boerhaave, avec figures. *Paris*, 1749, *in-12.*

1623 Traité des Maladies de l'Œil & des remédes propres pour leur guérison, par Ant. Maître-Jan. *Troyes*, 1707, *in-4.*

1624 Traité de la Cataracte & du Glaucoma, par Brisseau. *Paris*, 1709, *in-12.*

1625 Laur. Heisteri de Cataractâ Glaucomate & Amaurosi, tractatio, cum figuris. *Altorfi*, 1713, *in-12.*

1626 Ejusdem Heisteri Apologia systematis sui de Cataractâ contrà Wolhusii objectiones, &c. *Altorfi*, 1717, *in-12.*

1627 Ejusdem Heisteri vindiciæ sententiæ suæ de Cataractâ adversùs ultimas animadversiones Diarii Parif. eruditorum ut & Wolhusii ejusdemque asseclarum. *Altorfi*, 1719, *in-12.*

1628 Jac. Hovii Tractatus de circulari humorum motu in oculis. *Lugd. Batav.* 1716, *in-8. fig.*

1629 Wolhusii Dissertationes Ophthalmicæ de Cataractâ & Glaucomate, &c. *Francofurti ad Mœnum*, 1719, *in-8.*

1630 Nouvelle Méthode de guérir les fistules lacrymales, par Domin. Anel. *Turin*, 1713 & 1714, *2 tom. en un vol. in-4.*

1631 J. Bapt. Bianchi Ductus lacrymales novi eorumque anatome, usus, morbi & curationes, dissertatio, cum figuris. *Augustæ Taurinorum*, 1715. —— Christ. Rodberg Dissertatio Medico - Chirurgica de novâ methodo curandi fistulas lacrymales, cum figuris. *Altdorfi Noric.* 1716, *in-4.*

1632 Nouveau Traité des Maladies des yeux, par de Saint-Yves. *Paris*, 1722, *in-12.*

1633 A Treatise of the Diseases, of the Horny-coat of the Eye, and the various kinds of cataracts, by Ben. Duddell. *London*, 1729, *in-8.*

1634 Traité sur les maladies de l'organe immédiat de la vue, par J. Taylor. *Paris*, 1735, *in-8. mar. r.*

1635 Le Méchanisme, ou le Nouveau Traité du globe de l'œil, par le même, avec figures. *Paris*, 1738, *in-8.*

1636 Recueil des Ouvrages du Chevalier Taylor, en différentes langues, & intitulé par feu M. Morand *Charlatanerie de Taylor. in-4. br.*

1637 Dissertazioni Chirurgiche d'Ang. Nannoni I. della fistola lacrimale; II. della Cateratta; III. de Medicamentis exficcantibus ; iv. de Medicamentis caufticis. *Parigi*, 1748, *in*-8. *br.*

1638 Inftruction fur l'ufage des Lunettes & Conferves, par M. Thomin. *Paris*, 1746, *in*-12.

1639 Breve trattato delle malatie degli Occhi, di Dom. Billi, con figure. *In Ancona*, 1749, *in*-8. *rel. en vélin.*

1640 Defcription d'un nouvel inftrument propre à abaiffer la Cataracte, par M. Palucci, avec figures. *Paris*, 1750, *in*-12.

1641 Natal. Jof. Pallucci methodus curandæ fiftulæ lacrymalis, cum figuris. *Vindobonæ*, 1762, *in*-8.

1642 Defcriptio novi inftrumenti pro curâ Cataractæ nuper inventi ac exhibiti, ab eodem Pallucci, cum figuris. *Viennæ*, 1763, *in*-8.

1643 Obfervations concernant l'Hiftoire naturelle, la ftructure & les maladies des yeux, par M. P. Demours. *in*-12. *broché.*

1644 Traité fur les maladies des yeux, par M. Guerin. *Lyon*, 1769, *in*-12.

1645 Mémoires & Obfervations Anatomiques, Phyfiologiques & Phyfiques fur l'œil, par J. Janin. *Lyon*, 1772, *in*-8.

1646 Volumen continens varios Tractatus in morbos oculorum. *in*-4.

1647 Volume contenant plufieurs Traités fur la Cataracte en différentes langues. *in*-12.

Traités fur les maladies des Dents.

1648 Le Chirurgien Dentifte, ou Traité des Dents, par P. Fauchard, avec figures. *Paris*, 1728, 2 *vol. in*-12. *v. f. tr. dor.*

1649 L'Art de conferver les Dents, par le fieur Geraudly. *Paris*, 1737, *in*-12.

1650 Effai d'Odontotechnie, ou Differtatation fur les dents artificielles, par Mouton. *Paris*, 1746, *in*-12. *br.*

1651 Effai fur les maladies des Dents, par M. Bunon. *Paris*, 1743, *in*-12.

1652 Expériences & Démonftrations faites à la Salpêtriere & à Saint Côme, pour fervir de fuite à l'Effai fur les maladies des Dents, par le même. *Paris*, 1746, *in*-12.

1653 Nouveaux Elémens d'Odontologie, par M. Leclufe. *Paris*, 1754, *in*-12.

1654 Nouveaux Elémens d'Odontalgie, par M. Jourdain. *Paris*, 1756, *in*-12.

1655 Traité des dépôts dans le sinus maxillaire, des fractures & des caries de l'une & l'autre mâchoire, par le même, avec figures. *Paris*, 1760, *in-12.*

1656 Soins faciles pour la propreté de la bouche & pour la conservation des Dents, par M. Bourdet. *Paris*, 1759, *in-16. mar. r.*

1657 Recherches & Observations sur toutes les parties de l'Art du Dentiste, par le même. *Paris*, 1757, 2 *vol. in-12.*

Traités sur les Hernies & Descentes.

1658 Traité des Hernies, de la Pierre, des Cataractes des yeux & autres maladies, par P. Franco. *Lyon*, 1561, *in-8.*

1659 Malachiæ Geiger Kellegraphia, sivè Descriptio Herniarum, cum earumdem curationibus. *Monachii*, 1631, *in-8.*

1660 Lud. Vanhammen, de Herniis Dissertatio Academica : accedunt de Crocodilo ac Vesicæ mendaci Calculo Epistolæ & Responsiones. *Lugd. Batav.* 1681, *in-12.*

1661 Instructions nécessaires pour ceux qui sont incommodés des Descentes, par de Launay. *Paris*, 1690, *in-12.*

1662 Le Chirurgien Herniaire, contenant un Traité des Hernies ou Descentes des femmes & des filles, par Ant. le Quin. *Paris*, 1697, *in-12.*

1663 Essai d'un Traité des Hernies, par L. Reneaulme de la Garanne. *Paris*, 1726, *in-12. br.*

1664 A Dissertation on Hernias, or ruptures, by George Arnaud. *London*, 1748, *in-8.*

1665 Traité des Hernies ou Descentes. *Paris*, 1749, 2 *vol. in-12.*

1666 Ouvrage touchant les Hernies ou Descentes, par M. Dejean. *Paris*, 1762, *in-12.*

1667 L'Art de guérir les Hernies ou Décentes, par M. Balin. *Paris*, 1768, *in-12. br.*

1668 Nouvelle Méthode d'opérer les Hernies, par M. le Blanc, avec figures. *Paris*, 1768, *in-8. éc. tr. dor.*

Mélanges de Chirurgie; Observations diverses, Thèses, &c.

1669 Cultrivori Prussiaci Curatio singularis descripta à D. Beckero. *Lugd. Batav.* 1640, *in-12.*

1670 Thom. Bartholini de latere Christi aperto dissertatio, accedunt Cl. Salmasii, & aliorum de Cruce Epistolæ. *Lugd. Batav.* 1646, *in-8. rel. en vélin.*

1671

1671 M. Aur. Severini Synopſeos Chirurgiæ libri VI. *Amſtel.*
1664, *in-*12.

1672 Iſaaci Aymé Obſervatio Pilorum abdominis fiſtula, &
alvo. *Londini*, 1684. —— Obſervation & Remarques ſur lés
effets du Virus cancéreux, par M. Louis. *Paris*, 1749. ——
Lettre de M. Louis à M. Bagieu ſur les Amputations. *Paris*,
1757, *in-*12.

1673 J. Muys Podalirius redivivus, ſivè Dialogus inter Podá-
lirium & Philiatrum, in quo multa medico-chirurgica exa-
minantur. *Lugd. Batav.* 1686, *in-*12.

1674 Ger. Feltmanni de Cadavere inſpiciendo liber unus.
Bremæ, 1692, *in-*4.

1675 P. Hadriani F. Verduin, Diſſertatio Epiſtolaris de novâ
Artuum decurtandorum ratione. *Amſtel.* 1696, *in* 8.

1676 Traité des Embaumemens, ſelon les Anciens & les Modernes, par L. Penicher. *Paris*, 1699, *in-*12.

1677 Nouveau Recueil d'Obſervations chirurgicales faites par
Saviard. *Paris*, 1702, *in-*12.

1678 J. Henr. Schultei, Diſſertatio Chirurgica de ſuperfluis
& noxiis quibuſdam in Chirurgiâ, cum aliis ſex curioſis
Diſſertation. variorum authorum. *Altorfii*, 1718, *in-*4.

1679 Eight Chirurgical Treatiſes, on Theſe Following Headſ,
by Rich. Wiſeman. *London*, 1734, 2 vol. *in-*8.

1680 J. Zach. Platneri, Diſſertationes & Proluſiones, cum
figuris. *Lipſiæ*, 1749, 2 tom. en un vol. *in-*4.

1681 Diſſertation hiſtorique ſur l'eſpèce de mal de Gorge
gangreneux qui a régné parmi les enfans en 1748. *Paris*,
1749, *in-*12. *br.*

1682 Pantometrum eruditionis maxime Medico-Chirurgicæ,
novis principiis mathematicis præmunitum, methodo ſyſte-
matico demonſtrativâ, ſiſtit Georg. Frid. Sigwart. *Pariſiis*,
1752, *in-*4.

1683 B. S. Albini Academicarum annotationum libri. *Leydæ*,
1754 *& ſeq.* 3 vol. *in-*4. *fig.*

1684 Dialogo Chirurgico ſobre Inflammacaõ, auctor Manoel
Gomes de Lima. *Porto*, 1756, *in-*8.

1685 Mélanges de Chirurgie, par M. Cl. Pouteau. *Lyon*,
1760, *in-*8. *fig.*

1686 Traité de l'effet des Remédes externes ſur le corps
humain, par Joach. Fred. Henckel. *Berlin*, 1761, *in-*8.
en allemand.

1687 Diſſertation ſur l'inutilité de l'amputation des Mem-
bres, par M. Bilguer, trad. & augmentée de quelques
remarques par M. Tiſſot. *Paris*, 1764, *in-*12.

P

1688 Confultations fur la plupart des maladies qui font du reffort de la Chirurgie, par Henr. Franç. le Dran. *Paris,* 1765, *in-8.*

1689 Recueil des Piéces qui ont concouru pour le prix de l'Académie Royale de Chirurgie. *Paris,* 1753, *3 vol. in-4.*

1690 Capfa continens XIX. Thefes Chirurgicas præfide J. Salzmann. *in-4. br.*

1691 Recueil contenant différens Traités de Médecine & de Chirurgie, dont ; Obfervationes & cogitata de Pefte, auctore J. Schreiber. *Petropoli.* ——/J. Adr. Theod. Sproegel differtatio medica fiftens experimenta circà variâ venena in vivis animalibus inftituta. *Gottingæ,* 1753. —— Cajetani Tacconi, de raris quibufdam Hepatis aliorumque vifcerum effectibus Obfervationes, cum figuris. *Bononiæ,* 1740. —— Sur l'Hydropifie de poitrine, & fur les Hydropifies du Péricarde, du Mediaftin & de la Pleure, par Bouillet le fils. *Befiers,* 1758. —— Effais & Obfervations de Médecine. *Nancy,* 1753. —— Georg. Dav. Albrecht Differtatio medica de Ifchuriâ. *Gottingæ,* 1767. —— Theod. Wil. Gartzwyler Differtatio medica de Bile atrâ ejufque effectibus. *Lugd. Batav.* 1742. —— Conft. Scepin Differtatio de Acido vegetabili, cùm annotationibus botanicis. *Lugd. Batav.* 1758, *in-4.*

1692 Recueil contenant différentes Piéces de Médecine & de Chirurgie, dont ; Differtatio de membrorum amputatione rariffimè-adminiftrandâ, auctore J. Ulrico Bilguero. *Halæ Magdeburgicæ,* 1761. —— Chrift. Dan. Heife Differtatio medica & chirurgica de Herniâ carnosâ vulgò Sarcocele dictâ. *Helmftadii,* 1754. —— Frid. Boerneri commentatio de Cofmâ & Damiano artis medicæ Diis, cùm figuris. *Helmftadii,* 1751. —— Cafp. Moermans Difputatio medica de Ophtalmiâ. *Lugd. Batav.* 1655. —— Joan. Melch. Luther Differtatio medica de inflammatione tunicärum Oculi. *Erfordiæ,* 1753. —— Cornftam Difputatio medica de Suffufione. *Lugd. Batav.* 1652. —— J. Frid. Henckelii Difputatio de Cataractâ cryftallinâ verâ. *Francofurti ad Viadrum,* 1744. —— Davidis Mancharti Problema Chirurgicum de extractione Cataractæ ultrà perficiendâ. *Tubingæ,* 1752. —— Georg. Henr. Trofchel Differtatio medica de Cataractâ omni tempore deponendâ. *Halæ Magdeburgicæ,* 1753. —— Jufti God. Gunzii Obfervationum anatomicarum Chirurgicarum de Herniis libellus. *Lipfiæ,* 1744. cùm plurimis aliis Differtationibus, *in-4.*

1693 Recueil contenant différens Traités de Médecine & de

Chirurgie, dont ; Fortunati à Juvaltis Dissertatio de neces-
fario atque perutili Purgationis præsidio. *Basileæ*, 1662.——
Frid. Hoffmanni Dissertatio de affectu cataleptico rarissimo.
Francofurti ad Mœnum, 1692. —— J. Frid. Ehrmann Dissertatio de morbo catarrhali benigno. *Argentorati*, 1762.——
God. Dubois Specimen Academicum de Tæniâ. *Upsaliæ*,
1748. —— J. de Gorter Oratio de Praxis medicæ repur-
gatæ certitudine. *Lugd. Batav.* 1731. —— Chrift. Lud. Moeglingii Tractatus Pathologico-practicus exhibens febres con-
tinuas & febres intermittentes. *Tubingæ*, 1758. —— Beat.
Ign. Lachausse Dissertatio medica de Herniâ ventrali. *Argentorati*, 1746. —— Franc. Mig. Monton, Dissertacion
Chirurgica de la Amputacion de los membros. *En Pamplona*,
1757. —— Mich. Vanselow Disputatio medica exhibens historiam de rupturâ Lienis. *Erfordiæ*, 1696. —— Chrift.
Richter Dissertatio medica de læsionibus Cranii à causâ
externâ violentâ. *Helmeftadii*, 1674. —— Sam. du Pré Disputatio chirurgico-medica de carie ossis. *Lugd. Batav.* 1668.
cùm plurimis aliis dissertationibus, *in-*4.

1694 Recueil contenant différens Traités de Médecine & de
Chirurgie, dont ; Dissertatio medica de veritate Paradoxi
Hippocrati nullam medicinam interdùm esse optimam. *Vitembergæ*, 1754. —— Henr. Pauli Oppermanni Dissertatio
medica de liberis ab Hæreditate morbosâ parentum legi-
timè excludendis. *Halæ Magdeburgicæ*, 1753. —— Arnoldi
Huiberts Disputatio medica de Affectibus ventriculi circà
concoctionem ciborum & appetitûs. *Lugd. Batav.* 1652.——
Dav. Taetii Disputatio medica de Cholerâ. *Lugd. Batav.*
1657. —— P. Meilsma Disputatio medica de Diarrhæâ.
Lugd. Batav. 1646. —— Nic. Lith Disputatio medica de
usu mathefeos in medicinâ. *Lugd. Batav.* 1663. —— J.
Reyerssen Dissertatio medica de Crisibus. *Lugd. Batav.*
1662. —— J. de Cocq Disputatio medica de Hydrope.
Lugd. Batav. 1661. —— Ger. Van Berendrecht Disputatio medica de Phrenitide. *Lugd. Batav.* 1657. —— Georg.
Heck Dissertatio medica, Medicinam Pseudo-miraculofam
aperiens. *Halæ Magdeburgicæ*, 1753. —— J. Frid. Hufe-
land Dissertatio medica de Bilis interno & externo ufu
medico. *Jenæ*, 1752. —— Frid. Langer Dissertatio medica
de Olfactûs ad capienda figna ufu. *Halæ Magdeburgicæ*, 1752.
cùm plurimis aliis dissertationibus, *in-*4.

1695 Theses Anatomico-Chirurgicæ, ab anno 1751, ufquè ad
annum 1768. 2 *vol. in-*4

1696 Mémoire fur les concrétions calculeufes de la matrice.... Réflexions sur l'opération de la fistule-lacrymale..... Mémoire sur l'Amputation.... Second Mémoire sur l'Amputation des grandes extrémités, avec figures. *in-4. br.*

1697 Mémoires intéressans sur la mort de Claudine Rouge, suivis d'une Lettre à M. Louis, avec sa Réponse à MM. Faissole & Chapeaux, Chirurgiens de Lyon. *Lyon*, 1768, *in-12.*

1698 Collection de différentes piéces concernant la Chirurgie, l'Anatomie & la Médecine pratique, extraites principalement des Ouvrages étrangers. *Paris*, 1761, 4 *vol. in-12.*

PHARMACIE.

Traités généraux de la Matiere médicale.

1699 Joh. Georgii Macasii, Promptuarium materiæ medicæ, sivè Tractatus ad Praxin medicam, &c. *Francofurti*, 1654, *in-8. rel. en vélin.*

1700 Traité des Médicamens & la maniere de s'en servir pour la guérison des maladies, par Dan. Tauvry. *Paris*, 1691, *in-12.*

1701 Pharmacologia, seù Manudictio ad materiam medicam, &c. à Sam. Dale. *Londini*, 1693, *in-12.*

1702 J. Nic. Pechlini de Purgantium medicamentorum facultatibus exercitatio. *Amstel.* 1702, *in-8.*

1703 Pauli Hermanni Cynosura Materiæ medicæ in lucem emissa à J. Sigismundo Henningero. *Argentorati*, 1710, *in-4.*

1704 Theod. Zuingeri Specimen materiæ medicæ. *Basileæ*, 1722, *in-8.*

1705 Herm. Boerhaave Libellus de materiâ medicâ & remediorum formulis quæ serviunt Aphorismis. *Lugd. Batav.* 1727, *in-8.*

1706 Ejusdem Boerhaave Tractatus de viribus medicamentorum. *Parisiis*, 1727, *in-12.*

1707 Matiere médicale, par Deidier. *Paris*, 1738, *in-12.*

1708 Steph. Franc. Geoffroy, Tractatus de Materiâ medicâ, sivè de Medicamentorum simplicium historiâ, virtute, detectu & usu. *Parisiis*, 1741, 3 *vol. in-8. v. éc. fil.*

1709 Traité de la Pharmacie moderne, par M. Pyraux. *Paris*, 1751, *in-12.*

1710 Matiere médicale, trad. du lat. de J. Fr. Cartheuser. *Paris*, 1755, 2 *vol. in-8.*

Pharmacopées universelles.

1711 Mosis Charras Opera. *Genevæ*, 1684, 3 *tom. en 2 vol. in-4.*

1712 Dictionnaire Pharmaceutique, par de Meuves. *Paris*, 1689, *in-4.*

1713 Histoire Générale des Drogues, par P. Pomet. *Paris*, 1694, *in-fol. fig.*

1714 Traité Universel des Drogues simples, par Nic. Lemery, avec figures. *Paris*, 1714, *in-4.*

1715 Codex Medicamentarius, seù Pharmacopœa Parisiensis, in lucem edita Hyacintho Theod. Baron. *Parisiis*, 1732, *in-4.*

1716 Formules de Pharmacie pour les Hôpitaux militaires du Roi. *Paris, de l'Imprimerie Royale*, 1747, *in-12.*

1717 Formule de Médicamens à l'usage des Hôpitaux d'armée, par M. Hyacinthe Théod. Baron. *Paris*, 1758. —— Méthode aisée & peu coûteuse de traiter avec succès plusieurs maladies Epidémiques, par M. de Meyserey. *Paris*, 1752. —— Méthode à suivre dans le traitement de différentes maladies Epidémiques, par M. Boyer. *Paris*, 1761, *in-12. br.*

1718 Formules de Médicamens usitées dans les différens Hôpitaux de la Ville de Paris. *Paris*, 1767, *in-12.*

1719 Nouvelles Formules de Médecine latines & franç. pour l'Hôtel-Dieu de Lyon, par P. Garnier. *Lyon*, 1716, *in-12.*

Pharmacopées de différens Pays.

1720 Pharmacopœa Bruxellensis Senatûs autoritate munita. *Bruxellis*, 1702, *in-12.*

1721 Dispensatorium Hafniense jussu superiorum à Medicis Hafniensibus adornatum, auctore Th. Bartholino. *Hafniæ*, 1658, *in-4.*

1722 Pharmacopœia Augustana reformata, cùm ejus Mantissâ & Appendice, simul cùm animadversionibus J. Welferi. *Dordrechti*, 1662, *in-4.*

1723 Pharmacopœia Bateana. *Amstel.* 1719, *in-12.*

1724 Pharmacopœia Argentoratensis. *Argentorati*, 1725, *in fol.*

1725 Pharmacopœia Collegii Regalis Medicorum Londinensis. *Amstel.* 1722, *in-8.*

1726 Pharmacopœia Officinalis & extemporanea, or a complete English Dispensatory, by John Quincy. *London*, 1733, *in-8.*

Traités particuliers des vertus & usages de quelques Médica-
mens.

1727 J. Th. Minadoi, Philodicus, sivè Dialogus de Ptisanâ,
 ejusque cremore non tantum Pleuriticis, sed & morbis aliis
 exhibenda. *Venetiis*, 1591. —— Hipp. Parma, introduc-
 tionis ad Chirurgiam libri II. *Patavii*, 1612, *in-4.*
1728 Brief Discours du Docteur P. Pavis, touchant le médi-
 cament du vin & de l'huile pour guérir toutes sortes de
 Blessures, trad. en françois. *Paris*, 1607, *in-12. rel., en*
 velin.
1729 Persii Trevi, de sero lactis exercitationes. *Parisiis*, 1634.
 —— Des Fontaines de Pouques en Nivernois, de leur vertu, faculté, & maniere d'en user ; ensemble un Avertissement sur les bains chauds de Bourbon Archambault. *Paris*,
 1584, *in-8.*
1730 Th. Bartholini Dissertationes de Theriacâ. *Hafniæ*,
 1671. —— Erasmi Bartholini Experimenta Crystalli Islan-
 dici disdiaclastici quibus mira & insolita refractio detegitur.
 Hafniæ, 1669. —— Th. Bartholi de Peregrinatione medicâ. *Hafniæ*, 1674, *in-4.*
1731 Mémoires instructifs sur l'usage de différens remédes
 spécifiques pour les armées du Roi, & les malades de la
 campagne. *Paris*, 1705, *in-12.*
1732 Réflexions sur l'usage de l'Opium, des calmans & des
 narcotiques pour la guérison des maladies. *Paris*, 1726,
 in-12.
1733 Remarques sur l'abus des purgatifs & des amers au
 commencement & à la fin des maladies. *Paris*, 1729, *in-12.*
1734 A Short account of mortifications and of the surpri-
 zing effect of the Bark in putting a Stop to their progress.
 &c. by J. Douglas. *London*, 1732, *in-8. br.*
1735 Recueil des Observations faites en Angleterre sur les
 effets du Quinquina dans la Gangrene, par M. Amyand.
 in-4. manusc.
1736 Siris. a Chain of Philosophical Reflexions and inquiries
 concerning the virtues of Tar Water, by G. L. B. O. C.
 Dublin, 1744, 2 *vol. in-8.*
1737 Les gouttes glaciales Helvétiques éprouvées dans nombre de maladies ; & Traité sur l'usage des gouttes mercu-
 rielles dans tous les maux vénériens, trad. de l'allemand
 de Langhans. *Lyon*, 1759, *in-12.*

1738 Anton. Storck libellus quo demonſtratut : cicutam non ſolum uſu interno tutiſſimè exhiberi, ſed & eſſe ſimul remedium valdè utile in multis morbis, qui hujuſquè curatu impoſſibilè dicebantur. *Vindoboniæ*, 1760, *in-8.*

Mélanges de Pharmacie.

1739 Ant. Galli, de Ligno ſancto non permiſcendo. *Pariſiis*, 1748. —— P. de Abano, de venenis & eorum remediis liber. *Marpurgi*, 1537, *in-8.*

1740 Anton. Muſæ Braſavoli, Examen omnium Catapotiorum vel Pilularum, quarum apud Pharmacopolas uſus eſt. *Lugduni*, 1546, *in-12.*

1741 Déclaration des abus que font les Apotiquaires, compoſée par Me Liſſet Benancio. *Lyon*, 1556. —— Déclaration des abus & ignorance des Medecins, compoſé par P. Braillier Apotiquaire, pour ſervir de réponſe au précédent. *Lyon*, 1557, *in-16.*

1742 Franc, Arioſti de Oleo montis Zibinii, ſeù Petroleo agri Mutinenſis libellus e membranis M S. editus ab Oligero Jacobæo. *Mutinæ*, 1698, *in-12. rel. en vélin.*

1743 Virium quæ terreis remediis, gratis hactenùs adſcriptæ ſunt, examen rigoroſius, auctore Balth. Ludov. Tralles, præmittitur operi, Diſſertatio de frequenti fatuorum remediorum in Praxi quotidianâ uſu ejuſque cauſis potioribus. *Vratiſlaviæ & Lipſiæ*, 1740, *in-4. v. m. fil.*

1744 Réglement du Magaſin général des Drogues pour les Hôpitaux de l'armée & ſédentaire des Provinces. *in-8. manuſc.*

CHYMIE.

Traités généraux de la Chymie : Cours, Elémens, Inſtitutions & Traités de l'Etude de la Chymie.

1745 Petri Boni introductio in artem Chemiæ integra, ab ipſo auctore inſcripta Margarita Precioſa novella. *Montiſbeligardi*, 1602, *in-8.*

1746 Inſtituts de Chymie, ou Principes Elémentaires de cette Science, par M. de Machy. *Paris*, 1766, 2 *vol. in-12.*

1747 Eſſais de Chymie, trad. de l'allemand de Fréd. Meyer, par M. P. F. Dreux. *Paris*, 1766, 2 *vol. in-12.*

1748 La Royalle Chymie de Cröllius, trad. en françois par J. Marcel. *Lyon*, 1527, *in-8.*

1749 Joan. Hartmanni Praxis Chymiatrica, edita à Joan. Michaelis. *Lugduni*, 1635, *in-8.*

1750 Angeli Salæ Opera Medico-Chymica quæ extant omnia. *Francofurti*, 1647, *in-4*.

1751 Traité de la Chymie, par Christ. Glaser. *Paris*, 1668, *in-8*.

1752 La Chymie naturelle, ou l'explication chymique & méchanique de la nourriture de l'animal, par Dan. Duncan. *Paris*, 1683, 3 *tom. en* 2 *vol. in-8*.

1753 J. Joachimi Beccheri Physica subterranea. *Lipsiæ*, 1703, 2 *vol. in-12*.

Mélanges de Chymie; Expériences & Observations Chymiques.

1754 Fred. Georg. Phil. Seip, Dissertatio Physico-Chemica de Spiritu & Sale Aquarum Mineralium præsertim Pyrmontanarum. *Goettingæ*, 1648. —— Dissertation sur les Eaux & le Sel de Sedlitz en Bohême, trad. du latin de Frédéric Hoffmann. *Nancy*, 1751. —— Analyse des Fontaines salées & des differentes espèces de sels de Montmoret & de Salins, par Rossigneux. *Dôle*, 1756. —— Mémoire sur les Eaux minérales d'Alais, par M. de Sauvaiges. *in-4. br.*

1755 Theatrum Sympatheticum auctum, exhibens varios auctores de Pulvere Sympathetico qui præmittitur sylvestri Rattray, aditus ad occultas Sympathiæ & Antipathiæ causas inveniendis. *Norimbergæ*, 1662, *in-4*.

1756 Anton. Neri de arte Vitrariâ libri VII. cum notis Christ. Merretti. *Amst.* 1669, *in-12. fig.*

1757 Tractatus V. Medico-Physici I. de Sale-Nitro, & Spiritu Nitro-Æreo. II. de Respiratione. III. de Respiratione fœtûs in Utero & Ovo. IV. de motu musculari & Spiritibus Animalibus. V. de Rhaclide; studio J. Mayow. *Oxonii*, 1674, *in-8*.

1758 Réflexions sur la fermentation & sur la nature du feu, par Rouviere. *Paris*, 1708, *in-12*.

1759 De quam plurimis Phosphoris nunc primum detectis commentarius. *Bononiæ*, 1744, *in-4*.

1760 Traité sur les effets des préparations de Plomb, & principalement de l'extrait de Saturne employé pour différentes maladies chirurgicales, par M. Goulard. *Pezenas*, 1760, 2 *vol. in-12*.

1761 Examen Chymique de différentes substances minérales, par M. Sage. *Paris*, 1769, *in-12*.

1762 Recueil contenant différens ouvrages sur la Chymie, *in-12*.

Mathématiques.

Mathématiques, Méchanique, Arithmétique & Géométrie.

1763 Dictionnaire Mathématique, ou Idée générale des Mathématiques, par Ozanam. *Paris,* 1691, *in-4.*

1764 Elémens des Mathématiques, par le P. Bern. Lamy. *Paris,* 1731, *in-12.*

1765 La Méthode des Fluxions, & des suites infinies, par le Chevalier Newton. *Paris,* 1740, *in-4.*

1766 Recueil contenant différens Traités, dont : Vrai secret des Longitudes découvert par Seguin. *Rennes,* 1737. ——— Mémoire du passage de Vénus sur le Soleil, par l'Abbé Chappe d'Auteroche. *S. Petersbourg,* 1762. ——— Discours sur les dispositions & sur les qualités qu'il faut avoir pour faire du progrès dans l'étude de la Physique expérimentale, par l'Abbé Nollet. *Paris,* 1753. —— Mémoire sur le laminage du Plomb, par Rémond. *Paris,* 1731. ——— Mémoire sur l'Horlogerie, par M. ***. 1750. —— Description & usage du Pantographe perfectionné par C. Langlois, avec figures. ———

1767 Recueil contenant différens Traités de Mathématique, dont : Du Calcul intégral, par M. le Marquis de Condorcet. *Paris,* 1765. ——— Traité d'Optique, (par M. Dalembert.) *Paris,* 1752. —— Du Problême des trois corps, par M. le Marquis de Condorcet. *Paris,* 1767, *in-4.*

1768 Traité élémentaire de Méchanique Statique, par M. l'Abbé Bossut. *Paris,* 1772, *in-8. br.*

1769 Régle artificielle du Temps, des Horloges & des Montres, &c. par Henri Sully. *Paris,* 1737, *in-12.*

1770 Lettre de M. de Mairan sur la question des forces vives, &c. *Paris,* 1741, *in-12. br.*

1771 Traité élémentaire d'Arithmétique, par M. l'Abbé Bossut. *Paris,* 1772, *in-8. br.*

1772 Les Comptes faits, par Barrême. *Paris,* 1742, *in-12.*

1773 Elémens de Géometrie, par M. Clairaut. *Paris,* 1741, *in-8. br.*

1774 Connoissance des Temps pour les années 1748 & suiv. par M. Maraldi & de la Lande. *Paris,* 1747 *& suiv.* 24 *vol. in-8. br. Il y a plusieurs volumes doubles, & il manque aussi plusieurs années.*

A S T R O N O M I E.

1775 Æsculapii & Uraniæ Medicum harmonia corporis humani cùm cœlo, Anton. Mizaldo auctore. *Lugduni*, 1556, *in·4.*

1776 Caspari Bartholini Astrologia, seù de stellarum naturâ, affectionibus & effectionibus, exercitatio. *Absque loci indicatione*, 1612, *in-12.*

1777 Discours sur les différentes figures des Astres, par de Maupertuis. *Paris, de l'Imprimerie Royale*, 1732, *in-8.*

1778 La figure de la Terre déterminée par les Observations de Messieurs de Maupertuis, Clairaut, Camus & le Monnier, &c. *Paris, de l'Imprimerie Royale*, 1738, *in-8. br.*

1779 Nouvelles Tables Loxodromiques, ou Application de la théorie de la véritable figure de la Terre à la construction des Cartes marines réduites, trad. de l'angl. de Murdoch par de Bremond. *Paris*, 1742, *in-8. mar. r.*

1780 Théorie de la figure de la Terre, par M. Clairaut. *Paris*, 1743, *in-8. tr. dor.*

1781 La figure de la Terre déterminée par les Observations de MM. Bouguer & de la Condamine. *Paris*, 1749, *in-4.*

1782 Pensées diverses à l'occasion de la Comete de 1680, (par Bayle), avec la continuation. *Rotterd.* (*Trévoux*,) 1721, 4 *vol. in-12.*

1783 Lettre sur la Comete, avec la Critique de cette Lettre. (*Paris*) 1742, *in-12.*

1784 Physique des Cometes dans le sentiment de l'impulsion & du plein, par le P. Bertier. *Paris, de l'Imprimerie Royale*, 1760, *in-12.*

1785 L'hypothèse des petits tourbillons justifiée par ses usages, par M. de Keranflech. *Rennes*, 1761, *in-12.*

1786 Recueil contenant différens Traités de Mathématique ; dont : Theses Mathematicæ de Opticâ propugnabantur Jac. & J. Bapt. Cassini fratres. *Parisiis*, 1691. —— Addition aux Tables astronomiques de Cassini, par M. de Cassini de Thury. *Paris*, 1756. —— Observation du dernier passage de Mercure par le Soleil, faite en 1743 par G. M. Bose. *Wittembergue*, 1745. —— Mémoire présenté au Roi le 27 Avril 1760 par le sieur Delisle, au sujet du passage de Vénus sur le Soleil. —— Exposé succinct des travaux de MM. Harrison & le Roy dans la recherche des Longitudes en mer & des épreuves faites de leurs Ouvrages, par M. le Roy. 1768. —— Prospectus Apologétique pour la Quadrature du Cercle. *Paris*, 1753. —— La vraie Géométrie transcendante & pratique, par M. le Chevalier de Causans. *Paris*, 1754, *in-4. fig.*

ARTS DE L'ÉCRITURE ET DE L'IMPRIMERIE.

1787 Tacheographie, ou l'Art d'écrire auſſi vîte qu'on parle, par Ch. Al. Ramſay, trad. du lat. en franç. par A. D. G. *Paris*, 1681, *in-12*.

1788 La Science Pratique de l'Imprimerie, avec figures, par Fertel. *Saint-Omer*, 1723, *in-4*.

1789 Epreuves générales des Caracteres de Cl. Lameſle. *Paris*, 1742, *in-4*.

1790 Epreuve des Caracteres de la Fonderie de Nic. Gando. *Paris*, 1745, *in-4. rel. en vélin*.

BEAUX ARTS, PROPREMENT DITS.

Peinture, Gravure & Muſique.

1791 Diſcours ſur les Beaux-Arts. *in-4. manuſc. rel. en vélin*.

1792 Les Beaux-Arts réduits à un même principe, (par l'Abbé Batteux.) *Paris*, 1746, *in-8*.

1793 Recueil utile & amuſant propre à la Jeuneſſe pour apprendre à deſſiner, contenant différentes figures d'hommes & d'animaux. *Amſterd. in-12. obl. br.*

1794 Deſcription des Tableaux du Palais Royal, (par Dubois de Saint-Gelais.) *Paris*, 1737, *in-12*.

1795 Recueil de têtes de caractere & de charges, deſſinées par Léonard de Vinci, & gravées par M. le C. de C. *Paris*, 1730, *in-4*.

1795 *bis*. Deſcription des principaux Ouvrages de Peinture & Sculpture exiſtans dans les Egliſes & lieux publics de la Ville d'Anvers. *Anvers*, 1763, *in-12*.

1796 La Danſe des Morts, comme elle eſt dépeinte dans la Ville de Baſle, deſſinée & gravée ſur l'original de Math. Merian, avec une deſcription de cette Ville & des vers à chaque figure. *Baſle*, 1756, *in-4. br. en carton*.

1796 *bis*. Différentes Eſtampes en feuilles gravées par différens Maîtres, & dont on fera pluſieurs articles à la Vente.

1797 Nouvelle Méthode pour apprendre la Muſique, par Monteclair. *Paris*, 1709, *in-4. gravé*.

Architecture.

1798 Abrégé des dix Livres d'Architecture de Vitruve. *Paris*, 1674, *in-12*.

1799 Essai sur l'Architecture, (pár M. l'Abbé Laugier.) Paris, 1753 , *in-*12.

1800 Epître à M. de Tournehem sur la colonne de l'Hôtel de Soissons , par M. Gresset. (*Paris*,) 1748. —— Mémoire sur la colonne de la Halle aux bleds, par le P. Pingré. *Paris*, 1764. —— Canal de Provence, ou Canal d'Aix & de Marseille, par A. Floquet. *Paris*, 1750. & autres piéces, *in-*8.

1801 Leon. Cristoph. Sturms Prodromus Architecturæ Goldmannianæ, cum figuris. *Ausburg*. 1714, *in-fol. obl. br. en carton*, (*en allemand.*)

1802 Traité complet pour faire des plans de Palais de grands Seigneurs & des salles de Spectacle, selon les régles de l'ancienne Architecture & dans le goût de la moderne, par Leon. Cristoph. Sturm, avec figures. *Ausbourg*, 1718, *in-fol. br. en carton.* (*en allemand.*)

1803 Piante delle Citta , Piazze e Castelli fortificati in stato di Milano , date alle stampe dal ingegnere militare Don Giov. Batt. Sesti. *In Milano* , *in-*4.

1804 Plans & Profils du bâtiment de l'Académie Impériale des Sciences , avec la Bibliothéque, le Cabinet de machines & de curiosités de S. Petersbourg. *A S. Petersbourg* , 1741 , *in-fol.* (*en russe.*)

Art Militaire et Art Naval.

1805 Politique Militaire, ou Traité de la Guerre, par Paul Hay du Chastelet. *Paris*, 1757, *in-*12.

1806 Détails militaires , par M. de Cheneviere. *Paris*, 1742, 2 *vol. in-*12. *br. en carton.*

1807 Essai sur la Cavalerie, tant ancienne que moderne. *Paris*, 1756, *in-*4.

1808 Le parfait Ecuyer militaire & de campagne, par le sieur A. de Weyrother. *Bruxelles* , 1767, 2 *vol. in* 8. *br.*

1809 Etudes militaires & l'Exercice de l'Infanterie, par Bottée, avec figures. *Paris*, 1731, 2 *tom. en un vol. in-*12.

1810 Volume *in-octavo* , contenant 44 Planches gravées sur l'Exercice de l'Infanterie. *br. en carton.*

1811 Scientia Navalis , seù Tractatus de construendis ac dirigendis navibus, auctore Leon. Eulero, cum figuris. *Petropoli* , 1749, 2 *vol. in-*4.

1812 Traité de la fabrique des manœuvres pour les Vaisseaux, ou l'Art de la Corderie perfectionné, par M. Duhamel du Monceau , avec figures. *Paris, de l'Imprimerie Royale*, 1747, *in-*4.

*Art de manier & de traiter les Chevaux ; Art de la Danse,
& Jeux.*

1813 École de Cavalerie, par de la Guériniere, avec figures.
Paris, 1736, 2 vol. *in-8.*

1814 Observations & découvertes faites fur des Chevaux,
avec une nouvelle pratique fur la ferrure, par le fieur la
Foffe, avec figures. *Paris*, 1754, *in-8.*

1815 Nouvelle pratique de ferrer les Chevaux de felle & de
carroffe, par le fieur la Foffe. *Paris*, 1756, *in-8.*

1816 Obfervations fur des Articles concernant la Marécha-
lerie inférés dans le Dictionnaire Encyclopédique, par le
fieur Ronden l'aîné. *Paris*, 1758, *in-8. br.*

1817 Orchefographie, ou Traité en forme de Dialogue par
lequel toutes perfonnes peuvent apprendre & pratiquer
l'exercice des Danfes, par Thoinot Arbeau, avec figures
en bois. *Langres, in-4. rel. en vélin.*

1818 Le Jeu des Efchets, trad. de l'ital. de Gioachino Greco
Calabrois. *Paris*, 1714, *in-12.*

Arts & Métiers différens.

1819 Mémoires, Conférences & Obfervations fur les Arts &
les Sciences, par J. B. Denis. *Paris*, 1672, *in-4.*

1820 L'Art de convertir le fer forgé en acier, par de Réaumur, avec figures. *Paris*, 1722, *in-4.*

1821 Defcription des Arts & Métiers, par Meffieurs de l'Académie Royale des Sciences, avec figures. *Paris*, 1761
*& fuiv. 63 cahiers in-fol. dont une partie reliée en 6 vol. &
les autres brochés.*

BELLES-LETTRES.

Grammaires et Dictionnaires.

1822 DE la maniere d'enseigner & d'étudier les Belles-Lettres par rapport à l'esprit & au cœur, par Rollin, avec les observations de Gibert sur cet Ouvrage. *Paris*, 1732, 5 vol. *in-12*.

1823 Réflexions sur l'origine des langues & la signification des mots. —— Panégyrique de Louis XV. 1748. —— De l'invention de l'Imprimerie, 1765. —— Lettres à l'Auteur du Nouveau Supplément du Dictionnaire de Moreri (par l'Abbé Saas.) —— Lettres d'une Société, ou Remarques sur quelques Ouvrages nouveaux, 1751. & autres piéces, *in-12*.

1824 Selecta Latini Sermonis exemplaria è scriptoribus probatissimis excerpta colligebat P. Chompré. *Lutet. Paris.* 1753, 6 vol. *in-12*.

1825 Ambr. Calepini Dictionarium octo Lingue. *Lugduni*, 1659, 2 vol. *in-fol*.

1826 Lexicon, sivè Dictionarium græco-latinum G. Budæi, J. Tusani, R. Constantini & aliorum. *Parisiis*, 1562, 2 vol. *in-fol*.

1827 Ger. Joan. Vossii Etymologicon linguæ Latinæ. *Amstel. Elzevir.* 1662, *in-fol*.

1828 Novitius, seù Dictionarium latino-gallicum Schreveliana methodo digestum. *Lutet. Paris.* 1721, 2 vol. *in-4*.

1829 Vocabulaire universel latin-françois. *Paris*, 1754, *in-8*.

1830 La Bibliotheque des Enfans, ou les premiers Elémens des Lettres, contenant le systême du Bureau Typographique. *in-12*.

1831 Remarques sur la Langue françoise, par Vaugelas. *Amst.* 1665, *in-12*.

1832 Les Origines de quelques coutumes anciennes & de plusieurs façons de parler triviales, (par de Brieux). *Caen*, 1672, *in-12*.

1833 Les Agrémens du langage réduits à leurs principes. *Paris*, 1718, *in-12*.

1834 Des Tropes ou des différens sens dans lesquels on peut prendre un même mot dans une même langue (par du Marsais). *Paris*, 1730, *in-8*.

1835 Synonymes François, par l'Abbé Girard. *Paris,* 1740, *in-12.*

1836 Méthode pour apprendre à lire le françois & le latin, &c. (par de Launay). *Paris,* 1742, *in-12.*

1837 Essai d'un Dictionnaire Universel, contenant tous les mots françois, &c. par Ant. Furetiere. *Amst.* 1685, *in-12.* rel. *en vélin.*

1838 Dictionnaire Universel françois & latin, (vulgairement appellé Dictionnaire de Trévoux). *Paris,* 1743, 7 *vol. in-fol.* avec le *supplément.*

1839 Dictionnaire Etymologique de la Langue françoise, par Ménage. *Paris,* 1750, 2 *vol. in-fol.*

1840 Dictionnaire Universel françois & latin, par le P. le Brun. *Rouen,* 1760, *in-4.*

1841 Dictionnaire de la Langue françoise, par P. Richelet. *Lyon,* 1759, 3 *vol. in-fol.*

1842 Dictionnaire Comique, Satyrique, Critique, Burlesque & Proverbial, par Phil. Jos. le Roux. *Lyon,* 1735, *in-8.*

1843 The Short French Dictionary in two parts english and french and english, by Guy Miege. *London,* 1690, *in-8.*

1844 An universal english Dictionary, by Bailey. *London,* 1731, *in-8.*

1845 Dictionnaire Royal françois-anglois & anglois-françois, par Boyer. *Amst.* 1727, 2 *vol. in-4.*

ORATEURS.

1846 Essai sur l'Eloquence de la Chaire, par M. l'Abbé Gros de Besplas. *Paris,* 1767, *in-12.*

1847 De la Prédication, (par M. l'Abbé Coyer), & autres Piéces. *in-12.*

1848 Selectæ Marci Tullii Ciceronis Orationes. *Lutet. Parif.* 1711, *in-12.*

1849 Tusculanes de Cicéron sur le mépris de la mort, trad. par l'Abbé d'Olivet, avec des remarques du Président Bouhier. *Paris,* 1732, *in-12.*

1850 Cicéron de la nature des Dieux, lat. franç. avec des remarques par l'Abbé le Masson. *Paris,* 1721, 3 *vol. in-12.*

1851 Entretiens de Cicéron sur la nature des Dieux, trad. par l'Abbé d'Olivet, avec des remarques du Président Bouhier. *Paris,* 1732, 2 *vol. in-12.*

1852 Pensées de Cicéron, trad. par le même. *Paris,* 1764, *in-12.*

1853 Stanislai Orichovii Rutheni de lege cœlibatûs, contrà

Syricium in concilio habita Oratio, &c. *Basileæ*, 1551, *in*-12.

1854 Recueil d'Oraisons funebres, par J. Bén. Bossuet, Ev. de Meaux. *Paris, Cramoisy*, 1689, *in*-12.

1855 Recueil d'Oraisons funebres. *in*-4.

1856 Discours prononcés à l'Académie Françoise à différentes réceptions. *in*-4.

1857 Discours prononcés à différentes Séances de la Société Royale des Sciences à Montpellier. *in*-4.

1858 Piéces qui ont remporté le prix de l'Académie Royale des Belles-Lettres, Sciences & Arts de Bordeaux. *Bordeaux*, 1741, *in*-4.

1859 Discours de M. J. J. Rousseau sur les Sciences & Arts, avec les réfutations. *Genève, (Paris)* *in*-8.

1860 Eloge de Maurice, Comte de Saxe, celui de René du Guay-Trouin, de Maximilien de Béthune, Duc de Sully, par M. Thomas. *Paris*, 1759 *& suiv. in*-8.

1861 Eloges de Réné Descartes, par Messieurs Thomas & Gaillard, l'Abbé Couanier Deslandes, l'Abbé de Gourcy, Mercier, Fabre de Charin, & Mademoiselle Mazarelli. *Paris*, 1765, *in*-8.

1862 Eloges de Charles V, de Moliere, de Corneille, de l'Abbé de la Caille & de Leibnitz, avec des notes, (par M. Bailly.) *Paris*, 1770, *in*-8. *br.*

POETES GRECS ET LATINS.

1863 Homeri Opera quæ extant omnia gr. & lat. *Parisiis*, 1747, 2 *vol. in*-12.

1864 Comédies de Plaute, trad. en françois, avec des remarques par Madame le Fevre. *Paris*, 1683, 3 *vol. in*-12.

1865 Les VI. Livres de Lucrece de la nature des choses, trad. par Mich. de Marolles, Abbé de Villeloin. *Paris*, 1659, *in*-8.

1866 Lucrece, trad. avec des notes, par M. L. G. (M. la Grange,) avec figures. *Paris*, 1768, 2 *vol. in*-12. *br.*

1867 P. Virgilii Maronis Opera. *Amstel. Westein*, 1725, *in*-12.

1868 Q. Horatius Flaccus, cum annotat. J. Bond. *Amstel. Blaeu*, 1650, *in*-12.

1869 Ejusdem Poemata, ex castigationibus observationibusque Bentlei Cuningamii & Sanadonis emendata. *Hamburgi*, 1733, *in*-12.

1870 Ejusdem Opera. *Londini æneis Tabulis incidit, J. Pine*, 1733, 2 *vol. in*-8. *mar. r. dent.*

1871 Traduction des Œuvres d'Horace en vers françois. *Paris*, 1752, 5 *vol. in*-12.

1872 Eclogues de Virgile, trad. avec des notes par Vaillant. *Paris*, 1724, *in*-12.

1873 Les Elégies de Tibulle, trad. par D. M. A. D. V. (de Marolles, Abbé de Villelouin.) *Paris*, 1653, *in*-8.

1874 D. Jun. Juvenalis & Auli Persii Flacci Satyræ. *Amstel. Westein*, 1735, *in*-12.

1875 Papinii Surculi Statii Opera quæ extant. *Ingolstadii*, 1610, *in*-8.

1876 J. Owenii Epigrammata. *Lugduni*, 1666, *in*-18.

1877 Anti-Lucretius sivè de Deo & naturâ libri ix, Opus Cardin. Melchioris de Polignac. *Parisiis*, 1747, 2 *vol. in*-8. *gr. pap.*

1878 Typographiæ excellentia. Carmen notis gallicis illuf-tratum à Cl. Ludov. Thiboust. *Parisiis*, 1754, *in*-8.

1879 Collection d'Auteurs Latins, (connus sous le nom de Brindley.) *Londini*, 1744 & *seq.* 13 *vol. in*-12. *v. f. fil.*

1880 Epigrammatum delectus ex omnibus tùm veteribus tum recentioribus Poëtis accuratè decerptus. *Parisiis*, 1659, *in*-12.

1881 Epitaphia joco-feria, latina, gallica, italica, hifpani-ca, lufitana, belgica, franc. Swertius collegit. *Coloniæ*, 1623, *in*-12.

POETES FRANÇOIS.

1882 Connoiffance des beautés & des défauts de la Poëfie & de l'Eloquence dans la Langue Françoife, avec des exem-ples par M. D***. *Londres*, 1749, *in*-12.

1883 Les Mufes en France, ou Hiftoire Chronologique de l'origine, du progrès & de l'établiffement des Sciences & des Beaux-Arts dans la France, par l'Abbé le Fevre. *Paris*, 1750, *in*-12.

1884 Manufcrit fur vélin avec des miniatures, contenant le Roman de la Rofe, par J. de Meun, dit Clopinel. Ce Ma-nufcrit, qu'on croit être du quinziéme fiécle, paroît affez bien confervé dans certains endroits, & dans d'autres, rétablis par de l'écriture plus récente. *in-fol. avec une cou-verture en bois.*

1885 Les faits & dicts de Me J. Molinet. *Paris*, 1540, *in*-12.

1886 La légende de Pierre Faifeu, mife en vers par Ch. Bourdigné. *Paris, Couftellier*, 1723, *in*-8.

R

1887 Recueil des plus belles Piéces des Poëtes François depuis Villon jufqu'à Benferade. *Paris*, 1692, 5 *vol. in-12.*

1888 Fabliaux & Contes des Poëtes François des douziéme, treiziéme, quatorziéme & quinziéme fiécles, tirés des meilleurs Auteurs, (par Meffieurs Barbafan & de Graville.) *Paris*, 1756, 3 *vol. in-12.*

1889 Epîtres & autres Œuvres de Regnier. *Londres*, 1730, *in-8.*

1890 Les Œuvres du fieur de Saint-Amant. *Paris*, 1642, *in-4.*

1891 Les Chevilles de Maître Adam, Menuifier de Nevers. *Paris*, 1644, *in-4.*

1892 Œuvres diverfes de la Fontaine. *Paris*, 1729, 3 *vol. in-8.*

1893 Œuvres diverfes de Boileau Defpréaux, avec le Traité du Sublime, &c. *Amfterd.* 1713, 2 *vol. in-12.*

1894 Les mêmes, avec des éclairciffemens hiftoriques & des figures. *Genéve*, 1716, 2 *vol. in-4.*

1895 Œuvres diverfes de l'Abbé de Chaulieu. *Amfterdam*, (*Paris*) 1733, 2 *vol. in-8. v. f. fil.*

1896 Voyage de Franç. le Coigneux de Bachaumont & Cl. Emman. Luillier Chapelle. *La Haye*, (*Paris*) 1732, *in-12.*

1897 Œuvres diverfes du fieur R***. (Rouffeau.) *Soleure*, 1712, *in-12.*

1898 Anti-Rouffeau, par le Poëte Sans fard. *Rotterd.* 1712, *in-12.*

1899 Œuvres de Pavillon. *Amfterd.* 1720, *in-8.*

1900 Les Œuvres de Vergier. *Paris*, (*Holl.*) 1727, 2 *vol. in-12.*

1901 Poëfies variées de Coulange. *Paris*, 1754, *in-12.*

1902 Chanfons choifies, du même. *Paris*, 1754, *in-12.*

1903 Œuvres diverfes de Grécourt. *Londres*, (*Paris*,) 4 *vol. in-12.*

1904 Poëfies de Lalane & du Marquis de Montplaifir. *Paris*, 1759, *in-12.*

1905 Poëme fur la Grace (par Racine). *Paris*, 1722, *in-8.*

1906 La Ligue, ou Henri le Grand, Poëme, par M. de Voltaire. *Amft.* 1724, *in-12.*

1907 La Henriade, Poëme, par le même. *Londres*, 1728, *in-8.*

1908 Œuvres en vers & en profe de Desforges - Maillard. *Amft.* 1759, 2 *vol. in-12.*

1909 Les Poëfies de M. G. (Greffet). *Blois*, 1734, *in-12.*

1910 Le Vice puni, ou Cartouche, Poëme, par Grandval, avec figures. *Anvers*, (*Paris*,) 1725, *in-*8. avec d'autres piéces.

1911 Poësies badines & galantes. *Paris*, 1757, *in-*12. *v. f. tr. dor.*

1912 Œuvres diverses de M. d'Arnauld. *Berlin*, (*Paris*,) 1751, 3 *vol. in-*12.

1913 Piéces dérobées à un Ami (par M. l'Abbé de Lattaignan). *Amst.* (*Paris*,) 1750, 2 *vol. in-*12.

1914 Poësies diverses de M. l'Abbé de B * * * (Bernis). *Amst.* (*Paris*,) 1762, *in-*12.

1915 Voyage de Paris à la Roche-Guion en vers burlesques; par M. M * * *. *La Haye*, (*Paris*,) *in-*12.

1916 Recueil de Piéces du Régiment de la Calotte. *Paris*, (*Holl.*) 1726, *in-*12.

1917 Recueil de Piéces sur la Calotte, imprimées & manuscr. *Babylone*, 1724, *in-*4.

1918 Nouveau choix de piéces de Poësie. *La Haye*, 1715, 2 *vol. in-*12.

1919 L'Abeille du Parnasse. *Londres*, (*Paris*,) 2 *vol. in-*12.

1920 Recueil de plusieurs Ouvrages en vers, par MM. Marmontel, Robé & autres. *in-*8.

1921 Recueil de plusieurs Ouvrages en vers, dont quelques-uns de M. le Card. de Bernis. *in-*12.

1922 Diabotinus, ou l'Orviétan de Salins, Poëme héroï-comique, trad. du Languedocien. *Paris*, 1749, *in-*12.

1923 Anthologie Françoise, ou Chansons choisies depuis le treiziéme siécle jusqu'à présent. (*Paris*) 1765, 4 *vol. in-*8.

Poëtes Dramatiques François.

1924 Bibliothéque des Théâtres, *Paris*, 1733, *in-*8.

1925 L. H. Dancourt, Arlequin de Berlin, à M. J. J. Rousseau. *Berlin*, 1759, *in-*8.

1926 Le Théâtre de P. & T. Corneille. *Paris*, 1755, 12 *vol. in-*12.

1927 Les Œuvres de Moliere, avec figures. *Paris*, 1697, 8 *vol. in-*12.

1928 Les mêmes. *Paris*, 1749, 8 *vol. in-*12.

1929 Œuvres de Racine, avec figures. *Amsterd.* (*Rouen*) 1760, 3 *vol. in-*12.

1930 Les Œuvres de Regnard. *Paris*, 1714, 2 *vol. in-*12.

1931 Les mêmes. *Paris*, 1750, 4 *vol. in-*12.

1932 Les Œuvres de Poisson. *Paris*, 1743, 2 *vol. in-*12.

1933 Œuvres de la Grange Chancel. *Paris*, 1734, 3 *vol.
in-12.*

1934 Le Théâtre de Baron. *Paris*, 1742, 2 *vol. in-12.*

1935 Les Œuvres de Palaprat. *Paris*, 1712, 2 *vol. in-12.*

1936 Œuvres de Théâtre de Piron. *Amsterd.* (*Rouen*) 1755,
in-12.

1937 Œuvres de Pesselier. *Paris*, 1758, *in-8.*

1938 Narcisse, ou l'Amant de lui-même, Comédie par M.
J. J. Rousseau. (*Paris*) 1753. —— L. H. Dancourt, Arlequin de Berlin, à M. J. J. Rousseau. *Amst.* 1759, & autres Piéces, *in-8*

1939 Théâtre & Œuvres diverses de Morand. *Paris*, 1751,
3 *vol. in 12.*

1940 Les Intrigues amoureuses de Londres, Pantomime angloise de Germann. *Paris*, 1744. —— *Le Marchand de
Londres*, ou Histoire de Geor. Barnwelt, Tragédie Bour-
geoise, trad. de l'anglois de Lillo, par M. * * *. (Clément.)
1748. —— Catilina, Tragédie par Crébillon. *Paris*, 1749.
—— Caliste, Tragédie par M. Colardeau. *Paris*, 1750,
in-12.

1941 Le Caffé ou l'Ecossaise, (par M. de Voltaire.) *Londres*,
(*Paris*) 1760. —— Zelmire, Tragédie, par M. de Belloy.
Paris, 1762, *in-12.*

1942 Essai sur la Poësie Lyri-Comique, par Jérôme Carré.
Paris, 1771, *in-8. br.*

1943 Recueil d'Opéras. 3 *vol. in-4.*

POETES ITALIENS ET ANGLOIS.

1944 Le Seau enlevé, Poëme, trad. de l'italien du Tassoni,
avec le texte à côté. *Paris*, 1759, 3 *vol. in-12. v. m. fil.*

1945 Le Paradis Perdu de Milton, trad. de l'anglois avec
les Remarques d'Addisson, (par M. Dupré de S. Maur.)
Paris, 1753, 4 *vol. in-12.*

1946 Essai sur l'Homme, trad. de l'anglois de Pope, par M.
D. S. (de Silhouette.) (*Paris*) 1730, *in-12.*

MYTHOLOGIE ET ROMANS.

1947 La Mythologie & les Fables expliquées par l'Histoire,
par l'Abbé Banier. *Paris*, 1738, 3 *vol. in-4.*

1948 Les Amours Pastorales de Daphnis & Chloé, avec
figures. (*Paris*) 1751, *in-12.*

1949 Le Valeureux Don Quichotte de la Manche, trad. de

l'efpagnol de Cervantes par César Oudin. *Paris*, 1625, 2 *vol. in*-8.

1950 Hiftoire des Amours d'Abailard & d'Héloïfe, avec leurs Lettres. *Amft.* 1700, *in*-12.

1951 The Travels of Cyrus, to which is annex'd a difcourfe upon the Theology and Mythology, by the Chev. Ramfay. *London*, 1728, 2 *vol. in*-8.

1952 Les Voyages de Cyrus, avec un Difcours fur la Mythologie, par Ramfay. *Paris*, 1727, 2 *vol. in*-8.

1953 Aventures de Télémaque (par Franç. de Salignac de la Mothe-Fénelon, Archev. de Cambray). *La Haye*, (*Paris*) 1715, *in*-12.

1954 Les Exilés, par Madame de Villedieu. *Paris*, 1701, *in*-12.

1955 Zaïde, Hift. Efpagnole, par de Segrais. *Paris*, 1725, 2 *vol. in*-12.

1956 La Princeffe de Cléves (par Madame de la Fayetre & M. de la Rochefoucault). *Paris*, 1725, 2 *tom. en un vol. in*-12.

1957 Mahmoud le Gafnevide, Hift. Orientale, trad. de l'arabe, avec des notes. *Rotterd.* 1729, *in*-8.

1958 Hiftoire de Fleur d'Epine, Conte, par le Comte Ant. Hamilton. *Paris*, 1730, *in*-12.

1959 Le Temple de Gnide (par le Préfident de Montefquieu). *Paris*, 1725, *in*-12.

1960 Le Grelot, ou les, &c. (*Paris*,) 2 *parties en un vol. in*-12.

*1961 Mémoires de Rantzi. *La Haye*, (*Paris*) 1747, 2 *parties en un vol. in*-12.

1962 Mémoires de Madame de Staal. *Londres*, (*Paris*) 1755, 4 *vol. in*-8.

1963 Imirce, ou la Fille de la nature. *Berlin*, 1765, *in*-12.

1964 Mémoires pour fervir à la vie de J. Monnet, écrits par lui-même. *Londres*, (*Paris*) 1772, 2 *tom. en un vol. in*-12.

FACÉTIES.

1965 Facetiæ Facetiarum, hoc eft Joco-feriorum fafciculus. *Francofurti ad Mœnum*, 1595, *in*-12.

1966 Les Œuvres de Franç. Rabelais. 1659, 2 *vol. in*-12.

1967 Les Bigarrures & Touches du Seigneur des Accords, avec les Apophtegmes du fieur Gaulard & les Efcraignes Dijonnoifes. *Paris*, 1662, *in*-12.

1968 Les Facétieufes Nuits du Seigneur Straparole. 1726, 2 *vol. in*-12.

1969 Les Nuits Péruviennes, ou le Dictionnaire à la mode. *Lima*, 1771, *in-12. br*.

1970 Les Contes, ou les Nouvelles récréations & joyeux devis de Bonay. Desperiers, avec des notes par M. de la Monnoye. *Amsterd.* (*Paris*,) 1735, 3 *vol. in-12*.

1971 Les Étrennes de la S. Jean..... Les Écosseuses, ou les Œufs de Pâques, (par le Comte de Caylus & Société). *Troyes*, 1739, *in-12*.

1972 Le Voyage de S. Cloud par mer & par terre. *La Haye*, (*Paris*,) 1748. —— Histoire de Camouflet, souverain Potentat de l'Empire d'Equivopolis. *Equivopolis*, (*Paris*,) 1751. —— Chimerande l'Anti-grec, fils de Bacha Bilboquet, ou les Équivoques de la Langue françoise. *Balivernopolis*, (*Paris*). —— Discours prononcé à l'Académie Françoise, par le Docteur Chrysost. Baragouin. (*Paris*,) 1757. —— Les Soirées & les Chaises du Palais Royal. 1762, *in-12*.

1973 Mémoires de l'Académie des Sciences, Inscriptions & Belles-Lettres de Troyes (par M. Grosley). *Paris*, 1756, *in-8*.

PHILOLOGUES CRITIQUES.

1974 Thomæ Bartholini de libris legendis dissertationes, & de væna librorum Pompa, editæ à J. Ger. Meuschen, cum ejusdem Præfatione. *Hagæ Comitum*, 1711, *in-12*.

1975 Dictionnaire Neologique, à l'usage des Beaux-Esprits du siécle, avec l'éloge historique de Pantalon-Phœbus, (par l'Abbé Desfontaines). *Amst*. 1728, *in-12*.

1976 Histoire Poëtique de la guerre déclarée entre les Anciens & les Modernes. *Amst*. 1688, *in-12*.

1977 Mélange critique de Littérature, recueilli par M.***. *Amsterd.* (*Paris*,) 1701, *in-12*.

1978 Bibliotheque critique, ou Recueil de piéces critiques publiées par de Sainjore. *Amsterd.* 1708, 4 *vol. in-12*.

1979 Le Contrôleur du Parnasse, ou Nouveaux Mémoires de Littérature françoise & étrangere, par le Sage de l'Hydrophonie. *Berne*, 1745. & autres piéces, *in-12*.

1980 Querelles Littéraires, ou Mémoires pour servir à l'Histoire des Révolutions de la République des Lettres depuis Homere jusqu'à nos jours, (par M. l'Abbé Iraille). *Paris*, 1761, 4 *vol. in-12*.

Satyres, Apologies, Défenses, &c.

1981 Le Chef-d'œuvre d'un inconnu, par le Docteur Matanasius (Themiseuil de S. Hyacinthe). *La Haye*, 1732, 2 vol.
in-12.

1982 Cymbalum mundi, ou Dialogues satyriques sur différens sujets, par Bonaventure Desperiers, avec l'analyse &
l'apologie de cet Ouvrage par Prosper Marchand. *Amsterd.*
1732, *in-12. fig.*

1983 Critique de l'Esprit des Loix prise du tome III des
Observations sur la Littérature moderne, & encadrée de
papier blanc. *in-4.*

1984 Les Erreurs de Voltaire. *Liege*, 1766, 2 vol. *in-12.*

1985 M. de Voltaire peint par lui même. *Lausanne*, 1769,
in-12. br.

1986 Lettres de quelques Juifs Portugais & Allemands à M.
de Voltaire, avec des Réflexions critiques, &c. (par M.
l'Abbé Guenest). *Paris*, 1769, *in-8.*

1987 Recueil de Piéces, dont plusieurs critiques contre M.
de Voltaire. *in-12.*

Dissertations critiques, allégoriques, enjouées, &c.

1988 L'Eloge de la Folie, trad. du lat. d'Erasme, par Gueu-
deville, avec les notes de Listrius & les figures de Holbein.
Leyde , (Paris) 1713, *in-12.*

1989 Récréations historiques, critiques, morales & d'érudi-
tion, avec l'Histoire des Fous en titre d'office, par M. D.
D. A. (Dreux du Radier). *Paris,* 1767, 2 vol. *in-12.*

1690 Le Conte du Tonneau, trad. de l'angl. de Swift, avec
figures. *La Haye, (Paris)* 1757, 3 vol. *in-12.*

1991 Productions d'esprit, contenant tout ce que les Arts &
les Sciences ont de rare & de merveilleux, trad. de l'angl.
de Swift. *Paris,* 1736, 2 parties en un vol. *in-12.*

1992 Théorie des Sentimens agréables (par M. de Poilly).
Paris, 1749, *in 8.*

1993 Bagatelles morales, (par M. l'Abbé Coyer.) *Paris,*
1754. *in-12.*

1994 Nouveautés dédiées à Gens de différens états, depuis
la charrue jusqu'au sceptre. *Paris,* 1724, 2 vol. *in-12.*

1995 Relation Apologétique & Historique de la Société des
Franc-Maçons. *Dublin (Paris)*, 1738, *in-12. br.*

1996 Histoire des Francs-Maçons. *L'Orient (Paris)*, 1745,
2 vol. *in-12.*

1997 Le Secret des Francs-Mâçons, avec figures. (*Paris*,) 1744, *in-*12.

1998 Testament littéraire de P. François Guyot, Abbé des Fontaines. *La Haye* (*Paris*) 1746. —— L'Inoculation du bon Sens. *Londres* (*Paris*) 1761. —— L'Inoculation nécessaire..... Essai sur l'Esprit, & les Beaux-Esprits..... Voyage dans les Espaces. *Londres* (*Paris*), 1758. —— Les Filles femmes & les Femmes filles, ou le Monde changé, Conte. (*Paris*) 1751, *in-*12.

Traités sur l'Amour & sur les Femmes.

1999 Aresta Amorum cùm eruditâ Ben. Curtii Symphoriani explanatione. *Parisiis, Langelier,* 1544, *in-*8.

2000 Augustini Niphi de Amore liber. *Lugd. Batav.* 1610, *in-*12.

2001 Henr. Corn. Agrippæ de nobilitate & præcellentiâ fœminei Sexûs, &c. *Hagæ Comitum,* 1653, *in-*12. *rel. en vélin.*

2002 De la grandeur & de l'excellence des Femmes au-dessus des Hommes, trad. du latin de Henr. Corn. Agrippa, avec des notes. *Paris,* 1713, *in-*12.

2003 De l'Egalité des deux Sexes, Discours Physique & Moral, par le sieur F. P. de la Barre. *Paris,* 1692, *in-*12.

2004 Défenses du beau Sexe, ou Mémoires historiques, philosophiques & critiques pour servir d'Apologie aux femmes. *Amsterd.* (*Paris*) 1753, 4 *vol. in-*12.

Sentences, Apophtegmes, Adages, Proverbes & Bons mots.

2005 Polyanthea, hoc est, Opus suavissimis floribus celebriorum Sententiarum, tàm græcarum quàm latinarum exornatum collect. à Dom. Nan Mirabellio, atque Barthol. Amantio. *Coloniæ,* 1575, *in-fol.*

2006 Les Apophtegmes des Anciens, tirés de Plutarque, &c. avec les Stratagêmes de Frontin, trad. par Nic. Perrot, sieur d'Ablancourt. *Paris,* 1664, *in-*4.

2007 Adagiorum D. Erasmi Epitome. *Amst.* 1649, *in-*12.

2008 Epitomes Adagiorum omnium quæ hodiè ab Erasmo, Junio & aliis collecta extant. *Antuerpiæ, Christ. Plantinus,* 1566, *in-*8.

2009 Parrhasiana, ou Pensées diverses. *in-*12. *sans frontispice.*

2010

2010 Scaligeriana, fivè excerpta ex ore Jof. Scaligeri, per FF. P. P. *Hagæ Comitum*, 1669, *in*-12.

2011 Arliquiniana, ou les Bons mots, &c. recueillis des converfations d'Arlequin. *Paris*, 1694, *in*-12.

2012 S. Evremoniana, ou Recueil de diverfes Piéces curieufes, avec des Penfées de M. de S. Evremont. *Paris*, 1710, *in*-12.

2013 La Vie & les Bons mots de Santeul. *Cologne*, 1738, 2 *tom. en un vol. in*-12.

2014 Le Paffe-temps agréable, ou Choix de Bons mots, de Penfées ingénieufes, &c. *Rotterd.* 1717, 2 *vol. in*-12.

POLYGRAPHES.

2015 Effais de Michel de Montaigne, avec des notes par P. Cofte. *La Haye*, 1727, 5 *vol. in*-12.

2016 Œuvres du fieur Gaillard, avec figures. *Paris*, 1624, *in*-8. *mar. vert.*

2017 Nobil. Virginis Annæ Mariæ à Schurman Opufcula Hebræa, Græca, Latina, Gallica, Profaïca & Metrica, *Lugd. Batav. Elzévir*, 1650, *in*-8. *rel. en vélin.*

2018 Les Œuvres de Voiture. *Paris*, 1660, *in*-12.

2019 Œuvres de Scarron. *Paris*, 1733, 12 *vol. in*-12.

2020 Œuvres diverfes de Fontenelle. *Paris*, 1724, 2 *vol. in*-12.

2021 Œuvres mêlées du Chevalier de S. J. *Amfterd.* (*Paris*) 1735, 2 *vol. in*-12.

2022 Œuvres de l'Abbé de Pons. *Paris*, 1738, *in*-12.

2023 Œuvres de Montefquieu. *Amfterd.* (*Paris*,) 1758, 3 *vol. in*-4.

2024 Œuvres de M. de Voltaire, avec figures d'Eifen. (*Paris*,) 1751, 10 *vol. in*-12. *v. m. tr. dor.*

2025 Recueil contenant différens Ouvrages de M. de Voltaire, dont fa Tragédie de Mahomet, fon Appel à toutes les Nations, &c. *in* 8.

2026 Œuvres du Philofophe Bienfaifant, (Staniflas, Roi de Pologne.) *Paris*, 1763, 4 *vol. in*-12.

2027 Œuvres du Philofophe Sans-Souci, (Frédéric, Roi de Pruffe.) *Potzdam*, (*Paris*) 1760, 2 *vol. in*-12.

2028 Opufcules de M. F. (Freron.) *Amft.* (*Paris*) 1753, 3 *vol. in*-12.

S

Mélanges de Littérature.

2029 Recueil de Piéces choifies, tant en profe qu'en vers. *La Haye*, 1714, 2 *vol. in-*12.

2030 Mémoires Hiftoriques, Politiques, Critiques & Litté-raires, par Amelot de la Houffaye. *Amfterdam*, 1722, 2 *vol. in-*12.

2031 Mélanges d'Hiftoire & de Littérature, par de Vigneul-Marville. *Paris*, 1725, *in-*12.

2032 Continuation des Mémoires de Littérature & d'Hiftoire de M. de Salengre, *Paris*, 1726, 11 *vol. in-*12.

2033 Recueil de Piéces en profe & en vers lues dans les affemblées de l'Académie Royale des Belles-Lettres de la Rochelle, avec figures. *Paris*, 1747, *in-*8.

2033 *bis.* Anecdotes Littéraires (par M. l'Abbé Raynal). *Paris*, 1750, 2 *vol. in-*8.

2034 Differtations Littéraires & Philofophiques, par M. de Gamaches. *Paris*, 1755, *in-*12.

2035 Recueil curieux d'Extraits, de Penfées, de Piéces d'é-loquence, de Poëfies tirées des différens Journaux des Sçavans, de Trévoux, de Verdun, des Mercures, galant & hiftorique. 2 *vol. in-*4. *manufc.*

2036 Recueil Anglois, ou Morceaux choifis en tout genre, trad. ou extraits de l'anglois. *Amft.* 1763, 2 *tom. en un vol. in-*12.

Dialogues.

2037 Lucien de la Traduction de N. Perrot, fieur d'Ablan-court, avec des remarques. *Paris*, 1733, 3 *vol. in-*12.

2038 V. Dialogues faits à l'imitation des Anciens, par Ora-tius Tubero. *Mons*, 1671, *in-*12.

Epiftolaires.

2039 Les Lettres d'Héloïfe & d'Abailard, mifes en vers françois par de Beauchamps. *Paris*, 1721, *in-*12.

2040 Lettres choifies de Bayle, avec des remarques. *Rotterd.* 1714, 3 *vol. in-*12.

2041 Lettres du même, au fujet de fa critique de l'Hiftoire de Maimbourg. *Amfterd.* 1715, 2 *vol. in-*12.

2042 Lettres choifies de Guy Patin. *La Haye* (*Rouen*), 1715, 2 *vol. in-*12.

2043 Lettres nouvelles de Bourfault. *Paris*, 1709, 3 *vol. in-*12.

2044 Lettres Hiftoriques & Galantes, (par Madame Def-noyers.) *Amfterd.* (*Rouen*) 1719, 4 *vol. in-*12.

2045 Lettres de Marie Rabutin Chantal, Marquife de Sevi-gné, à Madame la Comteffe de Grignan, fa fille. (*Paris*) 1726, 2 *vol. in-*12.

2046 Lettres Perfannes, (par le Préfident de Montefquieu.) *Amfterd.* (*Paris*) 1721, 2 *vol. in-*12.

2047 Lettres fur les Anglois & les François, & fur les Voyages, (par de Muratt.) (*Paris*) 1726, 2 *vol. in-*12.

2048 Lettres d'un François, (par M. l'Abbé le Blanc.) *La Haye* (*Paris*), 1745, 3 *vol. in-*12.

2049 Lettres de Nedim Coggia, par M. de Saintfoix. *Amft.* 1732, *in-*12.

2050 Lettres au Prince Royal de Suéde, par le Comte de Teffin, trad. du fuédois. *Paris*, 1755, 2 *vol. in-*12.

HISTOIRE.

GÉOGRAPHIE ET VOYAGES.

2051 J. Camertis Ordinis Minorum, &c. in Julium Solinum Polytriftor, enarrationes; & Pomponii Melæ de orbis fitu libri III, cum comment. Joach. Vadiani. *Bafileæ*, 1522, *in-fol.*

2052 Introduction à la Géographie des fieurs Samfon, par M. Robert. *Paris*, 1743, *in-*12. *v. f. tr. dor.*

2053 Atlas portatif, par le même. *Paris*, 1748, *in-*4. *obl.*

2054 Grammaire Géographique, trad. de l'angl. de Gordon, par M. ***. *Paris*, 1748, *in-*8.

2055 Dictionnaire Géographique & Hiftorique, par Mich. Ant. Baudrand. *Paris*, 1705, 2 *tom. en un vol. in-fol.*

2056 Dictionnaire Géographique portatif, par Vofgien. *Paris*, 1755, *in-*8.

2057 Orbis Terraqueus in Tabulis Geographicis & Hydrogra-phicis defcriptus, à Simone Paulli. *Argentorati*, 1670, *in-*8. *rel. en vélin.*

2058 Le Neptune Oriental, ou Routier Général des Côtes des Indes Orientales & de la Chine, enrichi de Cartes Hydrographiques, par d'Aprés de Mannevillette. *Paris*, 1745, *in-fol. gr. pap. rel. en vélin.*

2058 *bis.* Cartes Géographiques par différens Auteurs, *en feuilles.*

2059 Dictionnaire des Postes, par Guyot. *Paris*, 1754; *in-4.*

2060 Nouveau Voyage de France, avec un Itinéraire & des Cartes. *Paris*, 1740, 2 *vol. in-12.*

2061 Histoire Univerfelle des Voyages faits par mer & par terre (par le fieur Duperrier,) avec figures. *Paris*, 1707, *in-12.*

2062 Voyage autour du monde, fait en 1764 & 1765, dans lequel on trouve une Defcription du Détroit de Magellan & des Géans appellés Patagons, trad. de l'angl. par M. R***. *Paris*, 1767, *in-12.*

2063 Relation hiftorique & théologique d'un voyage en Hollande & autres Provinces des Pays-Bas, par Guillot de Marcilly. *Paris*, 1719, *in-12.*

2064 Voyage d'Angleterre, avec figures. *in-4. manufc. br. en carton.*

2064 *bis.* Hiftoire d'un Voyage littéraire fait en 1733, en France, en Angleterre & en Hollande (par la Croze). *La Haye*, 1735, *in-12.*

2065 Relation d'un Voyage du Levant, fait par ordre du Roi, par Pitton de Tournefort, avec figures. *Paris, de l'Imprimerie Royale*, 1717, 2 *vol. in-4.*

2066 Hiftoire d'un Voyage fait en la Terre du Bréfil, dîte Amérique, par J. de Lery. 1600, *in-8. fig.*

2067 Relation abrégée d'un Voyage fait dans l'intérieur de l'Amérique méridionale, par de la Condamine. *Paris*, 1745, *in-8.*

2068 Journal du Voyage fait par ordre du Roi à l'Fquateur, par le même. *Paris, de l'Imprimerie Royale*, 1751, & le Supplément, 1752, 2 *vol. in-4.*

2068 *bis.* Relacion Hiftorica del viage a la America meridional por D. Juan, y D. Ant. de Ulloa. *En Madrid*, 1748, 2 *vol. n-4. gr. pap. fig.*

2069 Voyage fait par ordre du Roi, en 1750 & 1751, dans l'Amérique Septentrionale, par M. de Chabert, avec figures. *Paris, de l'Imprimerie Royale*, 1753, *in-4.*

CHRONOLOGIE.

2070 L'Art de vérifier les dates des faits hiftoriques, &c. par

le moyen d'une Table Chronologique, par les Bénédictins
de la Congrégation de S. Maur. *Paris, 1770, in-fol.*

2071 Tablettes Chronologiques de l'Histoire Universelle sacrée & profane, &c. par l'Abbé Lenglet Dufresnoy. *Paris,
1744, 2 vol. in 8.*

2072 Tables Chronologiques & Historiques, depuis la création
du monde (oriental) jusqu'à l'an de l'Hégire 1143, ou de
J. C. 1730. *Constantinople, petit in-fol. en langue Turque,
br. en carton.*

HISTOIRE UNIVERSELLE.

2073 J. Jonstoni Historia Civilis & Ecclesiastica ab orbe con-
dito ad annum 1633. *Amsterod. Elzev. 1644, in 32.*

2074 Histoire Universelle, depuis le commencement du monde jusqu'à présent, trad. de l'angl. d'une Société de Gens
de Lettres. *Amst. 1747 & suiv. 14 vol. in-4.*

2075 Abrégé de l'Histoire Universelle, trad. du lat. de Tur-
selin, par M. l'Abbé Lagneau. *Paris, 1757, 3 vol. in-12.*

2076 Les Prophéties de Michel Nostradamus. *Lyon, 1698,
in-12.*

2077 Histoire Générale des Guerres, par M. le Chevalier
d'Arcq. *Paris, de l'Imprimerie Royale, 1751, in-4. le tome
premier seulement.*

2078 Mémoires de M. de ***, pour servir à l'Histoire du dix-
septiéme siécle. *Amst. 1760, 3 vol. in-4.*

2078 *bis.* Mercure historique & politique. *La Haye, 1743 &
suiv. jusqu'en 1772 compris. 60 vol. in-12.*

2079 Volume rempli de figures enluminées, représentans les
habillemens des femmes de diverses nations de l'Europe.
*in-4. sans frontispice, & auquel manque les deux premieres
feuilles.*

HISTOIRE ECCLESIASTIQUE.

HISTOIRE ECCLÉSIASTIQUE UNIVERSELLE.

2080 Histoire du Peuple de Dieu, par le P. Berruyer. *Paris,
1728, 16 vol. in-4.*

2081 Les Religions du monde, par Alex. Ross, & trad. par
Thom. la Grue, avec figures. *Amst. 1666, in-4.*

2082 Discours sur l'Histoire Ecclésiastique, par l'Abbé Fleury.
Paris, 1720, in-12.

2083 Discours sur l'Histoire Universelle de l'Eglise, depuis

l'origine du monde jufqu'à nos jours, par M. l'Abbé Racine.
Cologne, (*Paris*) 1759, 4 *vol. in*-12.

2084 Anecdotes Eccléfiaftiques, tirées de l'Hiftoire de Naples
de Giannone. *Amft.* 1738, *in*-12.

2085 Hiftoire des Révolutions arrivées dans l'Europe en matiere de Religion, par Varillas. *Paris*, 1686, 12 *tom. en*
11 *vol. in*-12.

2086 Hiftoire de l'origine & du progrès des Revenus eccléfiaftiques, par Jérôme Acofta. *Francfort*, (*Paris*,) 1703,
in-12.

2087 La Monarchie des Solipfes, trad. du lat. de Melchior
Inchofer, avec des Remarques. *Amfterd.* 1722, *in*-12.

2088 Lettres Critiques, dans lefquelles on fait voir le peu de
folidité des preuves apportées par ceux qui pourfuivent la
vérification des prétendues Reliques de S. Germain, Evêque
d'Auxerre. (*Paris*) 1752, 2 *vol. in*-8.

2089 Effai du nouveau Conte de ma Mere l'Oye, ou les Enlu-
minures du Jeu de la Conftitution. 1722, *in*-8.

2090 Réfutation des Anecdotes adreffée à l'Auteur, par P.
Franç. Lafitau, Evêque de Sifteron. *Aix*, 1734, 3 *vol. in*-8.

2091 Relation de ce qui s'eft paffé dans l'affaire de la Paix
de l'Eglife, fous le Pontificat du Pape Clément IX. 1706,
2 *vol. in*-12.

2092 Anecdotes ou Mémoires fecrets fur la Conftitution *Unigenitus.* 1730, 3 *vol. in*-12.

2093 Recueil de Piéces fur la Conftitution *Unigenitus.* 25 *vol.
in*-4.

2094 Mémoires hiftoriques, préfentés au Pape Benoît XIV,
fur les Miffions des Indes Orientales, par le P. Norbert.
Luques, (*Paris*) 1745, 5 *vol. in*-12. *v. f. filets.*

2095 Anecdotes fur l'état de la Religion dans la Chine, ou
Relation de M. le Cardinal de Tournon, Vifiteur Apoftoli-
que, écrite par lui-même. *Paris*, 1733, 8 *vol. in*-12.

2096 Mémoires pour fervir à l'Hiftoire Eccléfiaftique du dix-
huitiéme fiécle. *Paris*, 1728 *& fuiv.* 15 *vol. in*-4.

Hiftoire Pontificale.

2097 Hiftoire du Concile de Trente de Fra-Paolo Sarpi, trad.
de l'ital. par Amelot de la Houffaye, avec des Remarques hiftoriques, politiques & morales. *Amfterd.* 1704,
in-4

2098 Hiftoire des Papes (par Brueys). *La Haye,* 1732, 5 *vol.
in* 4. *éc. filets.*

Histoire Monastique & des Ordres Religieux.

2099 Mémoires pour servir à l'Histoire de Port-Royal, par Fontaine. *Cologne*, 1738, 2 *vol. in*-12.

2100 Mémoires touchant la vie de M. de S. Cyran, par Lancelot, pour servir d'éclaircissement à l'Hist. de Port-Royal. *Cologne*, 1738, 2 *vol. in*-12.

2101 Mémoires pour servir à l'Histoire de Port-Royal, par du Fossé. *Utrecht*, 1739, *in*-12.

2102 Recueil de Piéces pour servir à l'Histoire de Port-Royal, ou Supplément aux Mémoires de Fontaine, Lancelot & du Fossé. *Utrecht*, 1740, *in*-12.

2103 Recueil de Piéces concernant le procès des Jésuites. 4 *vol. in*-4.

2104 Mémoires & Affaires des Religieux Bénédictins. *Paris*, 1764, 2 *vol. in*-4.

2105 Les Constitutions des Religieux de la Charité de l'Ordre du Bienheureux Jean-de-Dieu. (*Paris*) 1717, *in*-12.

2106 Histoire de l'Ordre du S. Esprit, par M. de Saintfoix. *Paris*, 1767, 2 *parties en un vol. in*-12.

2107 Sratuts de l'Ordre de S. Michel. *Paris, de l'Imprimerie Royale*, 1725, *in*-4. *v. m. tr. dor.*

Vies des Saints.

2108 Vies des Prophêtes, avec des Réflexions tirées des Saints Peres. *Paris*, 1700, *in*-8.

2109 Les Vies des Saints pour tous les jours de l'année, avec l'Histoire des Mysteres de Notre Seigneur. *Paris*, 1733, 7 *vol. in*-12.

2110 Discours sur les Vies des Saints de l'ancien Testament. *Paris*, 1732, 6 *vol. in*-12.

2111 La Vie de S. Paulin, Evêque de Nôle, avec l'Analyse de ses Ouvrages. *Paris*, 1743, *in*-4.

2112 La Vie & les miracles de S. Morand, de l'Ordre de S. Benoît, recueillies par J. Morand. *Paris*, 1662, *in*-8. *mar. lav. régl.*

HISTOIRE PROFANE.

HISTOIRE ANCIENNE.

2113 Histoire des Juifs de Flavius Joseph, trad. par Arnauld d'Andilly. *Paris*, 1744, 6 *vol. in*-12.

2114 Nouvelle Traduction de l'Historien Joseph faite sur le grec, par le P. Gillet, avec figures. *Paris*, 1756, 3 *vol. in-*4.

2115 Explication de l'Histoire de Joseph, selon les divers sens que les Saints Peres y ont apperçus. 1728, *in-*12.

2116 Abrégé Chronologique de l'Histoire Ancienne, par M. Lacombe. *Paris*, 1737, *in-*8. *v. marb. fil.*

2117 Les Histoires d'Hérodote, trad. en françois par du Ryer. *Paris*, 1713, 3 *vol. in-*12.

HISTOIRE ROMAINE.

2118 Titi Livii Patavini Historiarum libri, cum notis variorum. *Parisiis*, 1675, 3 *vol. in-*12. *abest titulus tomi* 1.

2119 C. Julii Cæsaris quæ extant ex emendatione Jos. Scaligeri. *Amstelod. Elzevir*, 1650, *in-*12.

2120 Histoire de la Vie de Jules-César, par le sieur de Bury. *Paris*, 1758, 2 *vol. in-*12.

2121 C. Cornelius Tacitus. *Amstel. Blacu*, 1649, 2 *vol. in-*12.

2122 Excerpta è Corn. Tacito. *Paris*, 1756, *in-*12.

2123 Discours historique, critique & politique sur Tacite, trad. de l'anglois de Gordon, par M. D. S. L. (de Silhouette.) *Amsterd.* (*Paris*) 1751, 3 *vol. in-*12.

2124 Histoire de Catilina, tirée de Plutarque, de Cicéron, &c. (par l'Abbé Seran de la Tour.) *Amsterdam* (*Paris*), 1749, *in-*12.

2125 Vie de l'Empereur Julien, par l'Abbé de la Bletterie. *Paris*, 1746, *in-*12.

HISTOIRE DE FRANCE.

2126 Histoire de France, par Châlons. *Paris*, *Mariette*, 1741, 3 *vol. in-*12.

2127 Nouvel Abrégé Chronologique de l'Histoire de France, (par le Président Hénault.) *Paris*, 1744, *in-*8.

2128 Les Portraits de tous les Roys de France, depuis Pharamond jusqu'à Louis XV, gravés par de Larmessin. *Paris*, 1714, *in-*4. *br.*

2129 Histoire de François premier, par M. Gaillard. *Paris*, 1766, 4 *vol. in-*12.

2130 Histoire de la mort déplorable de Henri IV, Roi de France. *Paris*, 1611, *in-*8.

2131 Mémoires pour fervir à l'Hiftoire de Louis XIV, par
l'Abbé de Choify. *Utrecht*, (*Paris*) 1727, 2 tom. en un
vol. *in-8*.

2132 Médailles fur les principaux Evénemens du Regne de
Louis le Grand, avec des explications hiftoriques. *Paris*,
de l'Imprim. Royale, 1702, *in-fol. gr. pap. écaille tr. dor.*

2133 Courfes de Têtes & de Bague faites par le Roi & par
les Princes & Seigneurs de fa Cour en 1662. *Paris, de
l'Imprim. Royale*, 1670, *in-fol. gr. pap. mar. r. dent.*

2134 Hiftoire du Vicomte de Turenne, (par de Ramfay,)
avec figures. *Paris*, 1735, 2 vol. *in-4. gr. pap.*

2135 A Journey to Paris in the year 1698, by Mart. Lifter.
London, 1699, *in-8*.

2136 Recueil des Remontrances faites au Roi par toutes les
Cours du Royaume de France, avec les Réponfes. *Rotterd.*
(*Paris*) 1718, *in-12*.

2137 Mémoires de la Régence de S. A. Monfeigneur le Duc
d'Orléans, avec figures. *La Haye* (*Trévoux*), 1729, 3 vol.
in-12.

2138 Journal du Voyage du Roi à Rheims, contenant ce qui
s'eft paffé de plus remarquable à la cérémonie de fon Sacre,
&c. *Paris*, 1722, *in-12*.

2139 Le Sacre de Louis XV dans l'Eglife de Reims le 25
Octobre 1722. *in-fol. gr. pap. v. marb. tr. dor.*

2140 Recueil de Piéces fur la convalefcence & les conquêtes
du Roy en 1744 & 1745. *in-4*.

2141 Recueil de Piéces fur les conquêtes du Roi, en 1745,
1746 & 1761, *in-4*.

2142 Médailles du Regne de Louis XV, par Godonnefche.
in-fol. br. en carton.

2143 Repréfentation des Fêtes données par la Ville de Straf-
bourg pour la convalefcence du Roi, inventé & deffiné par
J. M. Weis. *in-fol. gr. pap. br. en carton.*

2144 Defcription des Fêtes données par la Ville de Paris à
l'occafion du mariage de Madame Louife - Elifabeth de
France, & de Dom Philippe, Infant d'Efpagne. *Paris*,
1740, *in-fol. gr. pap. v. marb. tr. dor.*

2145 Journal de ce qui s'eft paffé pendant les deux Voyages
de Mefdames de France en Lorraine. *Nancy*, 1761 &
1762, *in-12*.

Hiftoire des Villes & Provinces de France.

2146 Le Plan de Paris, *in-fol. gr. pap. v. marb. tr. dor. dent.*

2147 Hiſtoire de la Ville de Paris, par D. Félibien & D. Lobineau. *Paris*, 1725, 5 vol. *in-fol.*

2148 Hiſtoire de la Ville de Paris, (par l'Abbé Desfontaines.) *Paris*, 1735, 5 vol. *in-12.*

2149 Deſcription générale de l'Hôtel Royal des Invalides, (par le Jeune de Boullencourt,) avec figures. *Paris*, 1683, *in-fol.*

2150 Hiſtoire de l'Hôtel Royal des Invalides, par J. Joſ. Granet, avec figures gravées par Cochin. *Paris*, 1736, *in-fol. gr. pap. écaille filets.*

2151 Deſcription hiſtorique de l'Hôtel Royal des Invalides, par l'Abbé Perau, avec figures deſſinées & gravées par Cochin. *Paris*, 1756, *in-fol. gr. pap. v. marb. filets.*

2152 Deſcription de la nouvelle Egliſe de l'Hôtel Royal des Invalides. *Paris*, 1702, *in-12. br. en carton.*

2153 Deſcription de l'Egliſe Royale des Invalides. *Paris*, 1706, *in-fol. mar. r.*

2154 Plans & profils de l'Egliſe Royale des Invalides, deſſinés par de la Monce. *Paris*, 1712, *in-fol. gr. pap.*

2155 Diſſertation ſur la ſainte Larme de Vendome, par J. B. Thiers. *Paris*, 1699, *in-12.*

2156 Recherches ſur la maniere d'inhumer des Anciens, à l'occaſion des Tombeaux de Civaux en Poitou, par le P. B. R. *Poitiers*, 1738, *in-12.*

2157 Hiſtoire des Sequanois & de la Province Sequanoiſe, des Bourguignons & du premier Royaume de Bourgogne, &c. par F. J. Dunod. *Beſançon*, 1735, 2 vol. *in-4.*

2158 Mémoires pour ſervir à l'Hiſtoire du Comté de Bourgogne, par F. J. Dunod de Charnage. *Beſançon*, 1740, *in-4.*

2159 Hiſtoire Civile & Eccléſiaſtique de Bretagne, avec les preuves par D. Morice. *Paris*, 1742, 5 vol. *in-fol.*

2160 Recueil des Fondations & Etabliſſemens faits par le Roi de Pologne. *Luneville*, 1762, *in-fol. br. en carton.*

2161 Deſcription de la Cathédrale de Straſbourg & de ſa Tour, avec figures. *Straſbourg*, 1733, *in-12.*

2162 Alſace Françoiſe, ou Nouveau Recueil de ce qu'il y a de plus curieux dans la Ville de Straſbourg, avec une Explication exacte des Planches en taille-douce qui le compoſent. *Straſbourg*, 1706, *in-fol. br. en carton.*

2163 Curioſités de l'Alſace, avec figures, dont une partie enluminées. 1746, *in-4. le frontiſpice fait à la main.*

2164 Traité de l'Etat & Origine des anciens François, par Nic. Vignier. 1582, *fans frontifpice.* —— Articles & conventions arrêtées en Efpagne le 20 Août 1612, par M. le Duc de Mayenne. 1614. —— Le coup d'Etat, ou l'Hiftoire mémorable des victoires de Louis le Jufte. *Poitiers*, 1620. —— Traité des Ufurpations des Rois d'Efpagne fur la Couronne de France depuis Charles VIII, par C. Balthazard. *Paris*, 1626. —— Difcours au Roi fur la naiffance, ancien état, progrès & accroiffement de la Ville de la Rochelle. *Paris*, 1629. —— Réflexions fur le Traité de la Dixme Royale de M. de Vauban. 1716, 2 *parties.* —— Réponfe & Réflexions fur le compte que M. Defmarets a préfenté à Monfeigneur le Duc d'Orléans Régent. —— Procès-verbal de Robert Reculé, avec un Factum qui explique ce que c'eft que le Haro, fon origine & fon pouvoir. *Paris*, 1694. —— Inventaire général des inconvéniens des difputes de ce temps. *Leyde*, 1718. —— Ouverture & defcription du tombeau de François II, Duc de Bretagne. *Nantes.* —— Les Embarras du Jubilé à Paris, 1751, & autres Piéces hiftoriques, 3 *vol. in-4.*

2165 Ordre de l'entrée de la Reine (Catherine de Médicis) dans la Ville de Paris, avec figures..... Difcours véritable fait par le fieur de Breves du procédé tenu lorfqu'il remit entre les mains du Roy la perfonne du Duc d'Anjou, Frere de Sa Majefté..... Lettre particuliere de Cachet envoyée par la Reine Régente à Meffieurs du Parlement. 1640. —— Difcours & confidérations politiques & morales fur la Prifon des Princes de Condé, Conty, & Duc de Longueville. *Paris*, 1650. —— Arrêt de la Cour de Parlement donné contre le Cardinal de Retz. *Paris*, 1652. —— & autres Piéces hiftoriques fur la minorité de Louis XIV. *in-4.*

2166 Les Œuvres d'Etienne Pafquier. *Amfterd.* 1723, 2 *vol. in-fol.*

2167 Curiofités hiftoriques, ou Recueil de piéces útiles à l'Hiftoire de France. *Amfterd.* (*Paris*) 1759, 2 *vol. in-12.*

2168 Diverfes piéces pour la défenfe de la Reine mere du Roi Louis XIII, par Me Mathieu de Morgues. *in-fol.*

2169 Recueil de Piéces fur les conteftations entre les Princes du Sang & les Princes légitimés. *in-8.*

2170 Projet relatif à la Nobleffe, au Militaire & à l'établiffe-

ment de deux Places pour les Statues équeſtre & pédeſtre de
Sa Majeſté Louis XV. 1750, *in-4. br. en carton.*

2171 L'Etat de la France (par les Religieux Bénédictins de la
Congrégation de S. Maur). *Paris,* 1749, *6 vol. in-12.*

2172 Etats des Baptêmes, des Mariages & des Mortuaires de
la Ville & Fauxbourgs de Paris, depuis 1713 juſques & compris 1772. *2 vol. in-fol. br. en carton.*

2173 Recueil ſur les Hôpitaux. 1749, *in-12. avec des notes
manuſc.*

2174 Inſtructions de S. Louis à ſa famille, aux perſonnes de ſa
Cour & autres, par l'Abbé de Villiers. *Paris,* 1766, *in-12.*

HISTOIRE D'ALLEMAGNE ET DES PAYS-BAS.

2175 Tableau de l'Empire Germanique. (*Paris,*) 1741,
in-12.

2176 Annales de l'Empire depuis Charlemagne, (par M. de
Voltaire). *Baſle,* (*Paris*) 1754, *2 vol. in-12.*

2177 Plans des principales Villes, avec les vues des Egliſes,
Abbayes & Bâtimens les plus remarquables qui ſe trouvent
dans les dix-ſept Provinces des Pays-Bas, & les principales
Egliſes d'Allemagne. *Bruxelles, Foppens,* 1723, *in-fol. fig.
br. en carton.*

2178 Le Guide fidele, contenant la deſcription de la Ville de
Louvain, &c. *Bruxelles, in-12.*

2179 Le Guide fidele, contenant la deſcription de la Ville de
Bruxelles. *Bruxelles,* 1761, *in-12.*

2180 Le Guide, ou la Nouvelle deſcription d'Amſterdam,
avec figures. *Amſterd.* 1753, *in-12.*

2181 Deſcription de l'Hôtel de Ville d'Amſterdam, avec figures. *Amſterd.* 1751, *in-12. br.*

2182 Caſtella & Prætoria nobilium Brabantiæ, Cœnobiaque
celebriora ad vivum delineata ærique inciſa, cum brevi
eorumdem deſcriptione. *Antuerpiæ,* 1696, *in-fol.*

HISTOIRE D'ANGLETERRE.

2183 Abrégé Chronologique de l'Hiſtoire d'Angleterre, par
M. du Port du Tertre. *Paris,* 1751, *3 vol. in-12.*

2184 Etat préſent de la Grande-Bretagne & de l'Irlande, ſous
le regne de Georges II. *La Haye,* 1728, *3 vol. in-12.*

2185 The Life of Queen Ane. *London,* 1714, *in-12.*

2186 Some Memoirs of the Life of J. Radcliffe. *London,*
1715, *in-8.*

2187 The English Hero, or the Voyages and adventures of Sir Franc. Drake. *London*, 1716, *in-12.*

2188 Nouveaux éclairciſſemens ſur l'Hiſtoire de Marie, Reine d'Angleterre, adreſſés à M. David Hume. *Paris*, 1766, *in-12.*

2189 Les Délices de la Grande-Bretagne & de l'Irlande, par James Beeverell, avec figures. *Leyde*, 1727, 8 *vol. in-12.*

2190 Le Nouveau Guide de Londres, ou Inſtructions pour les Etrangers, contenant ce qu'il y a de plus curieux dans la Ville & les Fauxbourgs de cette Capitale de l'Angleterre, en franç. & en angl. *Londres*, 1726, *in-8.*

2191 Curioſités de Londres & de l'Angleterre. *Bordeaux*, 1766, *in-12.*

2192 Londres. *Lauſanne*, (*Paris*) 1770, 3 *vol. in-12.*

H I S T O I R E   D U   N O R D.

2193 Hiſtoire militaire de Charles XII, Roi de Suede, par Guſtave Adlerfeld, avec figures. *Paris,* (*Holl.*) 1741, 3 *vol. in-12.*

2194 Hiſtoire abrégée de Charles XII, par le Chevalier de R***. *La Haye*, 1730, *in-12.*

2195 Hiſtoire de Chriſtine, Reine de Suede, par M. Lacombe. *Paris*, 1762, *in-12.*

2196 Le Czar Pierre premier en France, par Hub. le Blanc. *Amſt.* 1741, 2 *tom. en un vol. in-12.*

2197 Anecdotes du Regne de Pierre premier. (*Paris*) 1745, 2 *parties en un vol. in 12.*

2198 Relation de ce qui s'eſt paſſé à l'élection de Staniſlas I, Roi de Pologne ; & autres piéces. 1734, *in-4. br. en carton.*

2199 Diſcours aux Grands de Pologne ſur la néceſſité de faire ſortir les Jéſuites de ce Royaume, &c. *Amſterd.* 1726, *in-8.*

2200 Mémoires de la Reine de Hongrie, ou Evénemens intéreſſans arrivés dans le ſyſtème de l'Europe après la mort de l'Empereur Charles VII. *Francfort*, 1745, *in-8.* avec d'autres piéces.

H I S T O I R E   D E S   P A Y S   H O R S   L' E U R Q P E.

2201 Recueil de cent Eſtampes repréſentant différentes Nations du Levant, avec l'explication. *Paris*, 1714, *in-fol.*

2202 Relation de l'Expédition de Moka en 1737, ſous les ordres de M. de la Garde-Jazier. *Paris*, 1739, *in-8.*

2203 Histoire de la derniere Révolution des Indes Orientales, par L. L. M. *Paris*, 1757, 2 *vol. in-12.*

2204 Alhan Kircheri China illustrata, cum figuris. *Amstel.*
1667, *in-fol.*

2205 Description Géographique, Historique, Chronologique,
Politique & Physique de l'Empire de la Chine, par le P.
du Halde, avec figures. *Paris*, 1735, 4 *vol. in-fol. gr. pap.*

2206 Mémoire dans lequel on prouve que les Chinois sont
une Colonie Egyptienne, par M. de Guignes. *Paris*, 1759,
in-8.

2207 Lettres au R. P. Parrenin, Jésuite, Missionnaire à Pekin,
contenant diverses questions sur la Chine, par Dortous de
Mairan. *Paris, de l'Imprim. Royale*, 1770, *in-8. br.*

2208 Histoire de Saladin, Sultan d'Egypte & de Syrie, par
M. Marin. *Paris*, 1758, 2 *vol. in-12.*

2209 Description de l'Amérique composée sur diverses relations des Européens, avec figures. *Constantinople, petit
in-4. en langue Turque*, br. en carton.

2210 A Description of the Guernsey Lilly, with figures on
thre large copper-plates, by James Douglas. *London*,
1729, *in-fol. br. en carton.*

2211 Lettres & Mémoires pour servir à l'Histoire naturelle,
civile & politique du Cap Breton. *Londres*, 1760, *in-8.*

ANTIQUITÉS.

2212 L'Antiquité expliquée & représentée en figures, par
D. Bernard de Montfaucon. *Paris*, 1722, *& pour le Supplément*, 1724, 15 *vol. in-fol.*

2213 Thom. Bartholini de Armillis veterum Schedion, accessit Olai Wormii de aureo cornu Danico ad Licetum
responsio, cum figuris. *Amst.* 1676. —— Ejusdem T. Bartholini Antiquitatum veteris Puerperii Synopsis à filio Gasp.
Bartholino illustrata. *Amst.* 1676. —— Gasp. Bartholini de
Inauribus veterum Syntagma. *Amstel.* 1676, *in-12. fig.*

2214 Gasp. Bartholini de Tibiis veterum & earum antiquo
usu libri III, cum figuris. *Amstel.* 1679, *in-12.*

2215 Commentaire historique sur les Médailles, par Tristan
de S. Amant, avec figures. *in-fol. sans frontispice.*

2216 Histoire des Amazones anciennes & modernes, enrichie
de médailles, par l'Abbé Guyon. *Paris*, 1740, 2 *parties
en un vol. in-12.*

2217 Recueil de Piéces sur divers sujets d'Antiquités. *in-4.
manusc.*

HISTOIRE LITTÉRAIRE, ACADÉMIQUE ET BIBLIOGRAPHIQUE.

Hiſtoire des Lettres & des Langues.

2218 Polydori Vergilii de rerum inventoribus libri VIII. *Lugduni*, 1558, *in-8.*

2219 Caracteres d'Ecriture & des Langues de toutes les Na-tions depuis le commencement du monde ; avec des remarques hiſtoriques & critiques, & des Planches gravées. *2 vol. in-fol. manuſc. & très-proprement écrits.*

Hiſtoire des Académies de France.

2220 Hiſtoire de l'Académie Françoiſe, depuis 1652 juſqu'à 1700. *Paris*, 1730, *in-12.*

2221 Hiſtoire de l'Académie Royale des Inſcriptions & Belles-Lettres, depuis ſon établiſſement juſqu'à préſent, avec les Mémoires tirés des Regiſtres de cette Académie, depuis ſon renouvellement. *Paris, de l'Imprimerie Royale*, 1736. *& ſuiv.* 30 *vol. in-4.*

2222 Hiſtoire de l'Académie Royale des Sciences, depuis ſon établiſſement en 1666 juſques & compris 1769. *Paris*, 1733. *& ſuiv.* 90 *vol.* —— Mémoires des Sçavans, 5 *vol.* —— Les Prix, 8 *vol.* —— Les Tables, 7 *vol.* —— Les Machi-nes, 6 *vol. en tout* 116 *vol. in-4.*

2223 Recueil des Lettres, Mémoires & autres Piéces pour ſervir à l'Hiſtoire de l'Académie des Sciences & Belles-Lettres de la Ville de Beſiers. *Beers*, 1736, *in-4.*

2224 Hiſtoire de la Société Royale des Sciences établie à Montpellier, avec les Mémoires de Mathématique & de Phyſique tirés des Regiſtres de cette Société. *Lyon*, 1766, *in-4.*

Hiſtoire des Académies Etrangeres.

2225 Acta Eruditorum anno 1682 uſque ad annum 1767, publicata, cum Supplementis & Indicibus. *Lipſiæ*, 1682 *& ſeqq.* 116 *vol. in* 4.

2226 Miſcellanea Berolinenſia ad incrementum Scientiarum, ex Scriptis Societatis Regiæ Scientiarum exhibitis edita, cum figuris, & Indice materiarum. *Berolini.* 1710 *& ſeq.* 7 *vol. in-4.*

2227 Hiſtoire de l'Académie Royale des Sciences & des Belles-Lettres de Berlin, depuis 1745 juſques & compris 1768. *Berlin*, 1746 *& ſuiv.* 24 *vol. in-4.*

2228 Hiſtoire de l'Académie Royale des Sciences & Belles-Lettres, depuis ſon origine juſqu'à préſent. *Berlin*, 1750, *in-4*.

2229 Acta Helvetica, Phyſico-Mathematico-Botanico-Medica, figuris æneis illuſtrata. *Baſileæ*, 1751 *& ſeq*. 3 *tom*. en 2 *vol. in-4*.

2230 The Hiſtory of the Royal Society of London., by Th. Sprat. *London*, 1734, *in-4*.

2231 Hiſtoire de l'Inſtitution, Deſſein & Progrès de la Société Royale de Londres, (par le même.) *Paris*, 1670, *in-12. rel. en vélin*.

2232 The Philoſophical Tranſactions abridged from the year 1700 to the year 1772, by J. Lowhtorp, Henr. Jones, Reid, and J. Gray. *London*, 1732 *& ſuiv*. 33 *vol. in-4. v. f*.

2233 Eſſais & Obſervations Phyſiques & Littéraires de la Société d'Edimbourg, trad. de l'angl. par M. P. Demours, avec figures. *Paris*, 1758, *in-12*.

2234 Commentarii Academiæ Scientiarum Imperialis Petropolitanæ. *Petropoli*, 1727 *& ſeq*. 24 *vol. in-4*.

2235 Sermones proferti in Acad. Scientiarum Imperialis conventu. *Petropoli*, 1726 *& ſeq*. 4 *vol. in-4*.

2236 Chriſt. Cruſii Oratio de multiplici uſu humanitatis ſtudiorum ; ejuſdem Commentarius de originibus pecuniæ à pecore ante nummum ſignatum. *Petropoli*, 1747 *&* 1748, *in-8*.

2237 Conſpectus Ædium Imperialis Acad. Scientiarum Petropolitanæ ; necnon Bibliothecæ & Technophylacii. *Petropoli*, 1744, *in-4. fig*.

2238 Hiſtoire de l'Académie appellée l'Inſtitut des Sciences & des Arts, établi à Boulogne en 1712, par de Limiers. *Amſterd*. 1723, *in-8*.

2239 De Bononienſi Scientiarum & Artium inſtituto, atque Academia commentarii. *Bononiæ*, 1731, 4 *vol. in-4. gr. pap*.

2240 Miſcellanea Philoſophico - Mathematica Societatis privatæ Taurinenſis. *Auguſtæ Taurinorum*, 1759, 3 *vol. in-4*.

Bibliographes Nationaux.

2241 Jugemens des Sçavans ſur les principaux ouvrages des Auteurs, par Adrien Baillet, revus par de la Monnoye. *Paris*, 1722, 8 *vol. in-4. gr. pap*.

2242 Bibliotheque hiſtorique & critique des Auteurs de la Congrégation de S. Maur, par D. Philippe le Cerf. *La Haye*, 1726, *in-12*.

2243 Bibliotheque Françoiſe, ou Hiſtoire de la Littérature Françoiſe, par l'Abbé Goujet. *Paris*, 1740, 2 *vol. in-12*.

2244 La France Littéraire (par M. l'Abbé de la Porte & M. l'Abbé Braille). *Paris*, 1769, *4 parties en 3 vol. in-8.*

Bibliographes périodiques ou Journaux.

2245 Histoire critique des Journaux, par M. C***(Camusat). *Amst.* 1734, *2 tom. en un vol. in-12.*

2246 Conférences du Bureau d'adresse depuis le mois d'Août 1633 jusqu'au 10 Juin 1641, par Renaudot. *Paris*, 1636, *4 vol. in-4.*

2247 Le Journal des Sçavans, (par Sallo). *Paris*, 1665, *jusques & compris 1726, 7 vol. in 4. dont les six premiers volumes reliés & le septiéme broché en carton.*

2248 Nouvelles de la République des Lettres par Bayle, commençant en Mars 1684, jusques & compris Mars 1689. *Amsterd.* 1686, *20 vol. in-12.*

2249 Histoire des Ouvrages des Sçavans, par Basnage. *Rotterd.* 1687, *25 vol. in-12.*

2250 Bibliotheque choisie, par J. le Clerc. *Amsterd.* 1718, *28 vol. in-12.*

2251 Bibliotheque ancienne & moderne, par le même. *Amst.* 1714, *26 vol. in-12.*

2252 Le pour & contre, Ouvrage périodique (par l'Abbé Prevost). *Paris*, 1733, *20 vol. in-12.*

2253 Le Nouvelliste du Parnasse, ou Réflexions sur les Ouvrages nouveaux (par les Abbés Desfontaines & Granet). *Paris*, 1734, *2 vol. in-12.*

2253 *bis.* Observations sur les écrits modernes (par l'Abbé Desfontaines). *Paris*, 1736 *& suiv. 34 vol. in-12. en 33.*

2254 Jugemens sur quelques Ouvrages nouveaux, par le même. *Avignon*, (*Paris*) 1744, *10 vol. in-12.*

2255 Bibliotheque Angloise, ou Histoire Littéraire de la Grande-Bretagne, par Mich. de la Roche. *Amsterd.* 1717, *15 vol. in-12.*

2256 Mémoires Littéraires de la Grande-Bretagne, par le même. *La Haye*, 1720, *16 tom. en 8 vol. in-12.*

2257 Journal Étranger, par M. Freron, depuis Novembre 1755, jusques & compris Octobre 1759. *Paris*, 1755 *& suiv. 7 vol. in-12. rel. en parch.*

2258 Lettres sur quelques écrits de ce temps, & Année Littéraire, par le même. *Genève*, (*Paris*) 1749 *& suiv. jusques & compris 1772. 163 vol. in-12.*

2259 Observations sur la Littérature moderne (par M. l'Abbé de la Porte). *La Haye*, (*Paris*) 1749, *9 vol. in-12.*

2260 La Bigarrure, ou Mélange curieux, inſtructif & amuſant de Nouvelles, de Critique, de Poëſies, & autres matieres de Littérature. *La Haye*, 1750, 14 *vol. in-12. manque le tome premier.*

2261 L'Avant-Coureur. *Paris*, 1759 *& ſuiv. juſques & compris* 1772. 14 *vol. in-8.*

Bibliographie, ou Catalogues de Bibliotheques.

2262 Bibliotheca Fortiana, & Catalogue des Livres de M. le Blanc. *Paris*, 1727 *&* 1729, *in-8.*

2263 Recueil de Catalogues, dont celui de M. Bulteau de Préville. *Paris, Gandouin*, 1727, *in-12.*

2264 Bibliotheca Colbertina. *Pariſiis, Martin*, 1728, 3 *vol.*

2265 Recueil de Catalogues, dont celui de Meſſieurs Boſſuet, de M. le Prince de Grimberghen, de M. l'Abbé de la Caille, &c. *in-8.*

2266 Recueil de Catalogues, dont celui de M. Turgot de Saint-Clair. *Paris, Martin*, 1730, *in-12.*

2267 Catalogue des Ouvrages de M. Fourmont l'aîné. *Amſt.* (*Paris*) 1731, *in-8.*

2268 Catalogues de Meſſieurs Dodart, Geoffroy & Hecquet, diſpoſés par Gab. Martin. *Paris*, 1731, *in-8.*

2269 Catalogue des Livres de J. Franç. Paul le Febvre de Caumartin, Evêque de Blois. *Paris*, 1734, *in-12.*

2270 Catalogue de la Bibliothéque de M. Bourret. *Paris, Boudot*, 1735, *in-12.*

2271 Catalogue des Livres de la Bibliothéque de Henri Ch. du Cambout, Evêque de Metz. *Paris*, 1736, *in-12.*

2272 Catalogue des Livres de J. le Normant, Evêque d'Evreux. *Paris*, 1737, *in-12.*

2273 Bibliotheca Bibliothecarum Manuſcriptorum nova : auctore D. Bernardo de Montfaucon. *Pariſiis, Briaſſon*, 1739, 2 *vol. in-fol.*

2274 Catalogue des Livres du Maréchal Duc d'Eſtrées. *Paris*, 1740, 2 *vol. in-8.*

2275 Recueil de Catalogues, dont celui de M. le Pelletier des Forts. *Paris, Barois*, 1741, *in-8.*

2276 Catalogue des Livres & Eſtampes de la Bibliothéque de l'Abbé Auvray. —— Catalogue des Livres de M. de Selle. —— Catalogue des Livres de M. Gerſaint. *Paris*, 1750 *& ſuiv. in-8.*

2277 Recueil de Catalogues, dont celui de M. de Boſe, de M. de Gaſcq de la Lande, diſpoſés par Martin, &c. *in-8.*

2278 Catalogue des Livres & Estampes de la Bibliothéque de M. Pajot d'Osenbray. *Paris, Martin,* 1756, *in-8.*

2279 Catalogue des Livres de M. G. D. P. (M. de Préfont.) *Paris,* 1757, *in-8. avec les prix.*

2280 Catalogue des Livres de M. Garnier de Montigny. *Paris,* 1759, & plusieurs autres Catalogues, *in-8.*

2281 Catalogue de la Bibliothéque de M. Falconnet. *Paris,* 1763, 2 *vol. in-8.*

2282 Catalogue des Livres de M. de la Boissiere. *Paris,* 1763, *in-8.*

2283 Catalogue des Livres de la Maison Professe des ci-devant soi-disans Jésuites. *Paris,* 1763, *in-8.*

2284 Catalogue des Livres de M. de la Serre. *Paris,* 1765, *in-8.*

2285 Bibliotheca Senieurtiana. *Parisiis,* 1766, *in-8.*

2286 Catalogue Hebdomadaire pour les années 1767, 1768 & 1769. *in* 8.

VIES DES HOMMES ILLUSTRES.

2287 Les Vies des Hommes Illustres Grecs & Romains, trad. du grec de Plutarque, par J. Amyot. *Laulanne,* 1571, *in-fol.*

2288 Les Œuvres morales & mêlées de Plutarque, translat. de grec en franç. par J. Amyot. *Paris, Vascosan,* 1575, 2 *vol. in-fol.*

2289 Uranie, ou le Tableau des Philosophes, par le Noble. *Paris,* 1694, 3 *vol. in-12.*

2290 De Memorabilibus & claris mulieribus : aliquot diversorum Scriptorum Opera. *Parisiis, Simo Colinæus,* 1521, *in-fol.*

2291 Virorum Clarissimorum Academiæ Lugd. Batav. Icones, Elogia ac Vitæ. *Lugd. Batav.* 1613, *in-4. rel. en vélin.*

2292 Vitæ Virorum Germanorum Illustrium coactæ à Melchiore Adamo. *Francofurti,* 1653, 3 *vol. in-8. rel. en vélin.*

2293 Memoriæ Virorum clarissimorum in omni genere nostri seculi, curante Henningo Witten. *Francofurti,* 1676 & *seq* 3 *vol. in-8. rel. en vélin.*

2294 Les Hommes Illustres qui ont paru en France pendant le dix-septiéme siécle, par Perrault. *La Haye,* 1736, 2 *tom. en un vol. in* 8.

2295 Vita Nic. Claud. Fabr. de Peiresc, per P. Gassendum. *Parisiis, Cramoisy,* 1641, *in-4.*

2296 Nécrologe des plus célebres Défenseurs & Confesseurs de la vérité des dix-sept & dix-huitiéme siécles. (*Paris*) 1760, 4 *vol. in-12.*

2297 Mémoires pour fervir à l'Hiftoire des Hommes Illuftres dans la République des Lettres, avec un Catalogue raifonné de leurs Ouvrages (par le P. Niceron). *Paris*, 1729, 43 *vol. in-12.*

2298 Éloges des Académiciens de l'Académie Royale des Sciences morts depuis 1666 jufqu'en 1699, par M. le Marquis de Condorcet ; depuis 1699, par de Fontenelle ; & dans les années 1741, 1742, 1743, 1744 & fuiv. par Dortous de Mairan & M. de Fouchy. *Paris*, 1742 *& fuiv.* 5 *vol. in-12.*

2299 La Vie de P. Mignard, par l'Abbé de Monville. *Paris*, 1730, *in-12.*

2300 Vie de Jér. Bignon, Avocat Général & Confeiller d'Etat, par l'Abbé Perau. *Paris*, 1757, *in-12.*

2301 The life and glorious Actions of the moft heroic and magnanimous Jonathan Wilde. *London*, 1755, *in-8.*

2302 La Vie du fameux P. Norbert, Ex-Capucin. *Londres*, 1763, *in-12.*

2303 Le Nécrologe des Hommes célebres de France, par une Société de Gens de Lettres. *Paris*, 1769, *in-12.*

Mélanges Historiques.

2304 Le grand Dictionnaire Hiftorique, par Louis Moréry, avec les deux Supplémens. *Paris*, 1732 *& fuiv.* 10 *vol. in-fol.*

2305 Dictionnaire Hiftorique & Critique, par P. Bayle. *Amft.* 1730, 4 *vol. in-fol.*

2306 Dictionnaire Hiftorique, par Profper Marchand. *La Haye*, 1758, 2 *tom. en un vol. in-fol.*

2307 Tablettes Hiftoriques, Généalogiques & Chronologiques. *Paris*, 1748, 4 *vol. in-12. mar. verd.*

2308 Hiftoires Prodigieufes extraites de plufieurs Auteurs Grecs & Latins, remifes en notre Langue par P. Boaiftuau. (*Paris*) 1560, *in-4. fig. couv. en parch.*

2309 Les diverfes Leçons de P. Meffie, mifes de caftillan en francois par Cl. Gruget. *Tournon*, 1604, *in-8.*

2310 Les diverfes Leçons d'Ant. du Verdier fieur de Valprivaz. *Tournon*, 1604, *in-8.*

F I N.

Lû & approuvé ce 2 *Mars* 1774. Prault pere, *Adj.*

Vû l'Approbat. permis d'impr. & diftribuer, ce 9 Mars 1774.
DE SARTINE.

ERRATA.

Nº. 214. Pienus, *lisez* Fienus.

260. Robden, *lis.* Robien.

261. Nellis, *lis.* Ellis.

293. Margnery, *lis.* Marguery.

295. Brefufal, *lis.* Brefmal.

316. Rumatius, *lis.* Rumelius.

364. Malomedicina, *lis.* Mulomedicina.

490. Stahbanam, *lis.* Stahlianam.

549. Fonfcea, *lis.* Fonfeca. medica, *lis.* medicæ.

582. Primirofio, *lis.* Primerofio.

595. Boyle, *lis.* Bayle.

643. Ferremens, *lis.* fermens.

648. Courraigne, *lis.* Gourraigne.

651. Kelluero, *lis.* Kellnero.

737. Behreus, *lis.* Behrens.

767. Æris, *lis.* Aeris.

796. Acimpedimenta, *lis.* ac impedimenta.

893. Wlichii, *lis.* Willichii.

898. Chrvy de Mongerbert, *lis.* Chavy de Mongerbet.

915. Friend, *lis.* Freind.

938. Steutzelij, *lis.* Stentzelii.

945. Breffe, *lis.* Broffe.

946. Hydrophibiæ, *lis.* Hydrophobiæ.

979. Coris, *lis.* Goris.

981. Uray, *lis.* Ucay.

1010. Vuefalii, *lis.* Vefalii.

1029. Nephrefis, lilthafis, *lis.* Nephrifis, lithiafis.

1047. M. Morand, *lis.* M. Morand fils, Médecin.

N°. 1064. Æris ; *lif*. Aeris.

1069. Vratiflaviæ , *lif*. Vratiflaviæ.

1070. M. Morand , *lif*. M. Morand fils , Médecin.

1088. Rouffei , *lif*. Ronffei.

1100. Uleni , *lif*. Ulmi.

1107. Goctenio , *lif*. Goclenio.

1126. Dubour , *lif*. Dubourg.

1171. Rafærii , *lif*. Rafarii.

1209. Ædem , *lif*. Eædem.

1266. Vafalva , *lif*. Valfalva.

1697. Chapeaux , *lif*. Champeaux.

1701. Manudictio , *lif*. Manuductio.

1722. Welferi , *lif*. Zwelferi.

1754. Sauvaiges , *lif*. Sauvages.

1757. Rhaclide , *lif*. Rachitide.

1922. Diabotinus , *lif*. Diabotanus.

1974. Væna , *lif*. vana.

1986. Gueneft , *lif*. Guenée.

2044. Defnoyers , *lif*. Dunoyer.

2047. Muratt , *lif*. Muralt.

2051. Polytriftor , *lif*. Polyhiftor.

2064. La Croze , *lif*. Jordan.

*Fin de l'*ERRATA.

De l'Imprimerie de PRAULT, Imprimeur du Roi,
Quai de Gêvres. 1774.

TABLE

ALPHABÉTIQUE

DES NOMS DES AUTEURS,

ET DES OUVRAGES SANS NOM D'AUTEUR,

CONTENUS

DANS LE CATALOGUE DES LIVRES

DE FEU M. MORAND.

TABLE
ALPHABÉTIQUE
DES NOMS DES AUTEURS,
ET DES OUVRAGES SANS NOM D'AUTEUR,

Contenus dans le Catalogue des Livres de M. MORAND.

A

ABAILARD, *Pier.* son Hiftoire, N°. 1950, Lettres, 2039.

de Abano, *Pet.* Conciliator philof. & medic. 1699, De Venenis, 1739.

Abbadie, *Jac.* Art de fe conn. 144.

Abeille du Parnaffe, 1919.

Abeilles, Républ. des, 397.

d'Ablancourt, *Nic.* Perrot, Apophtegmies, 2006, trad. de Lucien, 2037.

Abrégé de la Loi nouvelle, 49.

Abrégé de la Philofophie, 180.

Académie de Berlin, Mifcellanea, 2226, Hiftoire, 2227, 2228.

Académie de Béziers, Mémoires, 2223.

Académie de Boulogne, Commentarii, 2239.

Académie de Bordeaux, Differtat. de l', 243. Piéces pour le Prix, 1858.

Académie de Chirurgie, Piéces, Mémoires, Planches, Regiftre, 1326 à 1330, Réglement, 1343, Prix de l'Acad. 1689.

Académie Françoife, Difcours, 1856, Hiftoire, 2220.

FIN de la Table des Auteurs.

CATALOGUE
DES LIVRES
DE LA BIBLIOTHEQUE
De M. ***.

Dont la vente se fera le Mercredi 25 Mai,
& jours suivans, en une Salle de MM. les
Chanoines de Sainte-Croix de la Breton-
nerie.

A PARIS;

Chez D E S S A I N *junior*, Libraire, au Pavillon
des Quatre-Nations.

————————

M. DCC. LXXIV.

Les personnes qui ne pourront assister à la vente, & qui en desireront quelques Livres, peuvent envoyer leur commission au sieur Dessain junior, en fixant les prix qu'elles voudront y mettre, il s'en chargera avec plaisir.

TABLE

DES DIVISIONS ET SUBDIVISIONS

DE CE CATALOGUE.

THÉOLOGIE.

ÉCRITURE SAINTE.

JURISPRUDENCE.

SCIENCES ET ARTS.

BELLES-LETTRES.

HISTOIRE.

HISTOIRE MODERNE.

HISTOIRE DE FRANCE.

Les Livres seront exposés dans l'ordre qui suit.

Mercredi 25 Mai.

Théologie, depuis N°	1	à	15
Jurisprudence,	263 *		271
Belles-Lettres,	448		483
Histoire,	1119		1160

(ire vac.)

Jeudi 26 Mai.

Théologie,	16		30
Jurisprudence,	272		284
Belles-Lettres,	484		520
Histoire,	1161		1200

(2)

Vendredi 27 Mai.

Théologie,	31		45
Sciences & Arts,	285		294
Belles-Lettres,	521		557
Histoire,	1201		1241

(3)

Samedi 28 Mai.

Théologie,	46		60
Sciences & Arts,	295		306
Belles-Lettres,	558		594
Histoire,	1242		1281

(4)

Lundi 30 Mai.

5	Théologie,	61 ———	75
	Sciences & Arts,	307 ———	316
	Belles-Lettres,	595 ———	631
	Histoire,	1282 ———	1322

Mardi 31 Mai.

6	Théologie,	76 ———	90
	Sciences & Arts,	317 ———	325
	Belles-Lettres,	632 ———	668
	Histoire,	1323 ———	1363

Mercredi 1 Juin.

7	Théologie,	91 ———	105
	Sciences & Arts,	326 ———	335
	Belles-Lettres,	669 ———	705
	Histoire,	1364 ———	1405

Vendredi 3 Juin.

8	Théologie,	106 ———	120
	Sciences & Arts,	336 ———	345
	Belles-Lettres,	706 ———	742
	Histoire,	1406 ———	1446

Samedi 4 Juin.

9	Théologie,	121 ———	135
	Sciences & Arts,	346 ———	354
	Belles-Lettres,	743 ———	780
	Histoire,	1447 ———	1487

Lundi 6 Juin.

10	Théologie,	136 ———	150
	Sciences & Arts,	355 ———	365
	Belles-Lettres,	781 ———	817
	Histoire,	1488 ———	1528

Mardi 7 Juin.

11	Théologie,	151 ———	164
	Sciences & Arts,	366 ———	375
	Belles-Lettres,	818 ———	854
	Histoire,	1529 ———	1569

Mecredi 8 Juin.

12 {
Théologie,	165	———	180
Sciences & Arts,	376	———	385
Belles-Lettres,	855	———	891
Histoire,	1570	———	1610

Vendredi 10 Juin.

13 {
Théologie,	181	———	195
Sciences & Arts,	385	———	395
Belles-Lettres,	892	———	928
Histoire,	1611	———	1651

Samedi 11 Juin.

14 {
Théologie,	196	———	210
Sciences & Arts,	396	———	404
Belles-Lettres,	929	———	965
Histoire,	1652	———	1692

Lundi 13 Juin.

15 {
Théologie,	211	———	225
Sciences & Arts,	405	———	415
Belles-Lettres,	966	———	1002
Histoire,	1693	———	1733

Mardi 14 Juin.

16 {
Théologie,	226	———	240
Sciences & Arts,	416	———	426
Belles-Lettres,	1003	———	1040
Histoire,	1734	———	1776

Mercredi 15 Juin.

17 {
Théologie,	241	———	255
Sciences & Arts,	427	———	436
Belles-Lettres,	1041	———	1077
Histoire,	1777	———	1819

Jeudi 16 Juin.

18 {
Théologie,	256	———	263
Sciences & Arts,	437	———	447
Belles-Lettres,	1078	———	1118
Histoire,	1820	———	1861

CATALOGUE

CATALOGUE
DES LIVRES
DE LA BIBLIOTHEQUE
De M. ***.

THÉOLOGIE.

ÉCRITURE SAINTE.

Textes & Verſions de la Bible.

1. Biblia Sacra Vulgatæ editionis, 6 vol. *in - 12. Pariſ. Vitré* 1652.

2. La Sainte Bible, trad. en françois, par M. de Sacy, 3 vol. *in-4°. Brux.* 1700.

3. La Sainte Bible, par M. de Sacy, 16 vol. *in-12. Paris* 1711.

4. La Sainte Bible, trad. en fr. par M. de Sacy, 32 vol. *in-8.° m. cit. Paris* 1719.

A

5. Pfalterium Davidis , *in - 1 2. Lugd. Bat. Elzevir,* 1692 *m. bl.*

6. Les Pfeaumes de David , tr. en fr. *in-1 2. Par.* 1732. *m. n.*

7. Pfeaumes de David , felon l'efprit , dediés à la Reine, *in-1 2. Paris* 1733.

8. Le Sens propre & littéral des Pfeaumes de David , *in-1 2. Paris* 1733.

9. Les Pfeaumes & Cantiques diftribués pour tous les jours de la femaine , *in-1 2. Paris* 1736. *m. citr.*

10. Nouvelle Verfion des Pfeaumes faite fur le texte Hébreu , *in-1 2. Paris* 1762. *v. f.*

11. Novum Teftamentum ex Officina , *Rob. Steph.* 2 vol. *in-1 2. m. r. Parif.* 1541.

12. N. Teftament de N. S. J. C. trad. en fr. felon la Vulgate , 2 vol. *in-1 2. Mons* 1668.

13. Le Nouv. Teftament de N. S. J. C. fr. lat. 2 vol. *in-1 2. Paris* 1711.

14. Le Nouv. Teftament de N. S. J. C. trad. felon la Vulgate, 2 vol. *in-24. Paris* 1731.

15. Le Nouv. Teftam. de J. C. trad. en fr. 3 vol. *in-1 2. Paris* 1752.

Hiftoires & Figures de la Bible.

16. Explication de l'ouvrage des fix jours, par M. l'Abbé Duguet, *in-1 2. Paris* 1740.

17. Livre de figures de l'Anc. & Nouv. Teftament , gravées par diff. Auteurs, *in-4° oblong.*

18. Hiftoire du Vieux & Nouv. Teft. enrichie de plus de 400 fig. 2 vol. *in-fol. David Mortier,* 1700.

19. L'hiftoire du V. & N. Teftament , par Royaumont, *in-1 2. fig. Brux.* 1737. *m. r.*

20. Abrégé de l'Hiftoire de l'Ancien Teftam. par M. de Mezangui, 10 vol. *in-1 2. Paris* 1738.

21. La Vie de J. C. tirée des quatre Evangéliftes , par le P. Bern. de Montereuil, 3 vol. *in-1 2. Par.* 1741.

22. Précis historique de la Vie de J. C. & de ses Miracles, *in-*12. *Paris* 1760.

Saints Peres.

23. Les Confessions de S. Augustin, par le P. Ceri-
ziers, *in-*12, *Paris* 1693, *v. ec.*
24. Les Soliloques, les Méditations, &c. de S. Augustin, *in-*12. *Paris* 1752.
25. De la Cité de Dieu, de S. Augustin, 2 vol. *in-*8°.
Paris 1675.
26. Les Conférences de Cassien, par de Saligny, *in-*8°.
2 vol. *Paris* 1663.
27. Homélies ou Sermons de S. Jean Chrysostôme,
sur S. Mathieu, 3 vol. *in-*4°. *Paris* 1664.
28. Homélies de S. Jean Chrysostôme, au peuple d'An-
tioche, par de Maucroix, *in-*4°. *Paris* 1671.
29. Homelies ou Sermons de S. Jean Chrysostôme,
*in-*8°. *Paris* 1675.
30. Opuscules de S. Jean Chrysostôme, *in-*8°. *Paris*
1691.
31. Les Panégyriques des Martyrs, par S. Jean Chrysostôme, *in-*8°. *Paris* 1735.
32. Les Morales de S. Grégoire Pape, 3 vol. *in-*4°.
Paris 1666.
33. Les 40 Homélies, ou Sermons de S. Grégoire le
Grand, *in-*8°. *Lyon* 1692.
34. Traité de Tertulien, des prescriptions contre les
Hérétiques, *in-*12. *Paris* 1729.
35. Les Institutions de Thaulere, *in-*12. *Paris* 1681.
36. Lettres de Piété des Saints Peres, 2 vol. *in-*12,
Paris 1700.
37. Pensées ingénieuses des Peres de l'Eglise, *in-*12,
Paris 1715.

Conciles.

38. SS. Concilii Tridentini Canones : & decreta, *in-*
18. *Coloniæ* 1695.

Liturgie & Livres de Prieres.

39. Miſſel de Paris, avec la Semaine Sainte, lat. fr.
11 vol. *in-*12. *Paris* 1741, *m, n.*

40. Livre d'Egliſe, ſuivant le Bréviaire de Paris, lat. fr.
2 vol. *in* 18. *Paris* 1757. *m. bl.*

41. Livre d'Egliſe, lat. fr. ſuivant le Bréviaire de Paris,
3 vol. *in-*12. *Paris* 1744. *m. r.*

42. L'Office de la Semaine Sainte à l'uſage de Rome,
lat. fr. *in-*12. *Paris* 1741. *m. bl.*

43. L'Office de la Nuit, lat. fr. 8 vol. *in-*12. *Paris*
1745. *m. n.*

44. L'Office de la Quinzaine de Pâques, lat. fr. *in-*18.
Paris 1753.

45. L'Office de la Quinzaine de Pâques, lat. fr. *in-*18.
Paris 1769.

46. Offices propres à l'Egliſe paroiſſiale de Saint Jean-
en Grève, *in-*12. *Paris* 1742.

47. L'Ordinaire de la Meſſe en tableaux. *in-*8. *fig. m. bl.*

48. L'Office de la Vierge Marie, *in-*24. *Paris* 1737. *m. n.*

48 * Le même, *in-*24. *m. v.*

49. Office de la Sainte Vierge, lat. fr. *in-*18. *m. n.*

50. Office de la Vierge Marie, *in-*24. *Paris* 1715.

51. Heures nouvelles, dédiées à Madame la Dauphine, *in-*8°. *Paris* 1688. *m. r.*

52. Heures dediées à Mad. la Dauphine *in-*18. lat. fr.
Paris 1750. *m. r.*

53. Heures nouvelles, tirées de l'Ecriture Sainte, écrites
& gravées au burin, par Senault, *in-*8°. *m. r.*

54. Prieres & élévations à J. C. *Mſſ. vélin*, orné de
mignatures. *in-*4. *m. r.*

55. Paire d'heures, *Mss. sur vél.* ornées de mignatures, *in-4°. v. br.*

Théologiens Scholastiques.

56. Le véritable Esprit des nouv. Disciples de S. Augustin, 3 vol, *in-12. Brux.* 1706.

57. Recueil de Pièces sur la Constitution, *in-4°.* 1735. *v. br.*

58. Anti-hexaples ou anal. des 101 Propositions, 2 vol. *in-12. Lyon* 1721.

59. Recueil Hist. & Dogmat. sur les erreurs de Baius, 2. vol. *in-12* 1739.

60. La réalité du projet de Bourg-Fontaine, 2 vol. *in-12. Paris* 1755.

61. Instruction Pastorale de Mgr l'Archevêque de Sens, *in-12. Paris* 1744.

62. Lettres de M. l'Archevêque de Cambray à M. l'Evêque de Chartres, *in-12.*

62* Lettres Apolog. pour les Religieuses Carmélites du fauxb. S. Jacques, *in-12.* 1748.

63. Lettres de M. l'Archevêque de Lyon a M. l'Archevêque de Paris, au sujet des Hospitalieres, *in-12. Lyon* 1760.

64. Dictionnaire des Livres Jansénistes, 4 vol. *in-12. Anvers* 1752.

65. Les Provinciales ou Lettres écrites par Montalte, *in-24, Cologne* 1657. *m. cit. comp.*

66. Les Provinciales ou Lettres écrites par Louis de Montalte, *in-12. Col.* 1685.

67. Apologie des Lettres Provinciales de L. de Montalte, 2 vol. *in-12. Delf.* 1698.

68. Reponse aux Lettres Provinciales de L. de Montalte, *in-12. Brux.* 1698.

69. Sentimens des Jésuites sur le péché philosophique, *in-12. Paris* 1694.

Théologie Morale.

70. Effais de Morale & autres Œuvres de M. Nicolle, 24 vol. *in-12. Paris* 1733. *m. r.*

71. Traité de l'Amour de Dieu, par S. François de Sales, 4 vol. *in-12. Paris* 1747.

71 * Le même, *in-8°. Paris* 1647.

72. Traité de l'Amour de Dieu, 2 vol. *in-18. v. ec.* 3 *f.*

73. Abrégé du Traité de l'Amour de Dieu, de S. François de Sales, *in-12. Paris* 1756.

74. Traité fur la Priere publique, par Duguet, *in-18. Paris* 1713.

75. Pratique de la Perfection Chrétienne, par Rodriguez, 6 vol. *in-12. Paris* 1756.

76. Abrégé de la Perfection Chrétienne de Rodriguez, 3 vol. *in-12. Nancy* 1744.

77. Les Principes & Regles de la vie Chrétienne, trad. du lat. par Coufin, *in-12. Paris* 1675.

78. Principes & regles de la vie Chrétienne, trad. du lat. du Cardinal Bona, *in-12. Paris* 1728.

79. Les Confeils de la Sageffe, 2 vol. *in-12. Paris* 1714. *v. ec.*

80. Confidérations fur les principales actions du Chrétien, par le R. P. J. Craffet, *in-12. Paris* 1732. *m.*

81. Maximes pour fe conduire chrétiennement dans le monde, par l'Abbé Clément, *in-12. Paris* 1753. *v. f.*

82. La Journée du Chrétien fanctifiée, *in-12. Paris* 1743. *v. b.* 3 *f.*

83. La Journée du Chrétien fanctifiée par la priere, *in-24. Paris* 1747. *m. v.*

84. Difcours fur la Comédie, par le P. Lebrun, *in-12. Paris* 1731.

85. La Vie des Gens mariés, par de Ville-thiery, *in-12. Paris* 1738.

86. De l'abus des nudités de gorge, *in-12. Paris* 1677.

87. Conférences fpirituelles pour bien mourir à foi-même , 2 vol. *in-12. Paris* 1689.

88. Maniere de fe bien préparer à la mort avec des *fig.* de Romain de Hooge , *in·4°. Anvers* 1700.

89. La danfe des Morts, comme elle eft dépeinte en la ville de Bâle, *in-4°.* allem. & fr. *fig. Bâle* 1756.

90. De la piété des Chrétiens envers les Morts , *in-12. Paris* 1699. *m. n.*

Des Sacremens.

91. La véritable croyance de l'Eglife Catholique, *in-12. Paris* 1745. *v. f.*

92. Traité hift. dogm. & prat. des Indulgences & du Jubilé, par Collet, 2 vol. *in-12. Paris* 1759.

93. Idée de la Converfion du Pécheur, *in-12.* 1733.

94. La Converfion du Pécheur, reduites en principes, par le P. Fr. de Salazar , *in-12. Paris* 1752.

95. Exercices de l'ame pour fe difpofer au Sacrement de Pénitence , par l'Abbé Clément , *in-12. Paris* 1758. *v. f.*

96. Principes de la Pénitence , ou vie des Pénitens, 2 vol. *in-12. Paris* 1766.

97. Maximes Spirituelles pour la conduite des ames, par le P. Guilloré, 2 vol. *in-12. Paris* 1673.

98. Traité des Saints Myfteres , par Collet, *in-12. Paris* 1756.

99. Inftruction fur le faint Sacrifice de la Meffe, par l'Abbé Clément, *in-12. Paris* 1763. *v. f.*

100. Exercices fur les Sacremens de Pénitence & d'Euchariftie, *in-12. Paris* 1750. *v. f.*

101. Entretiens avec J. C. dans le très-faint Sacrement de l'Autel, *in-12. Paris* 1759.

102. Exercice de Piété pour la Communion, par le P. Griffet, *in-12. Paris* 1752.

Catéchistes & Sermonnaires.

103. Inftruction générale en forme de Catéchifme, par de Colbert, 3 vol. *in-12. Paris* 1751.

104. Catéchifme fpirituel du P. Surin, 2 vol. *in-12. Paris* 1738.

105. Divini Eloq. Oliverii Maillardi, Sermones, *in-8°.* 1511. *Goth.*

106. Sermones Reverend. Patris Mich. Menoti, *in-12.* 1519. *Got.*

107. Sermones Fratris Gabr. Barlete, 2 vol. *in-18.* 1524. *Goth.*

108. Sermons du P. Bourdaloue, 18 vol. *in-12. Paris* Rigaud, 1716. *m. v.*

109. Sermons du P. de Larue, 4 vol. *in-8. Paris* 1719.

110. Oraifons Funèbres, prononcées par le P. de Larue, *in-12. Paris* 1740.

111. Sermons choifis fur divers fujets, par de Fenelon, *in-12. Paris* 1718.

112. Les Sermons du P. Teraffon, 4 vol. *in-12. Paris* 1726.

113. Sermons de Maffillon, Evêque de Clermont, 15 vol. *in-12.* gr. pap. *Paris* 1745. *m. v.*

114. Sermons du P. Cheminais, 5 vol. *in-12. Paris* 1764.

115. Sermons du P. de la Colombiere, 6 vol. *in-12. Lyon* 1757.

116. Sermons du Pere Segaud, 6 vol. *in-12. Paris* 1750. *v. f.*

117. Sermons du P. Griffet, 4 vol. *in-12. Liege* 1766. *mar. n.*

118. Difcours fur quelques fujets de piété, par le Pere Chapelain, *in-12. Paris* 1760. *v. f.*

119 Sermons ou Difcours fur différens fujets de la Religion, par le P. Chapelain, 6 vol. *in-12. Par.* 1768.

120. Prônes fur le Sacrifice de la Meffe, par le P. Ba-
doire, 3 vol. *in-12. Paris* 1765.

Myftiques & Afcétiques.

121. De l'Imitation de J. C. par M. de Beuil, *in-8.*
gr. pap. *Paris* 1663. *m. r.*

122. L'Imitation de J. C. trad. par de Bueil. *in-24.*
Paris 1673. *m. r.*

123. L'Imitation de J. C. trad. par le P. de Gonnelieu,
in-18. Paris 1757. *m. r.*

124. L'Imitation de J. C. trad. par M. l'Abbé Jau-
bert, *in-12. Paris* 1770.

125. L'Imitation de la Sainte Vierge & des Saints,
2 vol. *in-12. Lyon* 1747.

126. La Couronne de l'année Chrétienne, par L.
Abelly, 2 vol. *in-12. Paris* 1754. *v. ec.*

127. Exercices de piété pour tous les Dimanches &
Fêtes de l'année, par le P. Croifet, 18 vol. *in-12*
Lyon 1745.

128. L'année du Chrétien, par le P. Griffet, 18 vol.
in-12. Paris 1747. *m. n.*

129. L'Année Religieufe, par M. Grifel, 8 vol. *in-12.*
Paris 1766. *m. cit.*

130. Œuvres de Sainte Thérèfe, trad. par Arnaud
d'Andilly, 5 vol. *in-12. Brux.* 1714. *v. éc.*

131. La Vie & les Œuvres de Sainte Catherine de Gê-
nes, *in-12. Paris* 1697.

132. Œuvres Spirituelles du bienheureux Jean de la
Croix, *in-4. Paris* 1641.

133. Les Œuvres Spirituelles du bienheureux Jean de
la Croix, *in-4. Paris* 1694.

134. Œuvres du R. P. Grenade, 10 vol. *in-8. Paris*
1661.

135. Œuvres Spirituelles de M. de Bernieres-Louvigny,
2 vol. *in-12. Paris* 1671.

136. Œuvres Spirituelles du bienheureux Vincent Huby, *in-12. Paris* 1755.

137. Œuvres Spirituelles de M. de Fénelon, 2 vol. *in-12. Anvers* 1718.

138. Œuvres Spirituelles de M. de Fénelon, 4 vol. *in-12.* 1752. *v. f.*

139. Œuvres Spirituelles de M. Jean-François de la Mothe-Fénelon, 2 vol. *in-4. gr. pap. Rotterd.* 1738.

140. Œuvres de Madame Guyon, 29 vol. *in-12. Cologne* 1715.

141. Œuvres Spirituelles du P. le Vallois, 3 vol. *in-12. Paris* 1758. *v. f.*

142. L'année affective, par le P. Avrillon, *in-12. Paris* 1749.

143. Commentaire affectif sur le grand précepte de l'amour de Dieu, par le P. Avrillon, *in-12. Paris* 1753.

144. Commentaire affectif sur le Pseaume *Miserere*, par le P. Avrillon, *in-12. Paris* 1747.

145. Conduite pour passer saintement le tems de l'Avent, par le P. Avrillon, *in-12. Paris* 1759.

146. Conduite pour passer saintement le Carême, par le P. Avrillon, *in-12. Paris* 1755.

147. Conduite pour passer saintement les Fête & Octave de la Pentecôte, &c. par le P. Avrillon, *in-12. Paris* 1758.

148. Méditations & sentimens sur la sainte Communion, par le P. Avrillon, *in-12. Paris* 1754.

149. Pensées sur différens sujets de Morale, par le P. Avrillon, *in-12. Paris* 1741.

150. Réflexions, Sentimens. &c. sur la divine enfance de J. C. par le P. Avrillon, *in* 12. *Paris* 1750.

151. Retraite de dix Jours, par le P. Avrillon, *in-12. Paris* 1753.

152. Sentimens de l'amour de Dieu, par le P. Avrillon, *in-12. Paris* 1753.

153. Sentimens sur la dignité de l'ame, par le P. Avrillon, *in-12. Paris* 1757.

154. Traité de l'amour de Dieu à l'égard des hommes & du prochain, par le P. Avrillon, *in-12. Paris* 1740.

155. Le Chrétien inconnu, ou idée de la vraie grandeur du Chrétien, par M. Boudon, *in-12. Paris*
1749.

156. La Dévotion à l'Immaculée Vierge Marie, par
M. Boudon, *in-12. Paris* 1749.

157. La Dévotion aux neuf cœurs des saints Anges,
par M. Boudon, *in-18. Paris* 1755.

158. Dieu seul, par M. Henri Boudon, *in-12. Paris*
1751. *v. br.*

159. L'homme intérieur, par M. Boudon, *in-12.
Paris* 1758.

160. Le malheur du Monde, par M. Henri Boudon,
in-12. Paris 1740.

161. Le regne de Dieu dans l'Oraison mentale, par
M. Henri Boudon, *in 12. Paris* 1756.

162. Les saintes voies de la Croix, par M. Henri Boudon. *Paris* 1752. *in-12.*

163. De la sainteté de l'état Ecclésiastique, par M. Boudon, *in-12. Paris* 1765.

164. La vie cachée par M. Henri Boudon, *in-12. Paris* 1740.

Mélange de Théologie Mystique & Ascétique.

165. L'ame Religieuse élevée à la perfection, *in-18.
Lyon* 1768.

166. De la charité envers le prochain, par le P. Pallu,
in-12. Paris 1742.

167. De la connoissance & de l'amour de N. S. J. C.
par le P. Pallu, *in-12. Paris* 1737.

168. Le Chemin de l'amour Divin, *in-12. Paris* 1746.

169. Le Chemin de la Perfection , compofé par la fainte Mere Thérèfe de Jefus, *in-12. Paris, mar. v.* dent. à comp.

170. Le Chrétien intérieur, par M. de Bernieres-Louvigni, 2 vol. *in-12. Paris* 1690.

171. Le Chrétien dans fa perfection, *in-18. Paris* 1694.

172. La Cité myftique de Dieu, de Marie d'Agreda , par le P. Crozet, 3 vol. *in-4. Bruxelles* 1715.

173. Les Colloques du Calvaire, par M. Courbon , *in-18.* 1753.

174. Conduite d'une ame Chrétienne , *in-18. Paris* 1730.

174 * Conférences Théologiques fur les grandeurs de Dieu, par le P. d'Argentan, *in-4. Paris.* 1685.

175. Conférences Théologiques fur les grandeurs de Jefus-Chrift, par le P. d'Argentan, *in-4. Paris* 1686.

176. Conférences Théologiques fur les grandeurs de la Ste Vierge, par le P. d'Argentan, *Paris in-4.* 1687.

177. Confidérations Chrétiennes pour tous les jours de l'année, par le P. Craffet , 4 vol. *in-12. Paris* 1691.

178. La dévotion envers J. C. par le P. Nouet, 3 vol. *in-4. Paris* 1673.

179. La dévotion au facré Cœur de Jefus, *in-12. Nancy* 1749. *m. v.*

180. La dévotion à N. S. J. C. par le P. Vaubert, 2 vol. *in-12. Paris* 1752.

181. Dialogues fpirituels du P. Surin , 3 vol. *in-12. Paris* 1741.

182. Le Directeur myftique ou les Œuvres fpirituelles de Bertot, 4 vol. *in-12. Cologne* 1726.

183. Du Salut , fa néceffité, fes obftacles, &c. par le P. Pallu, *in-12. Paris* 1745.

184. L'Ecriture-Sainte réduite en Méditations, par le P. Paulmier, *in-12. Paris,* 1692.

185. Les Sages Entretiens d'une ame dévote , par de Guizain, *in-24. Lyon* 1732, *m. r.*

186. Elévations à Dieu, par M. Bouffuet, 2 vol. *in-12. Paris* 1747.

187. Elévations à Dieu fur les Pfeaumes, par le Pere Gourdan, *in-12. Pàris* 1729, *v. f.*

188. Elévations de l'ame à Dieu, par M. l'Abbé Clément, *in-18. Paris* 1755, *v. f.*

189. Entretiens de l'ame avec Dieu, par M. l'Abbé Clément, *in-18. Paris* 1752, *v. f.*

190. L'Efprit de Saint François de Sales, *in-8. Paris ,* 1747.

191. L'Excellence & la Pratique de la Dévotion aux Saints Cœurs de Jefus & de Marie, *in-18. Lyon ,* 1768, *v. f.*

192. Exercices du Pénitent , *in-18. Paris ,* 1751.

193. Exercices fpirituels, contenants la maniere d'employer toutes les heures du jour , *in-12. Paris* 1700, *m. v.*

194. Exercices fpirituels de Saint Ignace, par M. l'Abbé Clément, *in-12. Paris* 1762.

195. Les Exercices du Chrétien intérieur , par le Pere d'Argentan, 2 vol. *in-18. v. écail.* 3 *f.*

196. Explications des Maximes des Saints, par M. de Fenelon, *in-12. Paris* 1697.

197. Les Grands Secours de la Divine Providence , *in-12. Paris* 1739.

198. Hiftoires édifiantes pour fervir de lectures aux jeunes perfonnes, *in-12. Paris* 1757.

199. L'Homme d'oraifon : fa conduite dans les voies du Salut, par le Pere Nouet, 5 vol. *in-12. Paris ,* 1714, *v. f.*

200. L'Homme d'oraifon : fes Méditations, par le Pere Nouet, 9 vol. *in-12. Paris* 1728, *v. brun.*

201. Inftruction fur les Etats d'oraifon, par M. Boffuet , *in-8. Paris* 1697.

202. Inſtructions ſpirituelles ſur les divers Etats d'orai-
ſon, par M. Boſſuet, *in-8. Paris* 1741.

203. Inſtructions & Prieres pour toutes ſortes de perſonnes, par M. Godeau, *in-18. Paris.*

204. Inſtructions & Prieres pour la Dévotion au Sacré
Cœur Divin, *in-12. Paris* 1748, *m. r.*

205. Introduction à la Vie dévote, par Saint François
de Sales, *in-12. Paris* 1735.

206. Introduction à la vie intérieure, *in-12. Nanci*
1736.

207. Les Epîtres de Sainte Catherine de Sienne, in-4.
Paris 1644, *v. f.*

208. Les Epîtres ſpirituelles du Bienheureux François
de Sales, *in-4. mout. r.*

209. Lettres de Saint François de Sales, 6 vol. *in-12.*
Paris 1758.

210. Lettres ſpirituelles, 3 vol. in-12. *Paris* 1732,
v. br.

211. Lettres ſpirituelles de M. Lafitau, *in-12, Paris*
1754.

212. Lettres ſpirituelles ſur divers ſujets de piété, par
M. l'Abbé d'Olonne, *in-12. Paris*, 1757.

213. Lettres d'une Religieuſe du Calvaire à une Demoiſelle de ſes amies, *in-12. v.* 1755, 3. *f.*

214. Le Livre des Elus, ou Jeſus crucifié, par le Pere
de Saint-Juré, *in-12. Paris* 1759.

215. Manuel de Piété, ou Recueil de Prieres Chrétiennes, *in-18. Paris* 1771.

216. Méditations ſur les principales Vérités de la Religion Chrétienne, *in-12. Paris* 1736.

217. Méditation continuelle de la Loi de Dieu, par
le Pere Gourdan, *in-12. Paris* 1727.

218. Méditations ſur des paſſages choiſis de l'Ecriture-
Sainte, par le Pere Seignery, 5 vol. *in-12. Paris*
1727.

219. Méditations ſur la Paſſion de notre Seigneur Jeſus-

Chrift, par M. l'Abbé Clément, 2 vol. *in-12. Paris*
1762, *v. f. d. f. t.*

220. Méditations pour tous les jours de l'année, *in-18.*
Paris 1759.

221. Méditations pour le temps du Jubilé, *in-12. Paris*
1750.

222. Offices & Pratique de dévotion en François, *in-18.*
Paris 1740, *m. n.*

223. Le parfait Adorateur du Sacré Cœur de Jefus,
in-12. Paris 1753.

224. Pélerinage du Calvaire, par M. de Pontbriand,
in-18. Paris 1745.

225. Le petit Livre de Vie, qui apprend à bien vivre,
in-12. Paris, 1749.

226. Les plaifirs de la Vie fpirituelle, par le P. Do-
rothée, *in-4. Pvris* 1688.

227. Prieres de l'Ecriture Sainte, *in-12. Paris* 1754.

228. Prieres Chrétiennes en forme de Méditations,
par le P. Sanadon, 2 vol. *in-12. Paris* 1739. *m. r.*

229. Prieres & Inftructions Chrétiennes du P. Sanadon,
in-18. Paris 1747; *m. bl.*

230. Prieres & Méditations du P. le Vallois, *in* 12. *Pa-*
ris 1750.

231. Principes & fentimens de pénitence, *in-18. Paris*
1731. *m. r.*

232. Réflexions fur la miféricorde de Dieu, par Mad.
de la Valliere, *in-18. Paris* 1744.

233. Réflexions Chrétiennes fur divers fujets de Morale, par le P. Croifet, 2. vol. *in-12. Paris.* 1746. *v. f.*

234. La Religion-pratique ou l'Ame fanctifiée, *in-12.*
Lyon 1766.

235. Retraite fpirituelle du R. P. de la Colombiere,
in-18. Lyon 1693.

236. Retraite Spirituelle du P. Martel, 2 vol. *in-12.*
Lyon 1729.

237. Retraite fpirituelle du P. Croifet, 2 vol. *in-12. Paris* 1743. *v. f.*

238. Sacrifice perpétuel de foi & d'amour au Saint Sacrement, par le P. Gourdan, *in-12. Paris* 1755.

239. Les faints Defirs de la mort, par le P. Lallemant, *in-12. Paris* 1754.

240. Sentimens de Piété, par M. de Fénelon, *in-12. Paris* 1737.

241. Sentimens d'une ame pénitente, par Mad. de la Valliere, *in-18. Paris* 1763.

242. Des fept paroles de J. C. fur la Croix, par le Pere Brignon, *in-12. Paris* 1700. *m. r.*

243. Sentimens de Piété, *in-12. Nancy* 1720. *v éc. 3 f.*

244. La folide & véritable Dévotion, par le P. Pallu, *in-12. Paris* 1745.

245. La Solitude Chrétienne, 2 vol. *in-18. Paris* 1658.

246. Les Souffrances de N. S. J. C. par le P. Alleaume, 2 vol. *in-12. Paris* 1714. *m. r.*

247. Traité de la Paix intérieure, *in-12. Paris* 1757.

248. Traité de l'Efpérance Chrétienne, *in-12. Paris* 1732. *m. r.*

249. La Trompette du Ciel, par Gondon, *in-18. Paris* 1685.

250. La Vive flamme d'Amour, par le Bienheureux Jean de la Croix, *in-12. Paris* 1749.

251. Virginie ou la Vierge Chrétienne, par le Pere Michel-Ange-Marin, 2 vol. *in-12. Avign.* 1756.

252. Voye abrégée pour aller à Dieu, *in-12. Bruxelles* 1685.

Polémiques.

253. Principes de Religion ou Préfervatif contre l'incrédulité, *in-18. Paris* 1751.

254. La Religion Vengée ou Réfutation des Auteurs impies, 12 vol. *in-12. Paris* 1757.

255. Lettre à M. l'Abbé Houtteville, au fujet du Livre de la Religion Chrétienne, *in-12. Paris* 1722.

257. Expofition de la Doctrine Chrétienne, par M. de Mezanguy, 4 vol. *in-12. Paris* 1767. *v. br. d. f. tr.* 3 f.

258. Traité de la Vérité de la Religion Chrétienne, par Abbadie, 4 vol. *in-12. la Haye* 1763.

259. Entretiens, où l'on explique la Doctrine Chrétienne, *in-12. Paris* 1727.

260. Méthode courte & facile pour difcerner la véritable Religion, *in-12. Paris* 1755.

261. Les Artifices des Hérétiques, *in-12. Paris* 1726.

Hétérodoxes.

262. L'Anatomie de la Meffe, par Dumoulin, *in-12. Génève* 1636.

263. L'Alcoran de Mahomet, trad. en fr. par du Ryer, *in-4. Paris* 1647.

JURISPRUDENCE.

Droit Canonique.

263 *. Droit Public, Eccléfiaftique, François, & Droit Canonique, 5. vol. *in-12. Londres* 1740.

263 **. Statuta facræ Facultatis Theologiæ Parif. *in-4. Parifiis* 1715.

264. Regulæ Societatis Jefu, *in-24. Lugd.* 1606.

265. Réglemens Généraux pour l'Abbaye de N. D. de la Trappe, 2 vol. *in-12. Paris* 1701.

266. Apologie de M. l'Abbé de la Trappe, par M. Thiers, *in-12.*

267. Traité de la Clôture des Religieufes, par Thiers. *Paris* 1691.

268. L'Apocalypfe de Meliton, *in-24. Saint-Leger* 1668.

269. Hiſtoire des Perruques, par J. B. Thiers, *in-12.* *Paris* 1690.

270. Factum pour les Religieuſes de Sainte-Catherine-lès-Provins, *in-18.*

271. Toillette de M. l'Archevêque de Sens, *in-12.* 1669.

Droit Civil.

272. De l'Eſprit des Loix, par M. de Monteſquieu, 3 vol. *in-4. Genève, v. 3. f. d. ſ. t.*

273. Défenſe de l'Eſprit des Loix, *in-12. Genève* 1750.

274. Ordonnance de Louis XIV. ſur les matieres criminelles, *in-24. Paris* 1738.

275. Conférences des N. Ordonnances par Bornier, *in-4.* 2. vol. *Paris* 1686.

276. Tarif des Droits d'Entrée & de Sortie des cinq Groſſes Fermes, 2 vol. *in-8. Rouen* 1758.

277. Traité de la Police, par M. de la Mare, 4 vol. *in-fol.* fig. *Paris* 1722.

278. Cauſes Célebres & Intéreſſantes, par M. Gayot de Pitaval, 20 vol. *in* 12. *Paris,* 1738.

279. Faits des Cauſes Célebres & intéreſſantes, *in-12. Amſterd.* 1757.

280. Œuvres de feu Cochin, 6 vol. *in-4. Paris* 1751.

281. Plaidoyers & Mémoires de M. Manory, 18 vol. *in-12. Paris* 1766.

282. Recueil général des Pieces contenues au Procès de M. de Geſvres, 2 vol. *in-12. Rotterd.* 1714.

283. Mémoire de M. de Klinglin, Préteur de Straſbourg, *in-12. Grenoble* 1753.

284. Factum ou Expoſition des injuſtices commiſes à Straſbourg, par M. Klinglin, *in-fol. Amſt.* 1752.

SCIENCES ET ARTS.

Philosophie.

285. Dictionnaire Raïsonné des Sciences, des Arts & Métiers, 7 vol. *in-fol. Paris* 1751.

286. Recueil de Pièces qui ont paru sur l'Encyclopédie, *in-12. parch.*

287. Manuel Philosophique, ou Précis universel des Sciences, *in-12. Paris* 1748.

288. Elémens des Sciences & des Arts Littéraires, traduits de l'Anglois, 3 vol. *in-12. Paris* 1756.

289. Lucii Annæi Senecæ mors & ultima verba, *in-12. Lipsiæ,* 1664.

290. La Morale d'Epicure, par M. l'Abbé Batteux, *in-12. Paris* 1758.

291. Henricus Cornel. Agrippa, de Vanitáte scientiarum, *in-8. Parisiis* 1531, *parch. v.*

292. Analyse de la Philosophie du Chancelier Bacon, 3. vol. *in-12. Paris,* 1755.

293. Gasp. Buhon, Philosophia ad morem Gymnasiorum, 4 vol. *in-12. Lugduni* 1723.

294. Matthæi Tympii mensa Theolo-philosophica, *in-12.* 1623, *v. f.*

Logique.

295. La Logique ou l'Art de penser, par MM. de Port-Royal, *in-12. Paris* 1683.

Œconomie.

296. Dictionnaire Œconomique de Chomel, 2 vol. *in-fol. Paris* 1740.

297. . . . .

298. Journal Œconomique, 1751 à 1757, incluf. 28 vol. *in-12. parch.*

299. Dictionnaire Domeſtique portatif, 3. vol. *in-8. Paris* 1762.

300. La nouvelle Maiſon Ruſtique, 2 vol. *in-4. fig. Paris in-8.* 1768.

301. L'Agronome, Dictionnaire portatif du Cultivateur, 2 vol. *Paris* 1760.

302. Eſſai ſur l'Amélioration des Terres, par M. Patulau, in-12. *Paris* 1758.

Morale.

303. Inſtitution d'un Prince, par M. Duguet, 4 vol. *in-12. Londres* 1743.

304. Lettres ſur l'Education des Princes, *in-12. Edimbourg* 1746.

305. Direction pour la conſcience d'un Roi, par M. de Fenelon, *in-8. la Haye* 1747.

306. Direction pour la conſcience d'un Roi, *in-8. la Haye* 1747, *parch.*

307. La Science des perſonnes de Cour, d'Epée & de Robe, par de Chevigni, 8 vol. *in-12. fig. Paris* 1752.

308. Les Devoirs de l'Homme & du Citoyen, traduit du Latin de Puffendorf, *in-12. Amſterd.* 1715.

309. Traité de l'Education des Enfans, par de Crouzaz, 2 vol. *in-12. la Haye,* 1722.

310. Avis d'une mere à ſon fils & à ſa fille, *in-12. Paris* 1729.

311. Œuvres de Madame la Marquiſe de Lambert, 2 tomes en 1 vol. *in-12. Paris* 1748.

312. De l'Education des Filles, par M. de Fenelon, *in-12. Paris* 1740.

313. La véritable Grandeur d'ame, par M. le Marquis de Magnane, *in-12. Paris* 1740.

314. La Doctrine des Mœurs, par de Gomberville,
in-12. Paris 1681.

315. Réflexions sur la politesse des Mœurs, par de
Belle-Garde, *in-12. Paris* 1698.

316. Réflexions ou Sentences Morales, *in-12. Paris*
1693.

317. Mémoires pour servir à l'Histoire des Mœurs du
18e siecle, *in-12.* 1751.

318. Conseil de l'Amitié, *in-12. Lyon* 1747.

319. The Spectator, 8 vol. *in-12. London* 1753.

320. Le Spectateur ou le Socrate moderne, traduit de
l'Anglois, 7 vol. *in-12. Amst.* 1732.

320 *. Le |Spectateur| François, par de Marivaux,
2 vol. *in-12. Paris* 1728.

321. Le nouveau Spectateur, 5 vol. *in-12. Amsterd.*
1758, *parch.*

322. La Spectatrice, Ouvrage traduit de l'Anglois,
in-12. Paris 1751.

323. Le Misantrope, contenant différens Discours sur
les Mœurs du siecle, 2 vol. *in-12. la Haye* 1742.

Politique.

324. Ignatii Franc. Xav. de Wilhem, annus politicus,
in-fol. Monachii 1731.

325. L'Ami des Hommes, ou Traité de la Population,
par M. de Mirabeau, 3. vol. *in-4.* 1768.

326. Les Fables des Abeilles, ou les Fripons devenus
honnêtes gens, 4. vol. *in-12. Londres* 1740.

327. Lettres sur l'Esprit de Patriotisme, sur l'Idée d'un
Roi patriote, *in-8. Londres* 1750.

328. Nouveaux Intérêts des Princes de l'Europe, *in-12.*
Cologne 1688.

329. Histoire de |la Navigation, &c. *Paris* 1722,
in-12.

330. Essai sur la Marine & le Commerce, *in-8,* 1743.

331. Effai fur la Marine des Anciens, par M. Deflandes, *in-12. Paris* 1768.

332. Effai politique fur le Commerce, par Melon, *in-12. Paris* 1736.

333. Elémens du Commerce, 2 vol. *in-12. Leyde* 1754.

334. Effai fur la nature du Commerce en général, traduit de l'Anglois, *in-12. Londres* 1755.

335. La Nobleffe Commerçante, par M. l'Abbé Coyer, *in-12. Londres* 1756, *br.*

336. Effai fur l'Etat du Commerce d'Angleterre, 2 vol. *in-12. Londres* 1755.

337. Remarques fur les avantages & défavantages de la France & de la Grande-Bretagne, par rapport au Commerce, *in-12. Leyde* 1754.

338. Effai fur les Monnoies, ou Réflexions fur le rapport entre l'argent & les denrées, *in-4. Paris* 1746.

339. L'Ambaffadeur & fes fonctions, par A. de Wicquefort, 2 vol. *in-4. la Haye* 1681.

340. Le Secret des Cours, ou les Mémoires de Walfingham, *in-12. Lyon* 1695.

341. Mémoires politiques pour fervir à la parfaite intelligence de l'Hiftoire de la Paix de Ryfwick, 4 vol. *in-12. la Haye* 1699, *m. r.*

342. L'Obfervateur Hollandois, 5 vol. *in-12. la Haye* 1755.

343. Ouvertures de Paix Univerfelle, *in-8. Clermont.*

344. Manifefte de S. A. E. de Baviere, *in-8.* 1705.

345. Lettres à un Provincial fur la Juftice des motifs de la guerre, *in-12. Neufchâtel* 1745.

Métaphyfique.

346. Exiftence de Dieu de M. de Fenellon, *in-12. Paris* 1718, *v. f.*

347. Traité hiftorique & critique de l'opinion, par le Gendre, 9 vol. *in-12. Paris* 1758.

348. Essai sur les Erreurs populaires , 2 vol. *in-12.*
Paris 1738.

349. Dialogue entre Hylas & Philonous, par Berke-
ley, *in-12. Amst.* 1750.

350. Essai sur l'Homme , par Pope , *in-4. Lauzanne*
1745 , *v. f.*

351. Essai sur le Génie & le Caractere des Nations,
2 vol. *in-12. Bruxelles* 1743.

352. Lettres Philosophiques sur les Physionomies, par
l'Abbé Pernetty, *in-12. la Haye* 1746.

353. Amusement philosophique sur le langage des
Bêtes, *in-12. Paris* 1739.

354. Dissertations sur les apparitions des Anges, Dé-
mons, &c. par Dom Calmet, *in-12. Paris* 1746.

355. Le Monde enchanté, par Balthasar Bekker, 5 vol.
in-12. Amst. 1694.

356. Histoire du Diable de Laon, *in-4. Paris* 1578.

357. Histoire des Possédés de Flandres, 2 vol. *in-8.*
Paris 1623 , *parch.*

358. Le Comte de Gabalis, ou Entretiens sur les Sciences secrettes , 2 tomes en 1 vol. *in-12. Londres*
1742.

359. La Science curieuse, ou Traité de la Chyromance,
in-4. fig. Paris 1665.

360. Apologie pour tous les grands Hommes accusés
de magie, par Naudé ; 2 vol. *in-24. Paris* 1669.

Physique & Histoire Naturelle.

361. Traité de Physique, par Rohault, 2 vol. *in-12.*
Paris 1705.

362. Leçons de Physique de Nollet, 4 vol. *in-12.*
Paris 1748.

363. Recueil de différens Traités de Physique, par
Deslandes, 3 vol. *in-12. Paris* 1748.

364. Recueil d'Observations curieuses, par M. l'Abbé
Lambert, 4 vol. *in-12. Paris* 1749.

365. Phyfique Sacrée, ou Hiftoire Naturelle de la Bible, traduit de Scheuczer, 8 vol. *in-fol. fig. Amft.* 1732, *m. v.*

366. Bibliothèque de Phyfique & d'Hiftoire Naturelle, 5 vol. *in-12. Paris* 1758.

367. Hiftoire des anciennes Révolutions du Globe ter-reftre, *in-12. Amft.* 1752.

368. Figure de la Terre, par Bouguer, *in-4. fig. Paris* 1749.

369. La Figure de la Terre, par de Maupertuis, *in-8. fig. Paris* 1738, *v. ec. d. f. t.*

370. Penfées diverfes fur la Comete, 4 vol. *in-12. Rotterdam* 1704.

371. C. Plinii fecundi Hiftoria naturalis, 3 vol. *in-12. Elzevir* 1635.

372. Hiftoire Naturelle, générale & particuliere du Cabinet du Roi, 4 vol. *in-12. fig. Paris* 1750.

373. Le Spectacle de la Nature, par N. Pluche, 9 vol. *in-12. fig. Paris* 1745, *d. f. t.*

373 *. Hiftoire du Ciel, par Pluche, 2 vol. *in-12. fig. Paris* 1743, *d. f. t.*

374. Mélanges intéreffans & curieux, ou Abrégé d'Hif-toire Naturelle, 10 vol. *in-12. Paris* 1763, *br.*

375. Hiftoire Naturelle des Oifeaux, par Eléafar Albin, 3 vol. *in-4. fig. la Haye* 1750, *m. lit.*

376. Art de faire éclore & d'élever en toute faifon des Oifeaux domeftiques, par de Réaumur, 2 vol. *in-12. fig. Paris* 1749.

377. Nouveau Traité des Serins de Canarie, par M. J.C. Hervieux de Chanteloup, *in-12. fig. Paris* 1745.

378. . . . .

379. Le Jardinier Solitaire, ou Dialogue entre un Curieux & un Jardinier Solitaire, *in-12. fig. Paris* 1738.

380. Dendrologie, ou la Forêt de Dodonne, par Howel, *in-4. fig. Paris* 1641.

Médecine,

Médecine, Anatomie, Pharmacie.

381. Dictionnaire Universel de Médecine, 6 vol. in-fol. Paris 1746.

382. Bibliotheque Choisie de Médecine, par M. Planke, 6 vol. in-12. Paris 1748.

383. . . . .

384. Dictionnaire Médecinal, in-12. Paris 1758, parch.

385. Traité des Dispenses du Carême, 2 vol. in-12. Paris 1710.

386. Observations Physico-Médicales, sur les causes de plusieurs maladies, &c. in-12. Paris 1758.

387. La Médecine aisée, par le Clerc, in-12. Paris 1719.

388. Dissertation de Médecine-pratique, in-12. Paris 1743.

389. Méthode aisée pour conserver la santé, par M. de Pre-ville, in-12. Paris.

390. Georgi Cheynæi tractatus de infirmorum sanitate tuenda, in-8. Londini 1726.

391. Avis au Peuple sur sa santé, par M. Tissot, 2 tomes en 1 vol. in-12. Paris 1768.

392. Réflexions sur les Affections vaporeuses des deux Sexes, in-12. Amst. 1768.

393. Tableau de l'Amour Conjugal, par Nic. Venette, 2 vol. in-12. fig. Amst. 1732.

394. Venus Physique & Anti-physique, in-12. 1745.

395. Traité des Eunuques, in-12. 1707.

396. Essai sur les Maladies des Dents, par Bunon, in-12. Paris 1743.

397. Expériences & Démonstrations sur les Maladies des Dents, par M. Bunon, in-12. Paris 1746.

398. Soins faciles pour la propreté de la Bouche, par M. Bourdet, in-24. Paris 1759.

D

399. Dictionnaire Universel des Drogues simples, par l'Emery, *in-4. fig. Paris* 1733.

400. Pharmacopée universelle de l'Emery, *in-4. Paris* 1738.

401. Spadacrene ou Dissertation physique sur les Eaux de Spa, *in-12. la Haye* 1739.

402. Recherches sur les vertus de l'Eau de Goudron, traduit de l'Anglois, *in-12. Amst.* 1745.

403. Dissertation sur l'incertitude des signes de la mort, 2 vol. *in-12. Paris* 1742.

404. Lettres sur la certitude des signes de la mort, *in-12. Paris* 1752.

Mathématiques.

405. M. Lud. Henr. Hilleri Mysterium Artis Steganogtaphicæ, *in-8. Ulmæ* 1682, *parch.*

406. Les Elémens d'Euclide, par le P. Deschalles, *in-12. Paris* 1730.

407. Christiani Wolfii Elementa Matheseos, 2 vol. *in-4. Magdeburgi* 1713.

408. Calculs tout faits par de Mesange, *in-12. Paris* 1757.

409. Pratique générale & méthodique des Changes Etrangers, par Irson, *in-4. Paris* 1696.

410. Almanach de la Loterie de l'Ecole Royale Militaire, *in-24. fig. Amst.* 1759.

411. Elémens de Géométrie, par de Malezieu, *in-8. Paris* 1729.

412. Elémens de Géométrie, par Clairaut, *in-8. Paris* 1741.

413. Analyse des infiniment petits, par le Marquis de l'Hôpital, *in-4. Paris* 1706.

414. La Science du Calcul, par le P. Raynauld, *in-4. Paris* 1714.

415. La Trigonométrie Rectiligne, par Wlac, *in-8. Paris* 1720.

416. La Statique ou la Science des forces mouvantes, par le P. Ignace-Gaft. de Pardies , *in - 12. Paris* 1690.

417. Le Maftigophore ou Précurfeur du Zodiaque, traduit du Latin par Victor Grevé , *in-8.* 1609.

418. Mefure des trois premiers dégrés du Méridien, par de la Condamine, *in-4. Paris* 1751.

419. Les Prophéties de Michel Noftradamus , *in-24. Avignon* 1731.

420. Maupertuifiana, 2 vol. *in-8. Hambourg* 1753.

Mufique.

421. Hiftoire du Théâtre de l'Académie Royale de Mufique en France, *in-8. Paris* 1757.

422. Réglement pour l'Opera de Paris, *in-12.* 1743.

423. Recueil de différens Opera, & de Mufique, 46 vol. *in-fol.*

424. Recueil de Chanfonnettes de différens Auteurs, à 2 parties, 2 vol. *in12. Paris* 1675.

425. Nouveau Recueil de Chanfons choifies, 8 vol. *in-12. la Haye* 1731.

426. Chanfons choifies de Coulange, *in - 12. Paris* 1754.

Les Arts.

427. Les Beaux-Arts réduits à un même principe, par M. l'Abbé le Batteux, *in-8. Paris* 1746.

428. Dictionnaire portatif des Beaux-Arts, par M. la Combe, *in-8. Paris* 1752.

429. Icones Artium, *in-12. fig.*

430. L'Art de la Verrerie de Neri, Merret & Kunckel, *in-4. fig. Paris* 1752.

431. Réflexions fur quelques caufes de l'état préfent de la Peinture en France, *in-12. la Haye* 1747.

432. Le grand Cabinet des Tableaux de l'Archiduc Léopold-Guillaume, *in-fol. fig. Amft.* 1755.

433. Recueil d'Eſtampes d'après les Tableaux des Peintres les plus célebres, qui ſont dans le Cabinet de M. Boyer d'Aguilles, grand *in-fol. Paris* Mariette, 1744, *d. ſ. tr. premieres épreuves.*

434. Recueil d'Eſtampes du Cabinet du Roi, ſçavoir les Batailles d'Alexandre, grand *in-fol.*

— Vues de Vandermeulen.

— Mémoire pour l'Hiſtoire des Plantes.

— Vues des Maiſons Royales & des Villes.

— Courſes de Têtes & de Bagues.

— Tapiſſeries & Conquêtes.

— Les quatre Elémens & les quatre Saiſons.

— Tableaux du Cabinet du Roi, Statues & Buſtes antiques.

— Plans, Vues & Ornemens de Verſailles.

— Fêtes de Verſailles. *Le tout formant* 10 *vol. in-fol.*

435. Recueil d'Eſtampes d'après les plus beaux Tableaux & les plus beaux Deſſins qui ſont en France, dans le Cabinet du Roi, &c. 2 vol. grand *in-fol.* Imprimerie Royale 1729, *d. ſ. tr. prem. épreuves.*

436. Recueil de divers Morceaux gravés d'après pluſieurs Tableaux, dont on a fait choix dans les fameux Cabinets de S. M. le Roi de Dannemark, exécutés par le Bas, grand *in-fol.* 1746.

437. Recueil de Statues & Groupes, repréſentés en figures, données par Perrier, *in-fol. m. r.*

438. Livre de divers Payſages, mis en lumiere par Mariette & gravés par Perelle, *in-4. obl.*

439. Architecture de Palladio, *in-fol.* 2 tomes en 1 vol. *fig. la Haye* 1726.

440. Architecture moderne, ou l'Art de bien bâtir, 2 vol. *in-4. fig. Paris* 1728.

441. De la Diſtribution des Maiſons de plaiſance, & de la Décoration des Edifices, par Blondel, 2 vol. *in-4. fig. Paris* 1737.

442. Dictionnaire Militaire, 3 vol. *in-12. Paris* 1745.

443. Cours de la Science Militaire , par Bardet de Villeneuve, 7 vol. *in-8. fig. la Haye* 1740.

444. La nouvelle Méthode de dreſſer les Chevaux, par le Prince & Comte de Newcaſtle , *in-fol. gr. pap. fig. Anvers* 1658.

445. Amuſemens de la Chaſſe & de la Pêche, 2 vol. *in-12. fig. Amſt.* 1743.

446. L'Encyclopédie Perruquiere , par Beaumont , *in-12. fig. Paris* 1757.

447. Eſſai ſur le Jeu des Echecs, par Stamma, *in-18, Paris* 1737.

BELLES-LETTRES.

Grammaires & Dictionnaires.

448. TRAITÉ de la formation méchanique des Langues, 2 vol. *in-12. Paris* 1765 , *br.*

449. J. A. Comenii Janua-Linguarum reſerata , *in-12. Amſtel.* Elzev. 1665.

450. Introduction à la Syntaxe Latine , par Clarke, *in-12. Paris* 1754.

451. Les Principes de la Langue Latine, mis dans un ordre plus clair, *in-12. Paris* 1754.

452. Indiculus univerſalis, Fr. Pomey, *in-12. Paris* 1756.

453. Selecta Latini Sermonis Exemplaria e Scriptor. Select. 6 vol. *in-12. Paris* 1753 , *parch.*

—— Le même Ouvrage traduit en François, 6 vol. *in-12. Paris* 1754, *parch.*

454. Vocabulaire univerſel, Latin & François, *in-12. Paris* 1754.

455. Gradus ad Parnaſſum ſive , N. Synonimorum Theſaurus, *in-8. Pariſ.* 1722.

456. Principes Généraux & Raiſonnés de la Grammaire Françoiſe par Reſtaut, *in-12. Paris* 1740.

457. Les vrais Principes de la Langue Françoise, 2 vol. *in-12. Paris* 1747.

458. Observations de Ménage sur la Langue Françoise, 2 vol. *in-12. Paris* 1675.

459. Traité de la Prosodie Françoise, par l'Abbé d'Olivet, *in-12. Paris* 1736.

460. Des Mots à la mode, & des Nouvelles façons de parler, *in-12. Paris* 1692.

461. Le Petit Apparat Royal, ou Dictionnaire François-Latin, *in-8. Mantes* 1737.

462. Essai d'un Dictionnaire Universel, par Antoine Furetiere, *in-12. Amst.* 1687, *v. f.*

463. Dictionnaire Universel de Furetiere, 2 vol. *in-fol. la Haye* 1701.

464. Nouveau Recueil des Factums du Procès de Furetiere, 2 vol. *in-12. Amst.* 1694.

465. Dictionnaire Universel François & Latin, vulgairement appellé de Trévoux, 7 vol. *in-fol. Paris* 1743 & *suiv.*

466. Dictionnaire François, par Richelet, *in-4.* 2 vol. *Geneve* 1690.

467. Dictionnaire des Rimes, par Richelet, *in-8. Paris* 1751.

468. Dictionnaire de l'Académie Françoise, 2 vol. *in-fol. Paris* 1762.

469. Dictionnaire des Proverbes François, *in-12. Paris* 1749.

470. Manuel Lexique, ou Dictionnaire portatif des mots François, *in-8. Paris* 1750.

471. Dictionnaire Comique, Satyrique, Critique, de le Roux, *in-8. Amst.* 1750.

472. Dictionnaire Néologique à l'usage des beaux Esprits, *in-12. Amst.* 1728.

473. Synonimes François, par l'Abbé Girard, 2 vol. *in-12. Paris* 1759.

474. Le coup d'œil des Dictionnaires François, *in-12. Paris* 1748.

475. Ragguali di Parnaſſo del Signor Trajano Bocca-
lini, 2 vol. *in-12. Amſterd.* 1669.

476. Le Maître Italien, par Vénéroni, *in-12. Paris*
1726.

477. Grammaire Italienne & Françoiſe, de l'Abbé
Antonini, *in-12. Lyon,* 1763.

478. Secrétaire Eſpagnol enſeignant la maniere d'écrire
les Lettres, par Sobrino, Eſpagnol & François, *in-12.*
Bruxelles 1720.

479. Nouvelle Grammaire Eſpagnole & Françoiſe, par
Sobrino, *in-12. Bruxelles,* 1703.

480. Nouvelle Grammaire Angloiſe, par Lavry, *in-12.*
Paris 1752.

481. Nouvelle Grammaire Anglioſe, par Lavery, *in-12.*
Paris 1752.

482. Dictionnaire Anglois & François, par Boyer,
2 vol. *in-4. Londres* 1753.

483. Nouvelle Grammaire Angloiſe, par Robinet,
in-12. Amſterd. 1765.

Rhétorique.

484. M. Tullii Ciceronis Opera, accurante C. Schre-
velio, *in-4. Elzev.* 1661.

485. Traduction du Traité de l'Orateur de Ciceron,
par l'Abbé Colin, *in-12. Paris* 1737.

486. Les Offices de Ciceron, traduits par Dubois,
in-12. Paris 1704.

487. Penſées de Ciceron, par l'Abbé d'Olivet, *in-12.*
Paris 1744.

488. Les Livres de Ciceron, de la Vieilleſſe & de
l'Amitié, traduits par Dubois, *in-12. Paris* 1708.

489. Les Lettres de Ciceron à Atticus, par l'Abbé
de Saint-Réal, 2 vol. *in-12. Paris* 1701.

490. Lettres de Ciceron à Atticus, avec des Remarques de l'Abbé de Montgault, 6 vol. *in-12. Paris*
1714.

491. Lettres de Ciceron à Brutus, *in-12. Paris* 1744.

492. Lettres de Ciceron à ſes Amis, traduites par Dubois, 4 vol. *in-12. Paris* 1764.

493. Lettres familieres de Ciceron, 3 vol. *in-12. Paris,* 1745.

494. Panégyrique de Trajan, par Pline le jeune, traduit par de Sacy, *in-12. Paris* 1709.

495. Panégyrique de Trajan, par Pline le jeune, *in-12. Paris* 1722.

496. Joſephi Juvencii Orationes, *in-12. Paris* 1714.

497. Ægid. Xaverii de la Sante Orationes, 2 vol. *in-12. Lut. Pariſ.* 1741.

498. Joannis Paſſeratii Orationes & Præfationes, *in-12. Pariſiis* 1606.

499. Recueil d'Oraiſons funèbres prononcées par Boſſuet, *in-12. Paris* 1754.

500. Recueil d'Oraiſons funèbres prononcées par Fléchier, *in-12. Paris* 1749.

501. Recueil d'Oraiſons funèbres prononcées par Maſcaron, *in-12. Paris* 1745.

Poëtes Grecs, Latins, anciens & modernes.

502. Regles de Poétique, par Gaullier, *in-12. Paris* 1728.

503. Homeri Opera gr. cum interpretatione Latina, 2 vol. *in-12. Lond.* Tonſon, 1722, *v. f.*

504. L'Homere Traveſti, ou l'Illiade en vers burleſques, 2 vol. *in-12. Paris* 1716.

505. Le Théâtre des Grecs du P. Brumoy, 3 vol. *in-4. gr. pap. Paris* 1730, *m. r.*

506. Marci Accii Plauti Comœdiæ, 3 vol. *in-12. Pariſ.* Barbou, 1759, *v.* 3 *f. d. ſ. t.*

507. Comédies de Plaute, traduites en François, avec des Remarques de Mademoiſelle le Fevre, 3 vol. *in-12. Paris* 1683.

508. P. Terentii afri Comœdiæ ſex, *in-8. Glaſgua* 1742, *m. bl.*

509. P. Terenti afri Comœdiæ fex. 2 vol. *in-12. Lut.
Par.* 1753, *v.* 3. *f. d. f. t.*

510. Les Comédies de Terence, traduites en François,
avec des Remarques de Madame Dacier, 3 vol.
in-12. Paris 1688.

511. Titi Lucretii Cari de rerum natura libri 6, *in-12.
Lut. Parif.* Couftellier, 1744.

512. Catullus, Tibullus, & Propertius accedunt frag-
menta Cornelio Gallo infcripta, *in-12. Lugduni Bat.*
1743.

513. Publ. Virgilii Maronis opera, *in-fol.* Typ. Reg.
v. f. 1641.

514. P. Virgilii Maronis opera ad ufum, Delphini
cum notis Ruæi, *in-4. Parif.* 1675.

515. Publii Virgilii Maronis opera, 3 vol. *in-12. Parifiis* Couftellier, *v. m.* 3. *f. d. f. t.*

516. Œuvres de Virgile, traduites avec des Notes du
P. Catro, 2 vol. *in-12. Paris* 1716.

517. Œuvres de Virgile traduites en François, avec
des Remarques de l'Abbé Desfontaines, 4 vol.
in-8. fig. gr. p. Paris 1743.

518. Horatius Antonii Mureti, & in eum fcholia,
in-12. Venetiis Aldus 1561.

519. Quinti Horatii Flacci opera cum interpret. Lud.
Defprez, ad ufum Delphini, *in-4. Parif.* 1691.

520. Quinti Horatii Flacci opera, 2 vol. *in-8. fig. Lond.*
Incidit Joan. Pine 1733, *m. bl.*

521. Quinti Horatii Flacci carmina, accurante Steph.
And. Philippe, *in-12. Lut. Par.* 1746.

522. Les Poéfies d'Horace, par le P. Sanadon, 2 vol.
in-4. Paris 1728.

523. P. Ovidii Nafonis opera, 3 vol. *in-12. Parif.* 1762,
v. g. m. 3 *f. d. f. t.*

524. Métamorphofes d'Ovide, en fig. 2 vol. *in-12.
obl. v. br.*

525. Les Métamorphofes d'Ovide, traduites en Fran-

çois par du Ryer, 3 vol. *in-12. fig. Paris* 1704.

525 *. Les mêmes, avec des Explications de l'Abbé Banier, 3 vol. *in-12. fig. Amst.* 1732.

526. Les Métamorphoses d'Ovide en Latin & en François, avec des Remarques de l'Abbé Banier, & Figures de B. Picard, *in-fol. Amst.* 1732, *m. cit.*

527. Phædri Augusti liberti fabularum Æsopiarum libri V. *in-12. Parisiis*, Coutellier 1742.

528. L. Annæi Senecæ Traged. cum notis Farnabii, *in-12. Amstel.* 1678.

529. M. Annæi Lucani Pharsalia cum notis Hugonis Grotii, *in-12. Amstel.* 1643.

530. Decii Junii Juvenalis Satyræ, cum notis Jos. Juvencii, *in-12. Parisiis* 1700.

531. Decii Junii Juvenalis Satyrarum libri V. ex Recognitione Steph. And. Philippe, *in-12. Lut. Paris.* 1747.

532. Traduction des Satyres de Perse & Juvenal, par le P. Tarteron, *in-12. Paris* 1714.

533. M. Val. Martialis Epigrammata, *in-12. Parisiis* 1693.

534. M. Valerii Martialis Epigrammata, 2 vol. *in-12. Paris.* 1754, *v. gr. m.* 3 *f. d. s. t.*

535. Opus Merlini Cocaii Poetæ, Mantuani Macaronicorum, 2 vol. *in-12. Venetiis* 1613.

536. Histoire Macaronique de Merlin Coccaie, 2 vol. *in-12.* 1730.

537. Theodori Bezæ Vezelii Poemata, *in-12. Lugd. Bat.* 1757, *v. f.* 3 *f. d. s. t.*

538. Marcelli Palingenii Zodiacus vitæ, *in-12. Rotterodami* 1722, *m. r.*

539. Antonius de Arena Provençalis de Bragardissima Villa de Soleriis, *in-12. Londini* 1758.

540. Gabrielis Faerni fabulæ centum, *in-4. Londini* 1743.

541. Joan. Oweni Epigrammata, *in-24. Amst.* 1662, *m. r.*

542. Cl. Quilleti Callipædia, *in-8. Londini* 1709.

543. Sarcotis Carmen Auct. Jacobo Maſenio cura & ſtudio J. Dinouar, *in-12. Colon. Agrip.* 1757.

544. Petri Dan. Huetii Carmina, *in-12. Pariſiis* 1729.

545. Franciſci Plante Mauritiados, Libri XII. *in-fol.* *fig. Lug. Bat.* 1647.

546. Ægidii Menagii Poemata, *in-8. Pariſiis* 1658.

547. Sidronii Hoſchii Elegiarum Libri VI. 2 vol. *in-12.* *Pariſ.* 1723.

548. Natalis Stephani Sanadonis Carmina, *in-12.* *Pariſ.* 1715.

549. Pœmata didaſcalica, 3 vol. *in-12. Pariſiis* 1749.

550. Caroli Ruæi Carmina, *in-4. Lut. Pariſ.* 1680.

551. Muſæ Rhetorices ſeu Carminum, Libri ſex ab Egid. Xaverio de la Sante, 2 vol. *in-12. Lut. Pariſ.* 1745.

552. Car. Porée Orationes, 2 vol. *in-12. Pariſiis* 1735.

—— Ejuſdem Fabulæ Dramaticæ, *in-12. Pariſiis* 1749.

—— Ejuſdem Tragediæ, *in-12. Lut. Pariſ.* 1745.

553. Joan. Commirii Carmina, 2 vol. *in-12. Lut.* *Pariſ.* 1753.

554. Joan. Antonii du Cerceau Carmina, *in-12. Pariſ.* 1705.

555. Antilucretius, ſive de Deo & natura Libri IX. *in-8. Pariſiis* 1747, *m. r.*

556. Les Œuvres de Coffin, 2 vol. *in-12. Paris* 1755.

557. Franciſci Joſ. Desbillons, Fabul. Æſop. Libri V. *in-12. Paris* Barbou, 1759, *d. ſ. t.*

558. Epigrammatum delectus, *in-12. Pariſ.* 1659.

Poëtes François.

559. Œuvres de Clément Marot, 4 vol. *in-4. g. p.* la Haye 1731, *m. bl.*

560. Repues franches de Villon, *in-24.* Goth. *v. ec.*

561. Satyres & autres Œuvres de Regnier, *in-4. gr. p.* Londres 1733, *m. r.*

562. Recueil des Poëtes de Couftellier, 7 vol. *in-12.* Paris 1724, *v. b.*

563. Les Poéfies de Malherbe, avec des Obfervations de Ménage, *in-12. Paris* 1689.

564. Œuvres de François de Malherbe, 3 vol. *in-12. Paris* 1723.

565. Œuvres Poétiques de Mellin de S. Gelais, *in-12. Paris* 1719.

566. Œuvres du Sieur de Saint-Amant, *in-12. Paris* 1661.

567. L'Efpadon fatyrique de Claude d'Efternod, & autres Pieces, *in-24. v. ec.* 3 *f.*

568. Œuvres Satyriques du fieur de Courval-fonnet, *in-8. Paris* 1622, *parch.*

569. Le Vilebrequin de Mᵉ Adam, *in-12. Paris* 1663.

570. Œuvres de Pafferat, *in-12. Bruxelles* 1695.

571. Œuvres de Honorat de Beuil, Chev. de Racan, 2 vol. *in-12. Paris* 1724.

572. La Lyre du jeune Apollon, ou la Mufe naiffante du Petit de Beauchâteau, *in-4. Paris* 1657.

573. Œuvres de Boileau Defpréaux, 2 vol. *in-fol. fig.* la Haye 1729, *m. r.*

574. Poéfies de la Fontaine, 2 vol. *in-12. Amft.* 1731, *v. f.*

574 *. Les mêmes, 2. vol. *in-12. Londres* 1743, *m. r.*

574 **. Les mêmes, *in-8. Amft. fig.* 1685.

575. Poéfies nouvelles de la Monnoye, *in-12.* la Haye 1745.

576. Œuvres choisies de la Monnoye , 2 vol. *in-4.*
Paris 1769 , *br.*
577. Œuvres de Bensserade, 2 vol. *in-12. Paris 1697.*
578. Œuvres de Montreuil, *in-12. Paris 1666.*
579. Œuvres mêlées de la Grange, *in-12. la Haye*
1724, *m. bl.*
580. Œuvres de Pradon, *in-12. Paris 1700.*
581. Le Virgile Travesti de Scarron, 2 vol. *in-12.*
Paris 1695.
582. Poésies de Lainez, *in-8. la Haye 1753.*
583. Œuvres diverses de Vergier, 2 vol. *in-12. Amst.*
1743.
584. Recueil de Pieces Galantes de Madame de la
Suze , 5 vol. *in-12. Trévoux 1741.*
585. Poésies Galantes de Madame de Sainctonge ,
in-12. Paris 1696.
586. Poësies de Madame des Houlieres , *in-8.* 2 vol.
Paris 1740.
387. Madrigaux de la Sabliere , *in-18. Paris 1758.*
588. Recueil de Poësies , par Mlle de S. Ph. ***, *in-12.*
Amsterd. 1751.
589. Le Conseil de Momus, & la revue de son regiment,
Poëme Calotin , *in-8.*
590. De l'Amitié , Poëme satyrique contre les faux
amis , *in-8. Paris 1697.*
591. Œuvres & Poësies diverses de l'Abbé de Chaulieu,
in-8. 2 vol. en un. *Amst.* 1740.
592. Poësies Françoises de l'Abbé Regnier des Ma-
rais. *in-12. Londres 1758.*
593. Œuvres de Pavillon , *in-12. Paris 1720.*
594. Œuvres Poëtiques du P. le Moine , *in - fol. Paris*
1672.
595. Œuvres de Rousseau , 3 vol. *in-12. Rott. 1712.*
596. Porte-feuille de J. B. Rousseau, 2 vol. *in - 12.*
Amst. 1751.
597. Œuvres Diverses de J. B. Rousseau , 4 vol. *in-12.*
Amst. 1729. *v. f.*

598. Œuvres de J. B. Rousseau, 3 vol. *in*-4. *gr. pap.* *Brux.* 1743.

599. Le Vice puni, ou Cartouche, Poëme *in* - 8. *fig.* *Paris* 1726. *parch.*

600. La Religion, Poëme, par Racine, *in* - 8. *Paris* 1742.

601. Œuvres Diverses de Roi, 2 tom. en un vol. *in*-8. *Paris* 1727.

602. La Henriade, Poëme, par M. de Voltaire, *in*-8. *Londres* 1738.

603. Œuvres de M. de Voltaire, 17 vol. *in*-8. *Genève* 1756 & *suiv.*

603 * Les mêmes 5 vol. *in*-12. *fig. Amst.* 1740.

603 ** Les mêmes 11 vol. *in*-12. *Paris* 1751.

604. Œuvres Diverses de M. d'Arnauld, 3 vol. *in*-12. *Berlin* 1751.

605. Le Paradis Terrestre, Poëme, *in*-8. *fig. Londres* 1748.

606. Recueil des Œuvres de Mad. du Bocage, 3 vol. *in*-8. *Lyon* 1770. *br.*

607. Œuvres de M. le Franc, *in*-8. *Paris* 1746.

608. ....

609. Poësies de M. l'Abbé de l'Attaignant, 4 vol. *in*-12. *Londres* 1758.

610. Poësies Variées de M. de Coulanges, *in*-12. *Paris* 1753.

611. Œuvres Diverses de M. Dulard, 2 vol. *in* · 12. *Amst.* 1758.

612. Poësies Diverses de M. Cocquard, 2 vol. *in*-12. *Dijon* 1754.

613. Œuvres de M. Gresset, 2 tom. en 1 vol. *in*-12. *Genève* 1744.

614. Œuvres Mêlées de M. le C.D.B. *in*-12. *Gen.* 1753.

615. Œuvres du Philosophe de Sans-souci, 2 vol. *in* - 8. *Berlin* 1750.

616. Œuvres du Philosophe de Sans-souci, *in-12. Post-dam* 1760.

617. L'Art de Peindre , par M. Watelet, *in - 4. fig. Paris* 1760.

618. Recueil de Vers choisis , *in-12. Paris* 1693.

619. Recueil de Pièces choisies tant en Prose qu'en Vers, 2 vol. *in-12 La Haye* 1714.

620. Nouveau Choix de Pièces de Poësies, 2 vol. *in-12. La Haye* 1715.

621. Choix de Poësies Morales & Chrétiennes, 2 tom. en 1 vol. *in-12. Paris* 1739.

622. Recueil du Parnasse , ou Nouveau Choix de Pièces fugitives 2 tom. en 1 vol. *in-12. Paris* 1743.

623. Bibliothéque Poëtique , 4 vol. *in-4. Paris* 1745.

624. Pièces de Poësies qui ont remporté le prix de l'Académie Fr. depuis 1671 jusqu'en 1747 , *in-8 Paris* 1747.

625. Le Trésor du Parnasse , ou le plus joli des Recueils, 2 vol. *in-12. Londres* 1762.

626. Anthologie Françoise ou choix de Chansons, par M. Monnet, 3 vol. *in-8.* 1765. *br.*

Auteurs Dramatiques.

627. Recherches sur les Théâtres de France, par de Beauchamp, 3 vol. *in-8. Paris* 1735.

628. Histoire du Théâtre François, depuis son origine jusqu'à présent, 15 vol. *in-12. Paris* 1745.

629. Dictionnaire des Théâtres de Paris , Parfait, 7 vol. *in-12. Paris* 1756.

630. Tablettes Dramatiques , par le Chevalier de Mouhi, *in - 8. Paris* 1752.

631. Dictionnaire portatif des Théâtres, *in-8. Paris* 1754.

632. Lettres de M. Desprez de B*** sur les Spectacles, 2 vol. *in-12. Paris* 1771. *v. éc. d. f. tr.*

633. J. J. Rousseau, à M. d'Alembert, sur son article. *Genève. in-8. Amst.* 1758.

634. Theâtre de P. & Th. Corneille , 11 vol. *in-12. Paris* 1738.

635. Œuvres de Racine, 2 vol. *in-12. fig. Paris* 1713.

636. Œuvres de Racine, 2 vol. *in-12. fig. Paris* 1741.

637. Remarques sur les Tragédies de J. Racine, par L. Racine 3 vol. *in-12. Amst.* 1752.

638. Œuvres de Moliere, 6 vol. *in-4. fig. Paris* 1734. *mar. r.*

639. Œuvres de Moliere, 8 vol. *in-12 . Paris* 1697.

640. Œuvres de Campiftron, 3 vol. *in - 12. Paris* 1750.

641. Œuvres de Théâtre de Dancourt , 8 vol. *in-12. Paris* 1742.

642. Théâtre de MM. de Montfleuri pere & fils 3 vol. *in-12. Paris* 1739.

643. Thâtre de Bourfault, 3 vol. *in-12. Par.* 1746.

644. Œuvres de Champ-meflé , 2 vol. *in-12. Paris* 1742.

645. Œuvres de Poiffon pere , 2 vol. *in-12. Paris* 1741.

645 * Œuvres de Poiffon fils, 2 vol. *in - 12. Paris* 1743.

646. Œuvres de Riviere Dufrefny , 4 vol. *in - 12. Paris* 1747.

647. Œuvres de Théâtre de Bruys , 3 vol. *in - 12. Paris* 1735.

648. Œuvres de Palaprat , *in-12. Paris* 1735.

649. Théâtre de Fagan, 4 vol. *in-12. Paris* 1760.

650. Œuvres de Théâtre de Hauteroche, 3 vol. *in-12. Paris* 1742.

651. Théâtre de M. le Grand, 4 vol. *in - 12. Paris* 1742.

652. Théâtre de Danchet, 4 vol. *in-8. Paris* 1751.

653. Théâtre de Baron , 2 vol. *in-12. Paris* 1742.

Le

653 * Le même, 2 vol. *in*-12. *Paris* 1736.
654. Œuvres de la Fosse, *in*-12. *Paris* 1719.
655. Recueil des Pièces mises au Théâtre Fr. par le Sage ; *in*-12. 2 vol. *Paris* 1739.
656. Théâtre de la Thuillerie, *in*-12. *Amsterdam*, 1745.
657. Œuvres Diverses de M. de la Grange Chancel, 3 vol. *in*-12. *Paris* 1742.
658. Œuvres de Boindin, 2 vol. *in*-12. *Paris* 1753.
659. Œuvres de Thâtre de la Chaussée, 3 vol. *in*-12. *Paris* 1752.
660. Œuvres de Autreau, 4 vol. *in*-12. *Paris* 1749.
661. Œuvres de Théâtre M. Destouches, 8 vol. *in*-12. *Paris* 1745.
662. Œuvres de Crébillon, 2 vol. *in*-12. *Paris* 1743.
663. Œuvres d'Alexis Piron, 3 vol. *in*-12. *fig. Paris* 1758.
664. La Mérope Françoise avec quelques Pièces de Littérature, *in*-8. *Paris* 1744.
665. Œdipe, Tragédie, par M. de Voltaire *in*-8. *Paris* 1719.
666. Histoire de l'Ancien Théâtre Italien, depuis son origine, *in*-12. *Paris* 1753.
667. Théâtre Italien de Gherardi, 6 vol. *in*-12. *Paris* 1741.
668. Le Nouveau Théâtre Italien, 9 vol. *in*-12. *Paris* 1733.
669. Le Théâtre de la Foire, ou l'Opéra-Comique, par MM. le Sage & d'Orneval ; 10 vol. *in*-12. *Paris* 1737.
670. Théâtre des Boulevards ou Recueil de Parades, 3. vol. *in*-12. *Mahon* 1756.
671. Nouveaux Choix de Pièces ou Théâtre Comique de Province, *in*-12. *Amst.* 1758.

Poëtes Provençaux, Italiens, Anglois & Allemands.

672. Las Obros de Pierre Goudelin, *in-*12. *Toulouse* 1713.

673. La Jerusalem Liberata di Torquato Tasso, *fol. fig. Venezia* 1745. *m. v.*

674. L'Ariofte Moderne ou Roland le Furieux, 4 vol. *in-*12. *Paris* 1685.

675. Opere di Dante, 4 vol. *in-*4. *fig. gr. pap. in Venezia*, 1758. *dor. f. tr. 3 fil.*

676. Le Rime di Petrarca, per Lodovico Caftelvetro, 2 vol. *in-*4. *gr. pap. in Venezia*, *dor. f. tr. 3 f.*

677. Opere di Monfignor Giovanni della Cafa, 4 vol. *in-*4. *Venezia* 1738.

678. Opere Poetiche del Cavalier Guarini, *in - *24. *Milano*, 1600. *parch.*

679. Le Berger Fidel, *trad. de l'Italien*, *in-*24. *Cologne* 1677.

680. Opere del Cavalier Guarini, 4 vol. *in-*4. *in Verona* 1737.

681. Di Tito Lucrezio Caro della natura delle cofe lib. 6 tradotti da Alef. Marchetti, 2 vol. *in-*8. *fig. Amft.* 1754. *m. b. dent.*

682. Opere Burlech. di M. Franc. Berni, 3 vol. *in-*12. 1726 *vel.*

683. Opere del Sig. Conte Don Fulvio Tefti, *in-*24. *Venezia* 1644. *parch.*

684. Idée de la Poéfie Angloife, par l'Abbé Yart, 8 vol. *in-*12. *Paris* 1753.

685. Poéfie del Signor Abate Pietro Metaftafio, 9 vol. *in-*8. *Parigi* 1755. *gr. pap. d'Hol. d. fur tr.*

686. Choix de différens morceaux de Poéfie, *trad. de l'Angl. par* Trochereau, *in-*12. *Paris* 1749.

687. Mélange de différentes Pièces de Vers & de Profe, *trad. de l'Angl.* 2 tom. en 1 vol. *in-*12. *Berlin* 1751.

688. Hudibras in three parts, *in-18. London* 1750.

689. Hudibras poeme en Angl. & en Fr. 3 vol. *in-12. Londres* 1757.

690. Paradife loft by Milton, *in-12. Glafgow* 1750.

691. Le Paradis Perdu de Milton, 4 vol. *in-12. Paris* 1765.

692. Œuvres diverfes de Pope, *in-12. Amft.* 1753.

693. Œuvres diverfes de Pope, trad. de l'Angl. 7 vol. *in-12. fig. Amft.* 1758.

694. Mifcellaneous Works of Jofeph Addifon, 3 vol. *in-12. London* 1736.

695. Les Saifons, Poëme, trad. de l'Ang. de Thompfon, *in-12. fig. Paris* 1759.

696. Prior's Poems, 3 vol. *in-12. London* 1741.

697. Mifcellany Poems, of Dryden, *in-8. London* 1702.

698. The Works of Virgile tranflat. by Dryden, 3 vol. *in-8. London* 1709.

699. Recueil de Comédies Angloifes, 8 vol. *in-12. Lond.* 1725. *en Angl.*

700. The Works of Shakefpear, 9 vol. *in-12. London* 1747.

701. Socrate, ouvrage Dramatique, traduit de l'Angl. de Tompfon, *in-12. Amft.* 1759.

702. Le Théâtre Anglois, traduit par de la Place, 8 vol. *in-12.*

703. Choix de petites Pièces du Théâtre Anglois, *in-12. Londres* 1756.

704. Lettre fur le Théâtre Anglois, 2 vol. *in-12.* 1752.

705. Satyres de Rabner, trad. de l'Allemand, 2 vol. *in-12. Paris* 1754.

706. La Mort d'Abel, Poëme, trad. de l'Allemand, *in-12. Paris* 1767.

707. Comédies Nouvelles, par M. le Baron de Bielfeld, *in-12. Berlin* 1753.

708. Le Théâtre Danois, par Louis Holberg, *in-12. Copenhague* 1746.

MYTHOLOGIE.

Fables & Nouvelles.

709. Nouv. Hift. Poëtique, compofée pour l'ufage de de Mefdames, par M. Hardion, 3 vol. *in-12. Paris* 1751.

710. Connoiffance de la Mythologie par demandes & par réponfes, *in-12. Paris* 1748.

711. Le Temple des Mufes, orné de 60 tableaux de B. Picard, *in-fol gr. pap. Amft.* 1742. *m. bl.*

712 Dictionnaire de Mythologie pour l'intelligence des Poëtes 3 vol. *in-12. Paris* 1745.

713. Fables Choifies, mifes en Vers par de la Fontaine, 2 vol. *in-12. Paris* 1743. *m. r.*

714. Fables Nouvelles, par de la Motte, *in-4. fig. Paris* 1719.

715. Recueil de Divers Fables, deffinées & gravées par George Foffati, 6 tom. en 3 vol. *in-4. fig. Ven.* 1744. *m. v.*

716. Fables, *in-12. fig. Paris* 1754.

717. Contes Orientaux, 2 vol. *in-12. fig. La Haye* 1743.

718. . . . .

719. . . . .

720. Le Cinquanta Novelle di Maffuccio *in-12.*

721. Les Contes & Difcours d'Eutrapel, 3 vol. *in-12.* 1723.

722. Les Contes ou les Nouvelles Récréations & joyeux Devis de Bonaventure des Periers, 3 vol. *in-12. Amft.* 1735.

723. Les Contes du fieur d'Ouville, 2 vol. *in-12. Amft.* 1732.

724. . . . .
. . . .

725. Le Conte du Tonneau, trad. de l'Angl. du Dr. Swift, 3 vol. *in-12. fig. La Haye* 1757.

726. Deux Contes de cette année *in-12. Amft.* 1748.

727. . . . .
. . . .

728. . . . .
. . . .

729. . . . .
. . . .

730. Nouvelles de Michel de Cervantes, 2 vol. *in-12. fig. Paris* 1713.

Romans.

731. Lettres Amufantes & Critiques fur les Romans en général, *in-12. Paris* 1743. *parch.*

732. De l'Ufage des Romans, par l'Abbé l'Englet Dufrefnoy, 2 vol. *in-12. Amft.* 1734.

733. J. Barelaii Argenis, *in-24. Amft.* 1664.

734. L'Académie Militaire ou les Héros fubalternes, *in-12.* 1745.

735. Acajou & Zirphile, Conte *in-4. fig. gr. pap.* 1744.

736. Ah quel Conte! Conte Politique & Aftronomique, 4 vol. *in-12. Brux.* 1754.

737. Les Amazones Revoltées, Roman moderne, *in-12. Rotterd.* 1738.

738. L'Ami de la Fortune ou Mém. du Marq. de Saint R***, *in-12. Lond.* 1754.

739. L'Amitié après la mort, contenant les Lettres des Morts aux Vivans, *in-12. Amft.* 1740.

740. Amours de Théagene & Chariclée, 2 vol. *in-12. fig. Paris* 1743.

741. Les Amours d'Ifmène & d'Ifménias, *in-24. La Haye* 1743.

742 . . . .

. . . .

743 . . . .

. . . .

744 . . . .

. . . .

745. Apollon Mentor , ou le Télemaque moderne, *in-*12. *Londres* 1748.

746. Les Aventures de Joseph Andrews , *in-*12. 2. vol. en 1. *Londres* 1743.

747. Aventures de Bella & de Don M***, Nouv. Efpag. *in-*12. *La Haye* 1751.

748. Les Aventures de l'infortuné Florentin , 2 tom, en 1 vol. *Amft.* 1730.

749. Aventures de Londres, 2 tom. en 1 vol. *Amft.* 1751.

750. Aventures du fieur C. le Beau , 2 vol. *in-*12. *fig. Amft.* 1738.

751. Les Aventures ou Mémoires d'Henriette Sylvie de Molière , *in-*12. *Amft.* 1733.

752. Aventures Singulieres du faux Chevalier de War-vick, *in-*12. *La Haye* 1750.

753. Le Bachelier de Salamanque, par le Sage , 2 vol. *in-*12. *fig. La Haye* 1738.

754. Les Belles Grecques ou Hiftoire des plus fameufes Courtifannes de la Grece , *in-*12. *Paris* 1712.

755. Bibi, Conte, trad. du Chinois, *in-*12. *Mazul.*

756 . . . .

757. Bibliothéque de Campagne, 6 vol. *in-*12. *Paris* 1738.

758. Bibliothéque de Cour , de Ville & de Campa-gne , 2 vol. *in-*12. *Paris* 1746.

759. Célife ou l'Amante fidelle, *in-*12. *Paris* 1713.

760. Les Confeffions de la Baronne de **, *in-*12. *Amfterd.* 1743.

761. Les Confidences réciproques, *in - 12. Bergop-zoom.*

762. La Comédienne, fille & femme de qualité, 3 vol. *in-12. Bruxelles 1756. parch.*

763. La Coquette punie, ou le Triomphe de l'innocence, *in-24. La Haye 1740.*

764. Le Courier de Pluton, *in-12. Cologne 1718, v. éc. 3. f.*

765. Le Courrier dévalifé, *in-12. Villefranche 1644.*

766. Le Danger des Paffions ou Anecdotes Syriennes, *in-12. 1757.*

767. Les Défefpérés, Hiftoire héroïque, 2 vol. *in-12. fig. Paris 1732.*

768. Le Défefpoir amoureux, avec les nouvelles Vifions de Dom Quichotte, *in-12. Amfterd. 1747.*

769. Le Diable Boiteux, par le Sage, 3 vol *in--12. fig. Paris 1756.*

770. Hiftoire de l'admirable Don Quichotte de la Manche, 6 vol. *in 12. fig. Paris 1713.*

771. Les princicales Aventures de Dom Quichotte, avec *fig.* de Coypel & Picard, fol. *La Haye 1746, m. r.*

772. Le Doyen de Killerine, 3 vol. *in-12. Paris 1741.*

773. Les Enchaînemens de l'Amour & de la Fortune, *in-12. La Haye 1748.*

774. Les Erreurs de l'Amour propre, ou Mémoires de Milord D * * *in-12. Londres 1754.*

775. L'Étourdie, ou Hiftoire de Mif. Betfy Tatleff, *in-12. Paris 1754.*

776. Les Femmes de mérite, Hiftoire Françoife, *in-12. 1759, parch.*

777. La Force de l'Exemple, par de Bibiena, *in-12. La Haye 1748.*

778. Les Freres jumeaux, Nouvelle hiftorique, *in-12. La Haye 1730.*

779. Grigri, Hiſtoire véritable , *in-12. Nanganaki* 1749.

780. Le Guerrier Philoſophe, ou Mémoires de M. le Duc de * * * 2 vol. *in-12. La Haye 1744*

781. Hénriette, traduite de l'Anglois, 2 vol. *in-12. Londres 1760.*

782. L'heureux Eſclave, *in-12. fig. Paris 1744.*

783. Les heureux Orphelins, 2. vol. *in-12. Bruxelles* 1754, *parch.*

784. Hiſtoire de D. Ranucio d'Aletes, *in-12. fig. Veniſe* 1736.

785. Hiſtoire de Gilblas de Santillanne, 4 vol. *in-12. fig. Paris* 1748.

786. Hiſtoire d'Hipolite Comte de Duglas, *in-12. fig. Paris* 1738.

787. Hiſtoire de Madame la Comteſſe des Barres, *in-12. Bruxelles* 1736.

788. Hiſtoire de la Comteſſe de Gondez, *in-12. Paris* 1725.

789. Hiſtoire de Mademoiſelle d'Atilly, *in - 12. La Haye* 1745.

790. Hiſtoire de Mademoiſelle de Salens, 2 vol. *in-12. La Haye* 1740.

791. Hiſtoire de Manon Leſcaut & du Chevalier des Grieux, *in-12. Amſterd.* 1738.

792. Hiſtoire de la Marquiſe de Terville, *in - 12. Londres* 1756.

793. Hiſtoire de Marguerite d'Anjou, par l'Abbé Prevoſt, 2 vol. *in-12. Amſt.* 1740.

794. Hiſtoire de Moncade, *in-12. Paris,* 1736.

795. Hiſtoire des imaginations extravagantes de M. Oufle, 2 vol. *in-12. fig. Paris* 1710.

796. Hiſtoire de Philippe Auguſte, 2 Tomes en 1 vol. *in-12. Paris* 1745.

797. Hiſtoire des Sevarambes, 2 vol, *in-12. fig. Amſt.* 1716.

49

798. Hiftoire du Comte de *** in - 12. *La Haye*,
    1761.

799. . . . .

800. Hift. du Vaillant Chevalier Tiran-le-blanc, 2 vol.
    in-8. Londres.

801. Hiftoires & Avantures de * * par Lettres, *in-12.*
    1744.

802. Hiftoires nouvelles & Mémoires ramaffés, *in-12,*
    Londres 1745.

803. Hiftoires ou Contes du temps paffé, par Perrault,
    in-12. fig. La Haye 1742.

804. Hiftoire politique & amoureufe du fameux Car-
    din. L. Portocarrero, in-12 , 1704.

805. Hiftoire fecrette de Bourgogne, 2 vol. *in - 12.*
    Paris 1710.

806. Hiftoire fecrette de la Reine Zarah, *in-12. Oxfort*
    1711.

807. Le Hollandois raifonnable, 3 vol. *in-24. fig. Amft.*
    1741, *m. r.*

808. L'Illuftre Malheureufe, ou la Comteffe de Janif-
    fanta, *in-12. Amft.* 1730.

809. L'Illuftre Payfan, ou Mémoires & Aventures de
    Daniel Moginié, *in-12. Lauʒanne* 1754.

810. Jeannette feconde, ou la nouvelle Payfanne par-
    venue, *in-12. Amft.* 1744.

811. Julie, ou la nouvelle Héloïfe, par J. J. Rouffeau,
    6 vol. *in-12. Amfterd.* 1761.

812. Kara Muftapha, *in-12. Amfterd.* 1750.

813. Leonille Nouvelle, par Mademoifelle **, *in-12,*
    Nancy 1755.

814. Lettres Angloifes, ou Hiftoire Mifs Clariffe Har-
    love, 12 tomes en 6 vol. *fig. Londres* 1751.

815. Nouvelles Lettres Angloifes, ou Hiftoire du Che-
    valier Grandiffon, 4 vol. *in-12. Amft.* 1755.

816. Lettres de la Marquife de ** au Comte de **,
    2 vol. *in-12.* 1732.

G

817. Lettres de Milady Juliette Catesby, *in-12.* *Amst.* 1759.

818. Lettres de Miss Fanny Butler, *in-12.* *Amst.* 1757.

819. Les Libertins en Campagne, *in-12.* 1710.

820. Les Lutins du Château de Kernosy, *in-12.* *Leyde* 1753.

821. Les Malheurs de l'Amour, *in-12.* *Amst.* 1747.

822. Le Masque de fer, ou les Aventures admirables du Pere & du Fils, *in-12.* *la Haye* 1750.

823. Le Masque, ou Anecdotes particulieres du Chevalier de **, *in-12.* *Amst.* 1750.

824. Mémoires d'Anne de Moras, Comtesse de Courbon, *in-12.* *la Haye* 1740.

825. Mémoires de Gaudentio di Lucca, 2 tomes en 1 vol. *in-12.* 1746.

826. Mémoires de la Famille & de la Vie de Madame de **, *in-12.* *la Haye* 1710.

827. Mémoires de Madame de la Guette, *in-24.* *la Haye* 1671.

828. Mémoires de Madame de Saldaigne, *in-12.* *Londres* 1745.

829. . . . .

830. Mémoires de Volari, ou l'Amour volage, *in-12.* *la Haye* 1746.

831. Mémoires de la Marquise de Fresne, *in-12,* *Amst.* 1722.

832. Mémoires de Berval, *in-12.* *Amst.* 1752.

833. Mémoires & Aventures de Monsieur, sous le nom de l'Infortuné Philope, *in-12.* fig. *Amst.* 1735.

834. Mémoires de M. du N. **, *in-24.* *Paris* 1713.

835. Mémoires d'un honnête Homme, *in-12.* *Amsterd.* 1745.

836. Mémoires & Aventures de Williams Pickle, traduits de l'Anglois, 4 tomes en 2 vol. *Amst.* 1753.

837. Mémoires & Aventures intéressantes de Cécile, revus & corrigés par M. de la Place, 4 tomes en 2 vol. *Paris* 1755.

838. Mémoires pour fervir à l'Hiftoire de Malte ,
in-12. *Amfterd.* 1741.

839. Le Militaire en folitude, ou le Philofophe Chrétien , *in-12. Paris* 1735.

840. Les mille & une Folies, Contes François, 4 vol.
in-12. *Amfterd.* 1771, *br.*

841. Les mille & une Heure , Contes Péruviens, 2 vol.
in-24. fig. *Amfterd.* 1723.

842. Les mille & un Jour, Contes Perfans, traduits par
Pétis de la Croix, 5 vol. *in-12. Paris* 1710.

843. Les mille & une Nuit, Contes Árabes, 6 vol.
in-12. Paris 1747.

844. Les mille & un Quart d'Heure, Contes Tartares,
3 vol. *in-12. Paris* 1753.

845. Milord Stanley, ou le Criminel vertueux, *in-12.*
Cadix 1747.

846. Mirza & Fatmé, Conte Indien, *in-12. la Haye*
1754.

847. Mirza-Nadir , ou Mémoires & Aventures du M.
de S. F. 2 vol. *in-12. la Haye* 1749.

848. Mital, ou Aventures incroyables, &c. *in-12.Paris*
1708.

849. Mizirida, Princeffe de Firando, 4 vol. *in-12.*
Paris 1738, *parch.*

850. Le Monde, par Adam Fitz-Adam, 2 vol. *in-12.*
Leyde 1757.

851. Neraïr & Melhoë, Conte, *in-12. Amfterd.*

852. Le Noviciat du Marquis de **, ou l'Apprentif
devenu Maître, *in-12.* 1746.

853. La Nuit & le Moment, ou les Matinées de Cythere, *in-12. Londres* 1755.

854. Oronoko , traduit de l'Anglois, *in-12. Amfterd.*
1745.

855. L'Orphéline Angloife, ou Hiftoire de Charlotte
Summers, par de la Place, 4 tomes en 2 vol. *Londres*
1751.

856. Pamela, ou la Vertu récompensée, 5 vol. *in-12.* *Londres* 1742.

856 * La même, 4 vol. *in-12.* fig. *Amst.* 1744.

857. L'Anti-Pamela, ou la fausse innocence découverte, *in-12. Amst.* 1743.

858. Pantin & Pantine, Conte, *in-12. Paris.*

859. Le Passe-Partout Galant, *in-12. Constantin.*

860. La Vie & les Aventures du Petit Pompée, Histoire Critique, traduit de l'Anglois, *in-12. Londres* 1752.

861. Le Petit Toutou, par de Bibiena, *in-12. Amst.* 1746.

862. Le Philosophe Amoureux, ou Aventures du Chevalier de K.... *in-12. la Haye* 1746.

863. Le Philosophe Anglois, ou Histoire de Cleveland, 6 vol. *in-12. Utrecht* 1741.

864. Le Philosophe malgré lui, par Chamberlan, *in-12. Amsterd.* 1760. *parch.*

865. Pinolet, ou l'Aveugle parvenu, 2 vol. *in-12. Amsterd.* 1755.

866. Les Plaisirs secrets d'Angélique, 2 vol. en 1, *in-12. Londres* 1751.

867. La Poupée, par Bibiena, 2 tomes en 1 vol. *in-12. La Haye* 1747.

868 . . . .

869. Le Prince Kouchimen, Histoire Tartare, *in-12. Paris* 1710.

870. La Princesse de Clèves, 2 tomes en 1 vol. *in-12. Paris* 1741.

871. Lettres à la Marquise *** au sujet de la Princesse de Clèves, *in-12. Paris* 1688, *v. br.*

872. Le Puits de la Vérité, histoire Gauloise, *in-12. Paris* 1688.

873. Les Récréations des Capucins, *in-24. la Haye* 1738.

874. Recueil de plusieurs Histoires secrettes & Aventures du temps, *in-12. la Haye* 1746.

875. Recueil de Romans hiftoriques, 4 vol. *in - 12.* *Londres* 1746.

876. Recueil de Romans, *in-12. la Haye* 1748.

877. La Religieufe malgré elle, Hiftoire Galante, *in-12. Amft.* 1720.

878. Reffource contre l'ennui, 2 vol. *in-12. la Haye,* 1766, *br.*

879. Rézéda, *in-12. Amfterd.* 1751.

880. ....

....

881. ....

882. Silvie, Roman, *in-8.* fig. *Londres* 1743.

883. Soirées du bois de Boulogne, 2 vol. *in-12. la Haye* 1742.

884. Le Soldat parvenu, ou Mémoires & Aventures de Verval, 2 vol. in-12. *Drefde* 1753.

885. Tarfis & Zélie, 3 vol. *in-12.* fig. *la Haye* 1720.

886. Le Nouveau Thélémaque, ou Aventures du Comte de ** & de fon fils, *in-12. la Haye* 1741.

887. ....

888. Hiftoire de Tom-Jones, traduite de l'Anglois de Fielding, 4 vol. *in-12.* fig. *Londres* 1750.

889. The Hiftorii of Tom-Jones à Foundling, 4 vol. *in-12. London* 1749.

890. Les Tours de Maître Gonin, 2 vol. *in-12. fig. Paris* 1713.

891. Le Triomphe de l'Amitié, *in-12. Londres* 1751.

892. Le véritable Ami, ou la Vie de David Simple, *in-12.* 2 vol. en 1, *Amfterd.* 1749.

893. La Veuve en puiffance de Mari, Nouvelle Tragi-Comique, *in-12. Paris* 1732.

894. Vie & Aventures furprenantes de Robinfon-Crufoë, 2. vol. *in-12.* fig. *Amfterd.* 1724.

895. La Vie de Gufman d'Alfarache, 2 vol. *in-12. fig. Paris* 1709.

896. La Vie de Don Alphonſe Blas de Lirias, *in-12.* *Amſt.* 1744.

897. La Vie de Pédrille del Campo, Roman Comique, *in-12. fig. Paris* 1718,

898. La Voiture Embourbée, *in-12. Paris* 1714.

899. La Vie & les Aventures de Joſ. Thompſon, traduites de L'Anglois, 3 vol *in-12. br. Londres* 1762.

900. Voyages & Aventures de Jacques Maſſé, *in-12. Bourdeaux* 1710.

901. Voyages & Aventures du Chevalier de **, 4 vol. *in-12. Paris* 1769, *br.*

902. Voyages & Aventures du Comte de ** & de ſon fils, 2 vol. *in-12. Amſterd.* 1745.

903. La vraie Hiſtoire Comique de Francion, 2. vol. *in-12. fig. Leyde* 1721. *v. f.*

904. Œuvres de Mad. de Ville-Dieu, 12 vol. *in-12. Paris* 1740.

Philologues , Traités des Etudes.

905. Eſſais ſur l'Hiſt. des Belles-Lettres, par Juvenel de Carlencas, 4vol. *in-12. Lyon* 1749.

906. De la maniere d'Enſeigner & d'Etudier les Belles-Lettres, par Rollin, 4 vol. *in-12. Paris* 1728.

907. Cours des Belles-Lettres diſtribué par exercices, par M. le Batteux, 2 vol.*in-12. Paris* 1747.

908. Traité ſur la maniere de lire les Auteurs avec utilité, *in-12. Paris* 1747. *parch.*

909. Eſſais Hiſt. & Philoſophiques ſur le Goût, *in-12. la Haye* 1737.

910 De la maniere de bien Penſer dans les ouvrages d'Eſprit, *in-12. Paris* 1715.

911. Penſées Ingénieuſes des Anciens & des Modernes, *in*12. *Paris* 1722.

912. Les Etudes convenables aux Demoiſelles, 2 vol. *in-12. Lille* 1749.

Critiques.

913. Mélange Critique de Littér. *in-12. Amst.* 1701.
914. Bibliothéque Françoise ou Histoire de la Litterature, par l'Abbé Goujet, 18 vol. *in-12. Paris* 1741.
915. Jugements des Sçavans, par Baillet, 9 vol. *in-12. Paris* 1685.
916. Mémoires Secrets de la Republique des Lettres, par le Marquis d'Argens, 6 vol. *in-12. la Haye* 1743.
917. Examen Critique des Ouvrages de Bayle, *in-12. Paris* 1747.
918. Testament Litteraire de Guyot, Abbé Desfontaïnes, *in-12. la Haye* 1746.
919. Voltariana, ou Eloges amphigouriques de Franç. Marie Arouet, *in-8. Paris* 1748.
920. Parallele de la Henriade & du Lutrin, avec des Réflexions, *in-12.* 1746.
921. Le Voyage du Parnasse, *in-12. Rott.* 1716.
922. Mémoires Littéraires, contenant des Réflexions, *in-12. Paris* 1750.
923. Les Cinq-Années Littéraires de M. Clément, 2 vol. *in-12. Berlin* 1755.
924. L'Observateur Littéraire, par M. l'Abbé de la Porte, 8 vol. *in-12. Paris* 1758 & 1759.
925. Observations sur la Littérature moderne, 5 vol. *in-12. Paris* 1751.
926. Opuscules de M. Freron, 3 vol. *in-12. Amst.* 1753.
927. Sentimens de Cléante sur les Entretetiens d'Ariste & d'Eugene, *in-12. Paris* 1730.
928. Essais de Critique sur les Ecrits de Rollin, *in-12. Amst.* 1740.
929. Les Trois-siécles de la Littérature Franç. par M. l'Abbé Sabbatier, 3 vol. *in-8. Amst.* 1772.
930. Réflexions Morales, Satyriques & Comiques sur les mœurs de notre siécle, *in-12. Amsterd.* 1713.

931. Mémoires Politiques, amuſans & Satyriques, 3 vol. *in-12.* 1715.

932. Mémoires pour ſervir à l'Hiſtoire de la Calotte, *in-12. Moropolis* 1735.

933. Titi Petronii Satyricon, cum Notis Varior. *in-8. Amſt.* 1669.

934. Satyre de Petrone, par de Boiſpreaux, *in-8. la Haye* 1742.

935. Traduction entiere de Petrone, 2. vol. *in-12 Cologne* 1694.

936. Joann. Barclaii, Satyricon, *in-24. Lugd. Batav.* 1637.

937. Des Satyres perſonnelles, Traité hiſtor. & crit. 2 vol. *in-12. Paris* 1689.

938. Cymbalum mundi, ou Dialogues Satyriques ſur différens ſujets, par Proſper Marchand, *in-12. Amſt.* 1732. *v. f.*

939. Le Babillard, ou le Nouveliſte Philoſophe, *in-12. Amſterd.* 1725.

940. La Bagatelle ou Diſcours ironiques de Van-Effen, *in-12. Lauz.* 1745.

941. Il Divortio Celeſte, *in-24. Villafr.* 1643.

942. Moralités Curieuſes, *in-12. Bâle* 1741.

943. Apologie pour Hérodote, avec les Remarques de le Duchat, 3 vol. *la Haye* 1735.

944. L'Eloge de la Folie, trad. du latin d'Eraſme, par Geudeville, *in-12. fig.* 1751. *v. f.* 3 *f.*

945. Laus Ululæ & Aſini Aut. Curtio Jaele, *in-24.*

Facéties & Diſſertations enjouées.

946. Les Métamorphoſes ou l'Ane d'Or d'Apulée, 2 vol. *in-12. fig. Paris* 1707.

947. Facetiæ Facetiarum, hoc eſt, Joco-ſeriorum faſciculus, *in24.* 1695.

948. Nugæ Venales, ſive Theſaurus Ridendi & Jocandi, *in-12. Londini* 1741.

949. Aresta Amorum cum Explanat. Benedicti Curti Symphoriani, *in-12. Parif.* 1544.

950. Democritus Ridens, *in-24. Colonia* 1649.

951. . . . .
. . . .

952. Della Famosissima Compagnia della Lesina, *in-12. in Milano* 1601.

953. Œuvres de Rablais, 3 vol. *in-4. fig. Amst.* 1741. *mar. bl.*

Satyres, Apologies, Défenses.

954. Les facétieuses nuits du Seigneur Straparole, 2 vol. *in-12.* 1726.

955. Contredits de Songecreux, *in - 12. Paris goth. v. éc.*

956. Les Saturnales Franç. *in-12. Paris* 1736.

957. Mémoires de l'Académie des Sciences, Inscriptions & Belles-Lettres de Troyes, *in-12. Troyes* 1756.

958. Le Chef-d'œuvre d'un Inconnu, par Matanasius, *in-12. la Haye* 1714.

959. Le Chef-d'œuvre d'un inconnu, par Chrysostôme Matanasius, 2 vol. *in-12. la Haye* 1744.

960. Histoire de Montmaur, par de Sallengre, 2 vol. *in-8. la Haye* 1715.

961. Les Aventures de d'Assoucy, 2 vol. *in-12. P.* 1677.

962. Histoire de Martinus Scriblerus, de ses Ouvrages & de ses découvertes, *in-12. Londres* 1755.

963. Recueil de ces Messieurs, *in-12. Amst.* 1745.

964. Les Manteaux, Recueil, *in-12. la Haye* 1746.

965. Les Etrennes de la Saint - Jean. *in-12. Troyes* 1751.

966. Les Ecosseuses ou les Œufs de Pâques, *in-12. Troyes* 1739.

967. Recueil de ces Dames, *in-8. Brux.* 1745.

968. La Bibliothèque des Dames, trad. de l'Anglois, 2 vol. *in-12. Amst.* 1724.

969 Voyage de Bachaumont & Chapelle , *in-12. la Haye* 1732.

970. Voyage de Paris à S. Cloud, par mer , *in-12. Paris* 1754.

971. Voyage de Mantes , ou les Vacances, *in-12. fig. Amst.* 1753.

972. Amitiés , Amours & Amourettes, par le Pais, *in-24. Amst.* 1693.

973. L'Art de plumer la Poule sans la faire crier, *in-12. Cologne* 1710.

974. Bagateles Morales, par l'Abbé Coyer, *in-12. Londres* 1754.

975. Les Chats, par de Moncrif, *in-8. Rott.* 1728.

976. Entretiens Littéraires & galants, avec les Aventures de Don Palmerin, 2 vol. *in-12. Paris* 1738.

977. Les Loisirs de Mad. de Maintenon , *in-12. Londres* 1757.

978. Mille questions & réponses sur différens sujets, par l'Abbé Bordelon, 2 vol. *in-12. Paris* 1704.

979 . . . .

980. Nouveaux Amusemens serieux & comiques, deux tomes en 1 vol. *in-12. la Haye* 1736.

981. Nouveautés dédiées à gens de différents états, 2 vol. *in-12. Paris* 1724.

982. Les Nuits Parisiennes, à l'Imitation des nuits Attiques d'Aulu-Gelle , *in-8. Londres* 1769.

983. Le Secret des Francs-Maçons, avec un Recueil de leurs Chansons, *in-12.* 1744.

984. Les Tributs de l'amour & de l'amitié, bagatelles galantes, *in-12. Cythere* 1757.

Bons Mots , Sentences , Ana.

985. Les Bigarures & Touches du Seigneur des Accords, *in-12. Paris* 1662.

986. Les Entretiens d'Ariste & d'Eugene, *in-12. Paris* 1721.

987. Mémoires Hift. Politiques Critiques & Littéraires, par Amelot de la Houffaye, 2. vol *in- 12. Amft.* 1722.

988. Nouv. Mémoires d'Hift. de Critique, de Littérature, par M. l'Abbé d'Artigny, 7 vol. *in-12. Paris* 1749.

989. Boleana, ou les Bons Mots de Boileau, avec les Poëfies de Sanleque, *in- 12. Amft.* 1742.

990. Mémoires Hiftoriques, Critiques & Littéraires de Bruys, 2 vol. *in-12. Paris* 1751.

991. Mélanges de Littérature Orientale, par M. Cardonne, 2 vol. *in-12. Paris* 1770. *br.*

992. Carpentariana ou Recueil de Penfées de Charpentier, *in-12. Paris* 1741.

993. Œuvres Mélées de Chevreau, 2 tom. en 1 vol. *in-12. la Haye* 1697.

994. Lettres de Critique, de Littérature, d'Hiftoire, par M. Cuper, *in-4. Amfter.* 1755.

995. Ducatiana, ou Remarque de le Duchat fur divers fujets, *in-12. Amfterd.* 1738.

996. L'Efprit de Fontenelle, ou Recueil de Penfes tirées de fes Ouvrages, *in-12. la Haye* 1744.

997. Recueil de différentes Pièces de Littérature, par M. L. P. D. G. *in-8. Amft.* 1758.

998. Huetiana, ou Penfées diverfes de Huet, *in-12. Paris* 1722.

999. Mélanges amufans de Saillies d'efprit, &c. par le Sage, *in-12. Paris* 1743.

1000. Longruana, ou Recueil de Penfées, de L. du Four-de-Longuerue, *in-12. Berlin* 1754.

1001. Matanafiana, ou Mémoires Littéraires, &c. du Doêteur Matanafius, 2 vol. *in-12. la Haye* 1740.

1002. Variétés ou Divers Ecrits, par T. de Saint-Hyacinthe, *in-12. Amft.* 1744.

1003. Menagiana ou les Bons-mots de Ménage, 4 vol. *in-12. Paris* 1715.

1004. Mélanges Hiftoriques & Philofophiques, par Michault, *Paris* 1754.

1005. Naudæana & Patiniana, ou Bons mots de MM. Naudé & Patin, *in-*12. *Amft.* 1703.

1006. Perroniana & Thuana, *in-*12. *Paris* 1691.

1007. Poggiana, ou Vie & Caractère de Pogge, Florentin, 2 vol. *in-*12. *Amft.* 1720.

1008. Scaligerana, ou Bons-mots de Scaliger, *in -* 12. *Cologne* 1695.

1008. * Le même, *in-*12. *Cologne* 1667.

1009. Le Je ne Sçais-quoi, par Carrier de Saint-Philippe, 2 vol. *in-*12. *Utrecht* 1730.

1010. Vafconiana, ou Recueil des Bons-mots des Gafçons, *in-*12. *Paris* 1708.

1011. Mélanges d'Hiftoire & de Littérature, par de Vigneuil-Marville, 3 vol. *in-*12. *Paris* 1700.

1012. Mémoires de l'Académie des Beiles-Lettres de Caen, *in-*8. *Caen* 1754.

1013. Mélanges de Poéfies, de Littérature & d'Hift. de l'Acad. de Montauban, *in-*8. *Mont.* 1755.

1014. Amufemens férieux & Comiques, ou Nouveau Recueil de Bons-mots, *in-*12. *la Haye* 1719.

1015. Bibliothéque Amufante & Inftructive, *in-*12. *Paris* 1753.

1016. Bibliothéque de Société, 4 vol. *in-*12. *Londres* 1771. *br.*

1917. Elite de Bons-mots & Penfées Choifies en Ana, 2 vol. *in-*18. *Amft.* 1731.

1018. Elite de Bons-mots, Penfées choifies, &c. 2 vol. *in-*12. *Amft.* 1745.

1019. Mélanges Littéraires, *in-*12. *Amft.* 1756.

1020. Nouveaux Entretiens des Jeux d'Efprit & de Mémoire, *in-*12. *Lyon* 1709.

1021. Le Paffe-tems agréable, ou Nouveau choix de Bons-mots, *in-*12. *Rott.* 1737.

1021 *. Le même, 2 vol. *in-*12. *Amft.* 1743.

1022. Recueil de Pièces d'Histoire & de Littérature,
2 vol. *in-12. Paris* 1738.

1023. Variétés Historiques, Physiques & Littéraires,
3 vol. *in-12. Paris* 1752.

1024. Variétés ingénieuses, ou Recueil de Pièces fé-
rieufes & amufantes, *in-12. Paris* 1725.

1025. Variétés Littéraires, 4 vol. *in-12. Paris* 1768.

Emblêmes.

1026. Le Imprefe Illuftri del. fig. Jeronimo Rufcelli,
in-4. fig. Venezia 1584, *parch.*

1027. Othonis Vænii, Amoris divi Emblemata, *in-4.
fig. Antverp.* 1660.

1028. Othonis Vænii Emblemata amorum, fig. *in-8.
obl. Antverp.* 1619.

1029. Recueil d'Emblêmes, *in-18. fig. v. br.*

Polygraphes.

1030. Lucien de la Traduction de Perrot d'Ablancourt, 2 vol. *in-12. Amft.* 1709, *m. r.*

1030 *. Le même, 2 vol. *in-12. Amft.* 1694.

1031. Lucien de la Traduction de Perrot d'Ablancourt,
3 vol *in-12. Paris* 1708.

1032. Les Images ou Tableaux de Platte Peinture
des deux Philoftrates, *in-fol. fig. Paris* 1637, *d. f. t.*

1033. Effais de Michel, Seigneur de Montaigne, avec
les Notes de Cofte, 3 vol. *in-4. Paris* 1725.

1034. Œuvres diverfes de la Fontaine, 3 vol. *in-12.
Paris* 1744, *m. r.*

1035. Œuvres de la Fontaine, 3 vol. *in-4. Anvers* 1726.

1036. Œuvres de la Chapelle, 2 vol *in-12. Paris* 1700.

1037. Œuvres de le Noble, 19 vol. *in - 12. Paris*
1718.

1038. Œuvres mêlées de S. Evremond, 5 vol. *in - 12.
Paris* 1697.

1039. Œuvres de S. Evremond, par des Maiſeaux, 10 vol. *in*-12. 1740.

1040. Œuvres mêlées de S. Evremond, 3 vol. *in*-4. *Londres* 1709.

1041. Diſſertation ſur les Œuvres de S. Evremond, *in*-12. *Paris* 1698.

1042. Œuvres de l'Abbé de S. Réal, 4. vol. *in*-12. *Paris* 1724.

1043. Œuvres de l'Abbé de S. Réal, 3 vol. *in*-4. *Paris* 1745.

1044. Lettres & Œuvres de Voiture, *in*-12. *Weſel* 1563, *parch.*

1045. Les Œuvres de Voiture, 2 tomes en 1 vol. *in*-12. *Paris* 1681.

1046. . . . .

1047. Œuvres du P. Rapin, 3 vol. *in*-12. *la Haye* 1725.

1048. Recueil de divers Ouvrages en Proſe & en Vers, par le Pere Brumoy, 4 vol. *in*-12. *Paris* 1741.

1049. Les nouvelles Œuvres de le Pays, *in*-24. *Amſt.* 1699.

1050. Œuvres diverſes de Peliſſon, 3 vol. *in*-12. *Paris* 1735.

1051. Œuvres de Scarron, 10 vol. *in*-12. *Amſterd.* 1707, *v. f.*

1052. Œuvres diverſes de Cyrano de Bergerac, 2 vol. *in*-12. *Paris* 1681.

1053. Recueil de différentes choſes, par De Laſſay, 4 vol. *in*-12. *Lauſanne* 1756.

1054. Œuvres mêlées en Proſe & en Vers, par le C. Hamilton, *in*-12. 1749.

1055. Œuvres mêlées du Chevalier de S. J. *in*-12. *Amſt.* 1735.

1056. Œuvres de l'Abbé de Pons, *in*-12. *Paris* 1738.

1057. Œuvres diverſes de l'Abbé Gedoyn, *in*-12. *Paris* 1745.

1058. Œuvres mêlées de Rémond de S. Mard, 3 vol. *in*-12. *la Haye* 1743.

1059. Œuvres de Houdart de la Motte, 11 vol. *in*-12. *Paris* 1754.

1060. Œuvres de Fontenelle, 8 vol. *in* - 12. *Paris* 1742, *v. f.*

1061. Œuvres diverses de Fontenelle, 3 vol. *in-fol.* *fig. la Haye* 1728, *m. r.*

1062. Œuvres mêlées de Moncrif, *in* 12. *Paris* 1743.

1063. Œuvres du Philosophe bienfaisant, 4 vol. *in*-8. *Paris* 1763, *br.*

1064. Mélanges de Littérature, d'Histoire, &c. par M. d'Alambert, 2 vol. *in*-12. *Berlin* 1753.

1064 *. Les mêmes, 4 vol. *in*-12. *Amst.* 1759.

1065. Œuvres diverses de le Franc, 2 vol. *in*-12. *Paris* 1753.

1066. Œuvres de Vadé, 4 vol. *in*-8. *Paris* 1758.

1067. Extraits des Ouvrages de Balzac, Voiture, Costar, &c. 5 vol. *in*-24. *Amst.* 1681.

1068. La Bigarure, ou Mélange curieux, instructif & amusant, 18 vol. *in*-12. *la Haye* 1749.

1069. Le Conservateur, ou Collection de Morceaux rares, 12 vol. *in*-12. *Paris* 1756.

1070. Nouveaux Amusemens du cœur & de l'esprit, 8 vol. *in*-12. *Amst.* 1741.

1071. Le nouveau Mercure Galant, commençant en Janvier 1677, jusqu'à 1760, avec tous les Extraordinaires, formant environ 800 volumes *in* - 12.

1072. Nouveaux Amusemens du cœur & de l'esprit, 15 vol. *in*-12. *Amst.* 1741.

1073. Lectures amusantes, ou les Délassemens de l'esprit, 2 vol. *in*-12. *la Haye* 1739.

1074. Les Divertissemens de Sceaux, 2 vol. *in* - 12. *Trévoux* 1712.

1075. La Fête de Chantilly, *in*-12. *Paris* 1688.

1076. Les Nuits Angloises, 4 vol. *in*-12. *Paris* 1770, *br.*

1077. Passetemps poétiques, historiques & critiques, 2 vol. *in-12. Paris* 1757.

1078. Pieces diverses, avec quelques Lettres de morale & d'amusement, *in-12. Paris* 1746.

1079. Petit Réservoir, contenant une variété de faits historiques, &c. 5 vol. *in-12. la Haye* 1750.

1080. Poliergie, ou Mélange de Littérature & de Poéfies, *in-12. Amst.* 1757.

1081. Le Porte-feuille trouvé, ou Tablettes d'un Curieux, 2 vol. *in-12. Genève* 1757.

1082. Recueil de quelques Pieces nouvelles & galantes, *in-18. Cologne* 1684.

Epistolaires.

1083. C. Plini Cæcilii fecundi Epistolæ ex recenf. Joan. Nic. Lallemand, *in-12. Lut. Parif.* Barbou, 1769.

1084. Lettres de Pline le jeune, 3 vol. *in-12. Paris* 1699.

1085. Hugonis Grotii Epistolæ ad Gallos, *in-24. Lugd. Bat.* 1648, *parch.*

1086. Epistolæ Obfcurorum Virorum, ad D. M. Ortunium Gratium, *in-12. Francofurti* 1743.

1087. Sylloge nova Epistolarum varii argumenti, 6 vol. *in-8. Norimbergæ* 1760, *br.*

1088. Les Lettres d'Héloife & d'Abaillard en Vers, par de Beauchamps, *in-12. Paris* 1737.

1089. Lettere Volgari di diverfi nobilif. Huomini in diverfe materie, *in-12. Venegia Aldus,* 1542, *parch.*

1090. Lettres de Nicolas Pafquier, 2 vol. *in-.8 Anvers* 1623.

1091. Lettres choifies de Guy Patin, 4 vol. *in-12.* 1692.

1092. Lettres choifies de Christine, Reine de Suede, *in-12. Villefranche* 1759.

1093. Lettres choifies de Balzac, *in-12. Paris* 1648.

1094.

1094. Lettres Galantes du Chevalier d'Her**. par de Fontenelle, *in-*12. *Paris* 1708.

1095. Lettres Hiſtoriques & Galantes de Madame du Noyer, 6 vol. *in-*12. *Londres* 1741.

1096. Recueil des Lettres de Madame la Marquiſe de Sévigné à Madame de Grignan, 8 vol. *in-*12. *Paris* 1738.

—— Lettres nouvelles de Madame de Sévigné à Madame de Grignan, 2 vol. *in-*12. *Paris* 1754.

1097. Lettres nouvelles de Bourſault, 3 vol. *in-*12. *Lyon* 1709.

1098. Lettres de Bayle, avec des Remarques de des Maiſeaux, 2 vol. *in-*12. *Amſt.* 1729.

1099. Nouvelles Lettres de Bayle, 2 vol. *in-*12. *la Haye* 1739.

1100. Lettres ſérieuſes & badines ſur les Ouvrages des Sçavans, 12 vol. *in-*8. *la Haye* 1740.

1101. Lettres Sémi-philoſophiques du Chevalier de **, au Comte de **, *in-*12. *Amſt.* 1757.

1102. Recueil de Lettres de J. Racine, 2 vol. *in-*12. *Amſt.* 1747.

1103. Lettres choiſies de la Riviere, 2 tomes en 1 vol. *in-*12. *Paris* 1751.

1104. Lettres du Marquis de **, en forme de Dialogues, *in-*12. 1748.

1105. Lettres de Rouſſeau ſur différens ſujets, 5 vol. *in-*12. *Geneve* 1749.

1106. Lettres ſur les Anglois, les François, & les Voyages, 2 vol. *in-*12. *Paris* 1748.

1107. Lettres de Madame du Montier à la Marquiſe de ** ſa fille, *in-*12. *Lyon* 1756.

1108. Lettres d'Amour d'une Religieuſe Portugaiſe, *in-*12. *la Haye* 1690.

1109. Lettres Perſannes, 2 vol. *in-*12. *Amſt.* 1721.

1110. Nouvelles Lettres Perſannes, traduites de l'Anglois, 2 tomes en 1 vol. *in-*12. *Londres* 1735.

1111. . . . .

1112. Lettres Moscovites, *in-12. Konisberg* 1736.

1113. Lettres d'une Péruvienne, *in-12.*

1114. Lettres Instructives sur les Erreurs du temps, 2 vol. *in-12. Lyon* 1722.

1115. Le Lettere di Pietro Aretino, *in-12. Venetia* 1539.

1116. Lettres choisies de Pope, traduites de l'Anglois, par Genet, *in-12. Paris* 1753.

1117. Lettres Historiques & Philosophiques du Comte d'Orreri, *in-12. Londres* 1753.

Dialogues.

1118. Desid. Erasmi Colloquia, *in-24. Amst.* 1644, *vel.*

HISTOIRE.

Géographie.

1119. Principes de l'Histoire pour l'Education de la Jeunesse, par l'Englet Dufresnoy, *in-12.* 6 vol. *Paris* 1736.

1120. Méthode pour étudier la Géographie, par l'Abbé l'Englet Dufresnoy, 4 vol. *in-12. fig. Paris* 1716.

1121. Géographie Universelle, par le P. Buffier, *in-12. fig. Paris* 1729.

1122. Méthode Abrégée pour apprendre la Géographie, dédiée à Mademoiselle de Crozat, *in-12. Paris* 1729.

1123. Géographie moderne abrégée, *in-12. Paris* 1748.

1124. Tablettes Géographiques pour l'intelligence des Poëtes & des Hiftoriens, 2 vol. *in*-12. *Paris* 1755, *v. 3 f. d. f. t.*

1125. Géographie Hiftorique, Eccléfiaftique & Civile, par Dom Vaiffette, 4 vol. *in*-4. *fig. Paris* 1755.

1116. Géographie moderne de Nicole de la Croix, 2 vol. *in*-12. *Paris* 1756.

1127. Inftitutions abrégées de Géographie, par Maclot, *in*-12. *Paris* 1759.

1128. La Polychrographie, en 6 part. par M. l'Abbé Expilly, *in*-8. *Avignon* 1756.

1129. La Topographie de l'Univers, par M. Expilly, 2 vol. *in*-8. *Paris* 1758, *parch.*

1130. Dictionnaire Géographique, Hiftorique, de la Martiniere, 6 vol. *in-fol. Paris* 1739.

1131. Le Petit Dictionnaire du Temps, *in*-12. *Paris* 1746.

1132. Dictionnaire Géographique portatif, par Voffgien, *in*-8. *Paris* 1748.

1133. Civitates Orbis Terrarum, 6 vol. *in-fol. fig. gr. pap. parch.*

1134. Defcription de l'Univers, par Allain Maneffon Mallet, 5 vol. *in*-8. *fig. Paris* 1683.

1135. Atlas de poche à l'ufage des Voyageurs & des Officiers, *in*-8. *obl. Amft.* 1734.

1136. Atlas Hiftorique de Geudevllle, 7 vol. *in-fol. fig. gr. pap. Amft.* 1739, *m. bl.*

1137. Atlas Univerfel, par Robert de Vaugondy, *in-fol. Paris* 1757.

Voyages.

1138. Hiftoire générale des Voyages, par l'Abbé Prevoft, 17 vol. *in*-4. *fig. Paris* 1746 *& fuiv.*

1139. Les Voyageurs modernes, ou Abrégé de plufieurs Voyages, traduits de l'Anglois, 4 vol. *in*-12. *Paris* 1760.

1140. Abrégé Chronologique, ou Hiftoire des Découvertes des Européens dans les différentes parties
du monde, 12 vol. *in-12. Paris* 1766, *br.*

1141. Voyages de Corneille le Bruyn, en Mofcovie,
Perfe & Indes Orientales, 2 vol. *fig. Amft.* 1718.

1142. Nouveau Voyage autour du monde, par Dam-
pierre, 5 vol. *in-12. fig. Rouen* 1723.

1143. Voyage fait autour du monde, par le Capitaine Woods Rogers, 3 vol. *in-12. Amft.* 1725.

1144. Voyage du Tour du monde, traduit de l'Italien
de Gemelli Careri, 6 vol. *in-12. fig. Paris* 1727.

1145. Voyage de la Motraye, en Europe, Afie &
Afrique, 2 vol. *in-fol. fig. la Haye* 1727, *v. f.*

1146. Nouveau Voyage autour du monde, 2 vol.
in-12. fig. Amft. 1728.

1147. Voyage autour du monde, par Georges An-
fon, *in-4. fig. Amft.* 1749.

1148. Voyage autour du monde, par la Frégate du
Roi la Boudeufe, 1766, 67, 68 & 69, *in-4. fig.
Paris* 1771, *br.*

1149. Relation des Voyages entrepris par ordre de
S. M. Britannique, par le Commodore Byron, 4 vol.
in-4. fig. Paris 1774, *br.*

1150. Journal d'un Voyage fait à l'Equateur, par de la
Condamine, *in-4. Paris* 1751.

1151. Journal du Voyage du Marquis de Courtan-
vaux, fur la Frégate l'Aurore, *in-4. Paris* 1768, *br.*

1152. Voyages hiftoriques de l'Europe, 7 vol. *in-12.
fig. Amft.* 1718.

1153. Mémoires Inftructifs pour un Voyageur dans
les divers Etats de l'Europe, 2 vol *in-12. fig. Amft.*
1738.

1154. Voyage en France & en Italie, traduit de l'Anglois, 4 vol. *in-12. Paris* 1763, *br.*

1155. Voyage de du Mont en France, en Italie, en
Allemagne, &c. 4 vol. *in-12. fig. la Haye* 1699.

1156. Mémoires du Baron de Pollnitz, 5 vol. *in-12.* *Londres* 1741.

1157. Andreæ Schotti Itinerarium Italiæ, *in-12.* *Amstelod.* 1655.

1158. Voyage de Suisse & d'Italie, par Burnet, *in-12.* *Rotterd.* 1690.

1159. Mémoires curieux & galants, d'un Voyage nouveau d'Italie, *in-12.* *la Haye* 1700.

1160. Nouveau Voyage d'Italie, par Misson, 4 vol. *in-12. fig. la Haye* 1702.

1161. Nouveaux Mémoires de Nodot, ou Observations faites pendant son Voyage d'Italie, 2 vol. *in-12. fig. Amst.* 1706.

1162. Voyage historique d'Italie, 2 vol. *in-12. la Haye* 1729.

1163. . . . .

1164. Voyage d'Italie, par Cochin, 2 vol. *in-12.* *Paris* 1758.

1165. Voyage d'un François en Italie, dans les années 1765 & 1766, par M. de la Lande, 8 vol. *in-12.* *Paris* 1769.

1166. Voyages de France, d'Espagne, de Portugal & d'Italie, 4 vol. *in-12. Paris* 1770, *br.*

1167. Voyage d'Espagne, curieux, historique, *in-4.* *Paris* 1690.

1168. Relation d'un Voyage d'Espagne, 3 vol. *in-12.* *Paris* 1699.

1169. Histoire de l'Isle de Corse, contenant les principaux Événemens de ce Pays, *in-12. Nanci* 1749.

1170. Iter in Moschoviam Augustini Liberi Baronis de Mayerberg, *in-fol.* 1661.

1171. Relation de plusieurs Voyages faits en Hongrie, Servie, &c. traduite de l'Anglois, *in-4. Paris* 1674.

1172. Voyages de J. Struys en Moscovie & Tartarie, *in-4. fig. Amst.* 1681.

1173. Les Voyages de J. Struys en Moſcovie, &c. 3 vol. *in-12. fig. Amſt.* 1718.

1174. Voyage en Moſcovie d'un Ambaſſadeur Conſeiller de la Chambre Impériale, *in-12. Leyde* 1688.

1175. Hiſpaniæ & Luſitaniæ Itinerarium, *in-12. fig. Amſtelod.* 1658.

1176. Voyages d'Eſpagne, contenant pluſieurs particularités de ce Royaume, *in-12. Cologne* 1667.

1177. Voyages du P. Labat en Eſpagne & Italie, 8 vol. *in-12. Paris* 1730.

1178. Relations hiſtoriques & curieuſes de voyages en Allemagne, Angleterre, &c. *in-12. Lyon* 1674.

1179. Voyage hiſtorique & politique de Suiſſe, d'Italie & d'Allemagne, 2 vol. *in-12. fig. Francfort* 1736.

1180. Remarques d'un Voyageur ſur la Hollande, l'Allemagne, &c. *in-12. la Haye* 1728.

1181. Mémoires & Obſervations faites par un Voyageur en Angleterre, *in-12. fig. Paris* 1697.

1182. Voyage en divers États d'Europe & d'Aſie, *in-4. Paris* 1692.

1183. Le Navigationi & Viaggi di Nicolo de Nicolai, *in-4. In Anverſa* 1576.

1184. Relation de divers Voyages curieux, *in-fol. fig. Paris* 1663, *v. b.*

1185. Relation de divers Voyages curieux de Thévenot, 2 vol. *in-fol fig. Paris* 1696, *v. f.*

1186. Voyages de Thévenot en Europe, Aſie & Afrique, 5 vol. *in-12. fig. Paris* 1727.

1187. Hiſtoire de la Navigation de Jean-Hugues de Linſchot, *in-fol. fig. Amſt.* 1619.

1188. Voyage & Aventures de François Leguat, *in-12. Londres* 1721.

1189. Voyages en Aſie de différens Auteurs, recueillis par Bergeron, *in-4. fig. gr. p. la Haye* 1735.

1190. Voyage d'Innigo de Biervillas, Portugais, *in-12.* *Paris* 1736.

1191. Nouvelle Relation contenant le Voyage de Th. Gage, 2 vol. *in-12. fig. Amft.* 1699.

1192. Voyage & Aventures de Martin Nogué, *in-12. la Haye* 1728.

1193. Voyages de J. Ovington, *in-12. Paris* 1725.

1194. Voyage de François Pyrard de Laval, *in-4. Paris* 1679.

1195. Voyages de Monconys, 4. vol. *in-12.* fig. *Paris* 1695.

1196. Voyages de Piétro della Vallé, 8 vol. *in-12. fig. Rouen* 1745.

1197. Les fix Voyages de J. B. Tavernier, 7 vol. *in-12. Rouen* 1713, *fig.*

1198. Voyages de Paul Lucas en Grece, l'Afie-Mineure, &c. 2 vol *in-12.* fig. *Páris* 1712, *m. viol.*
Voyages de Paul Lucas au Levant, 2 vol. *in-12. Paris* 1714, *m. viol.*

1199. Mémoires du Chevalier d'Arvieux, 6 vol. *in-12. Paris* 1735.

1200. Les Aventures du Chevalier de Beauchêne, *in-12. Amfterd.* 1733.

1201. Voyage de l'Arabie-Heureufe, par de la Roque, *in-12. Paris* 1715.

1202. Voyages & Aventures du Capitaine R. Boyle, 2 tomes en 1 vol. *in-12. Amfterd.* 1730.

1203. Voyage d'un Miffionnaire de la Compagnie de Jef. en Turquie & en Perfe, *in-12. Paris* 1730.

1204. Voyages de Shaw, 2 vol. *in-4.* fig. *la Haye* 1743.

1205. Les Voyages de Quiclet à Conftantinople par Terre, *in-12. Paris* 1664.

1206. Voyages d'Orient du R. P. Philippe, 2. vol. *in-12. Lyon* 1652.

1207. Relation d'un Voyage du Chevalier de Bellerive, d'Efpagne à Bender, *in*-12. *Paris* 1713.

1208. Nouveau Voyage fait au Levent en 1731 & 1732, *in*-12. *Paris* 1742.

1209. Relation d'un Voyage au Levant, par Pitton de Tournefort, 2 vol. *in*-4. fig. *Paris* 1717.

1210. Voyages de Richard Pockoke, traduits de l'Anglois, 6 vol. *in*-12. *Paris* 1772, *br.*

1210. * Mémoires & Aventures d'un Voyage du Levant, par de Saumery, 2 vol *in*-12. *Liege* 1731.

1211. Voyages depuis Saint-Péterfbourg en Ruffie, dans diverfes Contrées de l'Afie, 3 vol. *in*-12. *Paris* 1766, *br.*

1212. Voyages en Mofcovie, Tartarie & Perfe, par Olearius & de Mandeflo, 2 vol. *in-fol.* fig. *Amfterd.* 1727.

1213. Voyage de Dalmathie, de Grece & du Levant de G. Wheler, 2 vol. *in*-12. fig. *la Haye* 1723.

1214. Voyages du Chevalier Chardin en Perfe & autres lieux de l'Orient, 4 vol. *in*-4. *fig. Amfterd.* 1735.

1215. Voyage en Turquie & en Perfe, par Otter, 2 vol. *in*-12. *Paris* 1748.

1216. Voyages de Syrie & du Mont-Liban, par de la Roque, 2 vol. *in*-12. *Paris* 1722.

1217. Relation du Voyage de Perfe & des Indes Orientales de Th. Herbert, *in*-4. *Paris* 1663.

1218. Hiftoire des Indes Orientales, *in*-4. *Paris* 1688.

1219. Journal du Voyage des Grandes-Indes, *in*-12. *Paris* 1698.

1220. Voyages des Indes Orientales, par Carré, 2 vol. *in*-12. *Paris* 1699.

1221. Journal d'un Voyage fait aux Indes Orientales, 3 vol. *in*-12. *fig. la Haye* 1721.

1222.

1222. Voyage de Gautier Schouten aux Indes Orientales, 2 vol. *in-12. fig. Rouen* 1725.

1223. Nouveau Voyage aux Grandes-Indes, par Luillier, *in-12. Rotterd.* 1726.

1224. Voyage aux Indes Orientales, par J. H. Grofé,
traduit de l'Anglois, *in-12. Paris* 1758.

1225. Hiftoire des Voyages que les Danois ont faits dans
les Indes Orientales, 3 vol. *in-8.. Genève* 1747.

1226. Recueil des Voyages qui ont fervi à l'établiffement de la Compagnie des Indes, 10 vol. *in-12. fig.
Rouen* 1725.

1227. Voyages de Dellon, avec fa Relation de l'Inquifition de Goa, 3 vol. *in-12. Cologne* 1711.

1228. Voyage de Siam par les Jefuites, 2 vol *in-4.
fig. Paris* 1686.

1229. Journal du Voyage de Siam, par l'Abbé de
Choify, *in-12. Trevoux* 1741.

1230. Voyages de François Bernier, contenant la Defcription des Etats du Grand Mogol, 2 vol. *in-12.
fig. Amft.* 1724.

1231 Relation ou Voyage de l'Ifle de Ceylan dans les
Indes Orientales, *in-12. Amft.* 1693.

1232. Hiftoire de l'expédition de 3 Vaiffeaux envoyés
aux Terres Auftrales, *in-12. la Haye* 1739.

1233. Vie & Aventures du Voyage de Groenland,
par le P. Pierre de Mefange Cordelier, *in-12. Amft.*
1720.

1234. Voyage en Siberie par M. Gmelin, 2 vol. *in-12.
Paris* 1767, *br.*

1235. Voyage en Siberie par l'Abbé Chappe d'Auteroche, 3 vol. *in-fol.* fig. *Paris* 1768.

1236. Relation d'un Voyage du Pole arctique, *in-12.
fig. Paris* 1723.

1237. Les Aventures de Jacques Sadeur dans fon
Voyage à la Terre Auftrale, *in-12. Amfterd.* 1732.

1238. Histoire des Navigations aux Terres Auftrales, *in-4. fig. Paris* 1756.

1239. Recueil de Voyages au Nord, 10 vol *in - 12. fig. Amfterd.* 1731.

1240. Nouveau Voyage du Nord, *in-12. fig. Amft. m. r.*

1241. Journal d'un Voyage au Nord , par Outhier, *in-4. fig. Paris* 1744.

1242. Relation du Voyage fait en Egypte en 1730, par Granger, *in-12. Paris* 1745.

1243. Voyage du Capitaine Robert Lade en différentes parties de l'Affrique, 2 vol. *in-12. fig. Paris* 1744.

1244. Journal d'un Voyage fait fur les côtes d'Afrique, *in-12. Rouen* 1723.

1245. N. Relation en forme de Journal, d'un Voyage fait en Egypte, *in-12. Paris* 1677.

1246. Relation hiftorique de l'Ethiopie Occidentale, par le P. Labat, 5 vol. *in-12. fig. Paris* 1732.

1247. Voyages aux Côtes de Guinée & en Amérique, *in-12. Amfterd.* 1719.

1248. Voyages aux Côtes de Guinée & en Amérique, *in-12. fig. Amft.* 1719.

1249. Voyage du Chevalier des Marchais en Guinée, par le P. Labat, 4 vol. *in-12. fig. Paris* 1730.

1250. Nouveau Voyage de Guinée, traduit de l'Anglois, de Smith. *in-12. Paris* 1751.

1251. Voyage hiftorique d'Abiffinie, par le P. Lobo, *in-4. fig. Paris* 1728.

1252. Voyage de Madagafcar, *in-12. Paris* 1722.

1253. Nouveau Voyage aux Ifles de l'Amérique, par le P. Labat, 8 vol. *in-12. fig. Paris* 1742.

1254. Nouvel Découverte d'un très-grand Pays dans l'Amérique, *in-12. fig. Amft.* 1698.

1255. Nouveau Voyage d'un Pays plus grand que l'Europe, par le P. Henepin, *in-12. fig. Utrecht* 1698.

1256. Voyages du Baron de la Hontan dans l'Amérique Septentrionale, 3 vol. *in-*12. *fig. Amst.* 1741.

1257. Relation abrégée d'un Voyage fait dans l'Amérique méridionale, par de la Condamine, *in - 8. Paris* 1745.

1258. Voyage historique de l'Amérique Méridionale, par D. Ant. Ulloa, 2 vol. *in-*4. *fig. Paris* 1752.

1259. Relation du Voyage de la Mer du Sud, par Frezier, *in-*4. *fig. Paris* 1716.

1260. Voyage à la Mer du Sud, par quelques Officiers du Vaisseau *le Wager*, *in-*12. *Lyon* 1756.

1261. Relation d'un Voyage de la Mer du Sud, par M. de Kerguelen Tremarer, *in-*4. *fig. Paris* 1771 *br.*

1262. Relation d'un Voyage de la Mer du Sud, par Froger, *in-*12. *Amsterd.* 1715.

1263. Voyage à la Martinique, contenant diverses Observations sur la Physique, &c. *in-*4. *Paris*, 1763.

1264. Voyage à la Martinique, contenant diverses Observations, *in-*4. *Paris* 1763, *br.*

1265. Relation du Voyage du Port Royal de l'Acadie, *in-*12. *Rouen* 1708.

1266. Voyage en Californie, par Chappe d'Auteroche, *in-*4. *Paris* 1772. *br.*

1267. Voyage de la Baye de Hudson, traduit de l'Anglois de Ellis, *in-*12. *fig. Paris* 1743.

1268. Histoire d'un Voyage fait en la Terre du Brésil, *in-*8. *Genève* 1611. *parch.*

1269. Nouveau Voyage fait au Pérou, par l'Abbé Courte de la Blanchardiere, *in-*12. *fig. Paris* 1751.

1270. Voyage de Marseille à Lima, *in-*12. *fig. Paris* 1720.

1271. Recueil de Voyages dans l'Amérique Septentrionale. 3 vol. *in-*12. *fig. Amst.* 1738.

Chronologie & Histoire Universelle.

1272. Dionisii Petavii Rationarium Temporum, 2 vol. *in-12. Parif.* 1703.

1273. Tablettes Chronologiques de l'Histoire Universelle, facrée & prophane, par l'Abbé l'Englet Dufresnoy, 2 vol. *in-8. Paris* 1744.

1274. Histoire Univerfelle de Diodore de Sicile, traduite par l'Abbé Teraffon, 7 vol. *in-12. Paris* 1737.

1275. Histoire Univerfelle d'une Société de Gens de Lettres, 16 vol. *in-4. Amfter.* 1742 *& fuiv. v. g.* 3 *f. d. f. t.*

1276. Histoire de ce Siecle de fer, 5 vol. *in-12. Lyon* 1683.

1277. Journal hiftorique contenant les événemens de l'Histoire facrée & prophane, 2 vol, *in-8. Lille* 1684.

1278. Difcours fur l'Histoire Univerfelle, par Boffuet, 2 vol. *in-12. Paris* 1700.

1279. Le Grand Théâtre hiftorique de Geudeville, 3 vol. *in-fol. fig. Leyde* 1703.

1280. Histoire Univerfelle du Baron de Puffendorf, 10 vol. *in-12. Amft.* 1743.

1281. Mémoires pour fervir à l'Histoire de l'Europe, 3 vol. *in-12. Amft.* 1749.

1281*. Le même, 5 vol. *in-12. Paris* 1757.

1282. Histoire Générale, Civile, Naturelle, Politique & Religieufe de tous les Peuples du monde, par l'Abbé Lambert, 15 vol. *in-12. Paris* 1750.

1283. Histoire des différens Peuples du monde, par M. Contant d'Orville, 6 vol. *in-8. Paris* 1772, *br.*

1284. Adolphi Brachelii Hiftor. Noftri Temporis, *in-12. Amftelod.* 1655, *parch.*

1285. Mémoires de *** , pour fervir à l'Histoire du 17ᵉ Siecle. 3 vol. *in-12. Amft.* 1760.

1286. Mémoires pour fervir à l'Hiftoire du 18ᵉ Siecle, par Lamberty, 14 vol. *in-4. Amft.* 1735, *pap. fin.*

1287. Abrégé de l'Hiftoire Univerfelle, depuis Charlemagne jufqu'à Charles-Quint, 3 vol. *in-12. Londres* 1753.

Hiftoire Eccléfiaftique, des Conciles & des Papes.

1288. Hiftoire du Peuple de Dieu, par le P. Berruyer, 18 vol. *in-12. Paris* 1742.

1289. Hiftoire de l'Eglife, par de Choify, 11 vol. *in-4. Paris* 1740, *v. f.* 3 *f.*

1290. Abrégé de l'Hiftoire Eccléfiaftique de Racine, 13 vol. *in-12. Cologne* 1752.

1291. Hiftoire des Conciles, par Hermant, *in-12. Rouen* 1696.

1292. Hiftoire du Concile de Pife, par l'Enfant, 2 vol. *in-4. Amft.* 1724.

1293. Hiftoire de la Guerre des Huffites & du Concile de Bafle, par l'Enfant, *in-4.* 2 vol. *Amft.* 1731.

1294. Nouvelle Hiftoire du Concile de Conftance, par Bourgeois du Chaftenet, *in-4. Paris* 1718.

1295. Hiftoire du Concile de Conftance, par l'Enfant, 2 vol. *in-4. Amft.* 1727.

1296. Hiftoire du Concile de Trente, traduite de l'Italien par P. Fr. le Courayer, 3 vol. *in-4. Amfterd.* 1751.

1297. Hiftoire des Papes, par Bruys, 5 vol. *in-4. la Haye* 1733, *m. r.*

1298. De Joanna Papiffa, five famofæ Quæftionis examen, *in-12. Amftel.* 1657.

1299. Hiftoire de la Papeffe Jeanne, *in-12. Cologne* 1694.

1300. Vie du Pape Alexandre VI. & de fon fils Céfar Borgia, 2 vol. *in-12. Amft.* 1751.

1301. Hiftoire de tous les Cardinaux François de

naiſſance, par Fr. du Cheſne, *in-fol. Paris* 1660;
v. f.

1032. Preuves de l'Hiſtoire de tous les Cardinaux
François, par du Cheſne ; *in-fol. v. f.*

1303. . . . .

1034. . . . .

. . . .

Hiſtoire des Ordres Religieux & Militaires.

1305. Ordinum Religioſorum in Ecclefia Militanti
Catalogus, 4 vol. *in-4.* Ital. & Lat. *Romæ* 1722.

1306. Ordres Monaſtiques, Hiſtoire extraite de tous
les Auteurs, 3 vol. *in-12. Berlin* 1751.

1307. L'Europe Eccléfiaſtique , ou Etat du Clergé ,
in-12. Paris 1757.

1308. Les Moines empruntés, *in-12. Rouen* 1698.

1309. Le Moine fécularifé, *in-12. Cologne* 1675.

1310. La Guerre Séraphique, ou Hiſtoire des périls
qu'a couru la Barbe des Capucins, *in-12. la Haye*
1740.

1311. Anecdotes Jéfuitiques , ou le Philotanus moderne, 3 vol. *in-18. la Haye* 1740.

1312. Hiſtoire de l'admirable Dom Inigo de Guipus-
coa, 2 vol. *in-12. la Haye* 1738.

1313. . . . .

1314. La Monarchie des Solipſes, traduite du Latin ,
in-12. Amſt. 1753.

1315. Hiſtoire de l'Abbaye de Port-Royale , 6 vol.
in-12. Cologne 1752.

1316. Recueil de Pieces concernant la Congrégation
des Filles de l'Enfance, 3 vol. *in-12. Amſt.* 1718.

1317. Hiſtoire de la Congrégation des Filles de l'Enfance de N.S. J.C. 2 vol. *in-12. Amſt.* 1734.

1318. Hiſtoire de l'Ordre Militaire des Templiers ,
in-4. fig. Bruxellss 1751.

Vies des Saints, & des Personnes illustres par leur piété.

1319. Antonius Gallonius de S. S. Martyrum crucia-
tibus, *in-4. fig. Parisiis* 1659.

1320. Les Vies des Saints par Baillet, 10 vol. *in-4.*
Paris 1739.

1321. Les Vies des S. S. Peres des Déferts d'Orient &
d'Occident, 5 vol. *in-12. fig. Paris* 1757.

1322. Portraits de différens Solitaires, *in-8. fig. de*
Sadler, v. b.

1323. Le Journal des Saints, par le P. Grozez, 2 vol.
in-12. Lyon, fig.

1324. Journal des Saints, avec des Méditations, par
le P. Grozez, 3 vol. *in-12. Lyon* 1740.

1325. Les Saintes Métamorphofes, par J. Baudouin,
in-8. fig. Paris 1644.

1326. Les Fleurs des Vies des Saints, par le P. Bonne-
fons, 4 vol. *in-8. Paris* 1721.

1327. Relation de la Vie & de la Mort de quelques
Religieux de la Trappe, 5 vol. *in-12. Paris* 1755.

1328. Vies intéreffantes & édifiantes des Religieufes
de Port-Royal, 4 vol. *in-12.* 1701.

1329. La Vie de S. Bernard, Abbé de Clairvaux, *in-8.*
Paris 1679.

1330. Vie de Henri-Marie Boudon, 2 vol. *in - 12.*
Paris 1753.

1331. La Vie de la Vénérable Mere J. Fr. Fremiot,
de Chantal, *in-8. Paris* 1667.

1332. La Vie de S. François de Sales, par Marfollier,
2 vol. *in-12. Paris* 1757.

1333. La Vie, les Graces & les Merveilles de Sainte
Catherine de Sienne, *in-18. Paris* 1647, *m. r.*

1334. Vie du Comte Louis de Sales, frere de S. François de Sales, *in-12. Paris* 1720.

1335. La Vie de S. François, Inftituteur des Freres Mineurs, 2 vol. *in-*12. *Paris* 1736.

1336. La Vie de Madame Héliot, *in-*8. *Paris* 1684.

1337. Vie abrégé de la Bienheureufe Mere de Chantal, *in-*12. *Paris* 1752.

1338. La Vie du Vénérable Pere Simon Gourdan, *in-*12. 1755.

1339. Vie de S. Jean-Chryfoftôme, *in-*4. *Paris* 1664.

1340. La Vie de S. Jean de la Croix, par le P. Saint Alexis, 2 vol. *in-*4. *Paris* 1727.

1341. Hiftoire de l'Abbé Joachim, furnommé le Prophète de l'Ordre de Cîtaux, *in-*12. *Paris* 1745.

1342. La Vie de la Vénérable Mere Marguerite-Marie, par Languet, *in-*4. *Paris* 1729.

1343. La Vie de M. de Páris, *in-*12. *Bruxelles* 1731.

1344. La Vie du P. Rigoleu, de la Compagnie de Jefus, *in-*12. *Lyon* 1739.

1345. Abrégé de la Vie de Meffire J. Ch. de Segur, ancien Evêque de S. Papoul, *in-*12. *Utrecht* 1749, *v. f.*

1346. La Vie de Sainte Thérefe. par de Villefore, 2 vol. *in-*12. *Paris* 1748.

1347. Les Figures & l'Abrégé de la vie, de la mort, &c. de S. Vincent de Paul, *in - fol. fig. Parif.* 1771, *m. r.*

Hiftoire des Religions, des Héréfies, &c.

1347.* Cérémonies Religieufes des Peuples du monde, avec fig. de B. Picart, 8 vol. *in-fol. gr. pap. Amft.* 1728., *m. r.*

1348. Traité des Superftitions, par Thiers, 4 vol. *in-*12. *Paris* 1712.

1349. Hiftoire critique des Pratiques fuperftitieufes, par le P. le Brun, 4 vol. *in-*12. *Paris* 1732.

1350. Boileau Hiftoria Flangellatium, *in-*12. *Parifiis* 1700.

1351. Histoire des Flagellans de Boileau, *in-12. Amst.
in-12. 1732.

1352. Critique de l'Histoire des Flagellans, par Thiers,
Paris 1703.

1352 *. Histoire admirable de la possession & conver-
sion d'une Pénitente séduite par un Magicien, *in-8.
Paris* 1614.

1353. Histoire des Croisades contre les Albigeois,
in-12. Rouen 1703.

1354. Le Fanatisme renouvellé, 3 vol. *in-12. Avignon* 1704.

1355. Histoire du soulévement des Fanatiques dans les
Sévenes, *in-12. Paris* 1713.

1356. Histoire du Fanatisme dans la Religion Pro-
testante, par le P. Catrou, 2 vol. *in-12. Paris*
1740.

1357. Histoire du Fanatisme de notre temps, par
Brueys, 3 vol. *in-12. Utrecht* 1737.

1358. Journal de l'Abbé d'Orsanne, 6 vol. *in-12.
Rome* 1753.

Histoire Ancienne.

1359. Histoire des Juifs, par Fl. Joseph, traduite par
Arnauld, *in-fol. fig. Amst.* 1722.

1360. Histoire des Juifs écrite par Flavius Joseph, traduite par Arnauld d'Andilly, 6 vol. *in-12. fig.
Paris* 1744.

1361. Histoire des Juifs, par Basnage, 15 vol. *in-12.
fig. La Haye* 1716.

1362. Histoire des Juifs, par Prideaux, 7 vol. *in-12.
fig. Paris* 1726.

1363. La République des Hébreux, 3 vol. *in-8. fig.
Amst.* 1705.

—— Les Antiquités Judaïques, 2 vol. *in-8. fig. Amst.*
1713.

L

1364. Histoire Ancienne des Egyptiens, &c. par Rollin, 14 vol. *in-12. Paris* 1740.

1365. Histoire de Grece, traduite de l'Anglois de Temple Stanyan, 3 vol *in-12. Paris* 1743.

1365 *. Quinte-Curce, de la Vie & des Actions d'Alexandre le Grand, trad. de Vaugelas, 2 vol. *in-12. Paris* 1702.

1366. Athènes ancienne & moderne, par de la Guilletiere, *in-12.* 1675.

Histoire Romaine.

1367. Histoire Romaine depuis la Fondation de Rome, par Laurent Echard, 6 vol. *in-12. Paris* 1730.

1368. Abrégé Chronologique de l'Histoire Ancienne des Empereurs, *in-8. Paris* 1757.

1369. Histoire Romaine écrite par Xiphilin, &c. trad. par Cousin, *in-4. Paris* 1678.

1370. Histoire d'Hérodien, traduite du Grec, par l'Abbé de Mongault, *in-12. Paris* 1745.

1371. Cornelii Taciti opera quæ extant, 3 vol. *in-12. Lut. Parif.* 1760, *v. j. m. 3 f. d. f. t.*

1372. C. Veleii Paterculi Hist. Libri duo, *in-12.* Elzev.

1373. C. Velleii Paterculii Hist. Romanæ, Libri 2, *in-12. Lut. Parif.* David, 1746,

1374. Eutropii Breviarium Historiæ Romanæ, *Parifiis,* Mérigot, 1746.

1375. C. Julii Cæfaris opera quæ extant ex Emend. Jof. Scaliger, *in-24. Amft.* 1621, *m. r.*

1376. Caii Salustii opera quæ extant, *in-12. Lut. Parifiis* 1744.

1377. C. Julii Cæfaris Com. de Bello Gallico, 2 vol. *in-12. Parifiis* Barbou, 1755, *d. f. t.*

1378. Les Commentaires de Céfar, 2 vol. *in-12. fig. La Haye* 1743.

1379. Hiftoire du premier Triumvirat, 3 vol. *in-12.* *Paris* 1683.

1380. Cornelius Tacitus cum obfervat. Hornii, *in-24.* *Amftel.* 1643.

1381. Œuvres de Tacite, de la traduct. de Perrot d'A-blancourt, 3 vol. *in-12. Paris* 1681.

1382. Traduction de quelques Ouvrages de Tacite, trad. par l'Abbé de la Bletterie, 2 vol. *in-12. Paris* 1755.

1383. C. Suetonius Tranquillus, Expurgatus, *in-12.* *Rhotom.* 1707.

1384. Les Céfars de l'Empereur Julien, trad. du grec le Baron de Spanheim, *in-4. fig. Amft.* 1728.

1385. Vie de l'Empereur Julien, par l'Abbé de la Bletterie, 2 vol. *in-12. Paris* 1735.

1386. Hiftoire de l'Empereur Jovien, par l'Abbé de la Bletterie, 2 vol. *in-12. Paris* 1748.

1387. Les Impératrices Romaines, &c. par de Serviez, 3 vol. *in-12. Paris* 1727.

1388. Hiftoire des Révolutions Romaines, par l'Abbé de Verrot, 3 vol. *in-12.* 1719.

1389. Hiftoire des Veftales, avec un Traité du Luxe des Dames Romaines, par Nadal, *in-12. Paris* 1725.

1390. Antiquités Romaines, expliquées dans les Mémoires du Comte de B***, *in-4. fig. la Haye* 1750.

HISTOIRE MODERNE.

Hiftoire d'Italie.

1391. Le Théatre de Savoye & de Piémont, 2 vol. *in-fol. gr. pap. fig. d. f. tr. La Haye* 1700.

1392. Nouveau Théâtre de toute l'Italie, par Blaew, 4 vol. *in fol. gr. pap. fig. Amft.* 1704.

1393. Della Iftoria d'Italia di Francefco Guicciardini 2 vol. *in-fol. gr. pap. Venezia* 1738.

1394. Histoire des Guerres d'Italie, trad. de Guichardin, 3 vol. *in-4. Londres* 1738.

1395. Description historique & critique de l'Italie, par l'Abbé Richard. 6 vol. *in-12. Paris* 1766. *br.*

1396. Histoire de la République de Genes, 3 vol *in-12, Amsterd.* 1742.

1397. Piante delle Citta, Piazze, e Castelli, in Stato di Milano, *in-4. fig. Milano.*

1398. La Republica di Vinegia di M. Donato Giannotti, *in-12. Lione* 1570.

1399. Le Cose notabili della citta di Venetia, *in - 12. Venetia* 1655.

1400. Forestiere Illuminato della Citta di Venezia e dell' Isole circonvicine, *in-8. fig. Venezia* 1740.

1401. Histoire de la République de Venise, par Nani, 2 vol. *in-12. Cologne* 1682. *parch.*

1402. Histoire des Uscoques, trad. par Amelot de la Houssaye, *in-12. Paris* 1682.

1403. Histoire de Nicolas Rienzy, par de Boispreaux, *in-12. Paris* 1743.

1404. Nic. Machiavelli Hist. Florentinæ, libri 8. *in-12. Lugd. Batav.* 1645.

1405. Roma Vetus ac recens Auct. Alex. Donato, *in-4. fig. Romæ* 1665.

1406. Relation des Fêtes données à Rome par le Cardinal de Polignac, *in-4. Paris* 1730.

1407. Histoire Civile du Royaume de Naples, par Giannone, 4. vol. *in-4. v. j. m. 3 fil. dor. sur tr. La Haye* 1742.

1408. La Catanoise, ou Hist. secrete des mouvemens arrivés au Royaume de Naples sous la Reine Jeanne, *in-12. Paris* 1731.

1409. Histoire des Rois des Deux-Siciles, par d'Egly, 4 vol. *in-12. Paris* 1741.

1410. Histoire de Nic. Rienzy, par de Boispreaux, *in-12. Paris* 1743.

1411. La Sardaigne Paranymphe de la paix aux Souverains de l'Europe, *in-12. Cologne* 1716.

1412. Histoire de Malthe, par l'Abbé de Vertot, 7 vol. *in-12. Paris* 1727.

1413. Conquête de l'Isle de Minorque par les François, *in-12.* 1756.

1414. Mémoires Historiques, Militaires & Politiques sur les principaux évenemens arrivés dans l'isle de Corse, 2 vol. *in-12. fig. Lausanne* 1758.

HISTOIRE DE FRANCE.

Introduction à l'Histoire de France.

1414 *. Hist. crit. de l'établissement de la Monarc. Fr. dans les Gaules, par l'Abbé Dubos, 4 vol. *in - 12. Paris* 1742.

1415. L'Etat de la France, 6 vol. *in- 12. Paris* 1749.

1416. L'Etat de la France par le Comte de Boulainvilliers, 8 vol. *in-12. Londres* 1752.

1417. Description historique & géographique de la France, par l'Abbé de Longuerue, *in-fol. Paris* 1719.

1418. Les Délices de la France, 3 vol. *in-12. figures Leyde* 1728.

1419. Le Royaume de France & les Etats de Lorraine par ordre alphabétique, par d'Oisy, *in-4. Paris* 1745.

1420. Guide des Chemins de la France, *in-12. Par.* 1768.

1421. Nouveau voyage de France, 2 vol. *in-12. fig. Paris* 1740.

1422. Histoire de la Ville de Paris, 5 vol. *in-12. fig. Paris* 1735.

1423. Description de la Ville de Paris, par Germain Brice, 4 vol. *in-12. fig. Paris* 1752.

1424. Essais historiques sur Paris, par de Ste-Foix, 5 part. en 2 vol. *in-12. Londres* 1754.

1425. Essais historiques sur Paris, par de Ste-Foix, 5 vol. *in-12. Londres* 1763. *br.*

1426. Hiſtoire de la Ville & du Diocèſe de Paris, par l'Abbé le Bœuf, 15 vol. *in-12. Paris* 1754.

1427. Plan de Paris, de Turgot, *in-fol. m. r.*

1428. Plan Topographique & Raiſonné de Paris, *in-12. fig. Paris* 1758. *parch.*

1429. Géographie Pariſienne, par Teiſſerenc, *in-12. Paris* 1754.

1430. Voyage Pittoreſque de Paris, par M. d'Argenville, *in-12. Paris fig.* 1752.

1431. Deſcription des Curioſités des Egliſes de Paris, par Ant. Mart. le Fevre, *in-12. Paris* 1759.

1432. La Nouvelle Athènes, Paris, le ſéjour des Muſes, *in-12. Paris* 1759.

1433. Almanach général d'Indication , *in-8. Paris* 1772.

1434. Deſcription de Paris, Verſailles, Marly, &c. par Piganiol de la Force, 8 vol. *in-12. fig. Paris* 1742.

1435. Nouvelle Deſcription des Châteaux & Parcs de Verſailles & Marly, 2 vol *in-12. fig. Paris* 1751.

1436. Voyage Pittoreſque des environs de Paris, *in-12. Paris* 1755.

1437. Recherches pour ſervir à l'Hiſtoire de Lyon, 2 vol. *in-8. Lyon* 1757.

1438. Notice de l'état ancien & moderne de la Province du Comté d'Artois, *in-12. Paris* 1748.

Hiſtoire générale de France.

1439. Ammiani Marcellini Francorum rerum geſtarum libri 18 , *in-8. Paris. Rob. Steph.* 1544.

1440. Recueil des Hiſtoriens de France, par D. Bouquet, 8 vol. *in-fol. Paris* 1738. *dor. ſ. tr. 3 ſ.*

1441. Jac. Auguſti Thuani, hiſt. ſui temporis, 7 vol. *in-fol. Londini* 1733. *v. ſ.*

1442. Hiſtoire Univerſelle de Jacques-Aug. de Thou, 16 vol. *in-4. Londres* 1734. *v. ſ.*

1443. Abrégé Chronologique de l'Hiſtoire de France,

par Mezerai , 7 vol. *in-12. Amst. fig.* 1696.

1444. Abrégé de l'Histoire de France, par Bossuet, 4 vol. *in-12. Paris* 1747.

1445. Histoire de France, par le P. Daniel, augmentée par le P. Griffet, 17 vol. *in-4. Paris* 1755.

1445 * La même, 10 vol. *in-4. gr. pap. Paris* 1729.

1446. Le Mecure François, ou Suite de l'Histoire de la Paix, par Cayet, 22 vol. *in-8. Paris* 1613.

1447. Annales Politiques de l'Abbé de St-Pierre, 2 vol. *in-8. Londres* 1757.

1448. Histoire de France, par l'Abbé Velly, 8 vol. *in-12. Paris* 1755.

1449. Nouv. Abrégé Chronologique de l'Histoire de France, par le Président Henault, *in-8. Par.* 1744.

1450. Nouvel Abrégé Chronologique de l'Histoire de France, par le Présid. Henault, *in-8. parch.* 1746.

1451. Nouv. Abrégé Chronol. de l'Hist. de France, par le Président Henault, *in-8. Paris* 1749.

1452. Histoire de France & Romaine par demandes & par réponses, 2 vol. *in-12. Paris* 1749.

Histoire particuliere des Rois de France.

1453. Histoire du regne de Charlemagne, par de la Buere, *in-12. Paris* 1745.

1454. Histoire de France sous les regnes de S. Louis, &c. par de Choisy, 4 vol. *in-12. Paris* 1750.

1455. Histoire de Louis XI, & des choses mémorables advenues de son regne, autrement dicte la Chronol. scandaleuse *in-4.* 1620. *v. br.*

1456. Histoire de Louis XI, par Varillas, 2 vol. *in-4. Paris* 1689.

1457. Histoire de Louis XI, par Duclos, 4 vol. *in-12. v. j. m. 3. f. d. f. tr. Paris* 1745.

1458. Mémoires de Messire Philippe de Comines, 5 vol. *in-8. Brux.* 1723.

1459. Mémoires de Philippe de Comines, 4 vol. *in-4. fig. Londres* 1748.

1460. Histoire de Charles VIII, par Varillas, *in-4. Paris* 1691.

1461. Histoire de François premier, par Varillas, 2 vol. *in-4. Paris* 1685.

1461.* Mémoires de Martin & Guill. du Bellai-Langei, 7 vol. *in-12 Paris.* 1753.

1462. Lettres de Louis XII & du Card. George d'Amboise, 4 vol. *in-12. Brux.* 1712.

1463. Histoire de Louis XII, par Varillas, 3 vol. *in-4. Paris* 1688.

1464. Histoire de Henri II, par Varillas, 2 vol. *in-4. Paris* 1692.

1465. Histoire de Charles IX, par Varillas, 2 vol. *in-4. Paris* 1683.

1466. Histoire de Henri III, par Varillas, 2 vol. *in-4. Paris* 1694.

1467. Recueil de diverses Pièces servant à l'Histoire d'Henri III, *in-12. Cologne* 1693.

1468. Histoire d'Henri le Grand, par Hardouin de Perefixe, *in-12. Paris* 1749.

1469. Lettres d'Henri IV & de MM. de Villeroy & de Puifieux, 2 vol. *in-8. Amst.* 1733.

1470. Histoire de la Vie de Henri IV, par M. de Bury, 4 vol. *in-12. Paris* 1766.

1471. Mémoires des troubles arrivés en France fous Charles IX, Henri III & Henri IV, 2 vol. *in-12. Paris* 1667.

1472. Les Triomphes de Louis *le Jufte*, *in-fol. fig. Paris* 1649.

1473. Mémoires de Monchal relatifs à la Vie & au Miniftere du Cardinal de Richelieu, 2 vol. *in-12. Rotterd.* 1718.

1474. Mémoires de la Minorité de Louis XIV, 2. vol. *in-12. Amfterd.* 1723, *v. f.*

1475.

1475. Les Amours d'Anne d'Autriche, *in-24. Cologne;* 1730, *m. v.*

1476. Effais de l'Hiftoire du regne de Louis *le Grand ;* par le Gendre, *in-4. Paris* 1697.

1477. Mémoires pour fervir à l'Hiftoire de Louis XIV, par l'Abbé de Choify, *in-12. Utrecht* 1727.

1478. Hiftoire du Regne de LouisXIV, par Reboulet, 3 vol. *in-4. Avignon* 1744.

1479. Hiftoire de Louis XIV, par Peliffon, 3 vol. *in-12. Paris* 1749.

1480. Lettres Hiftoriques de Peliffon, 3 vol. *in-12. Paris* 1729.

1481. Hiftoire de la Vie & du Regne de Louis XIV, par de la Martinière, 5 vol. *in-4. la Haye* 1740.

1482. Le Siecle de Louis XIV, publié par de Francheville, 2 vol. *in-12. Drefde* 1752.

1483. Médailles fur les principaux Evénemeus du Regne de Louis *le Grand,* in-fol. *fig. Paris Imprimerie Royale* 1723.

1484. Hiftoire Militaire du Regne de Louis XIV, par le Marquis de Quincy, 7 vol. *in-4. gr. p. fig. Paris* 1726.

1485. Recueil de Lettres pour fervir d'Eclairciffement à l'Hiftoire Militaire du Regne de Louis XIV, 2 vol. *in-12. la Haye* 1760.

1486. Relation du Combat de Steinkerke, *in-12. Paris* 1692, *v. br.*

1487. Mémoire ou Relation Militaire du Siege de Candie, *in-12. Paris* 1670.

1488. Hiftoire des Guerres & des Négociations qui précederent le Traité de Weftphalie, par le P. Bougeant, 3 vol. *in-4. Paris* 1744, *v. j. m.* 3. *filets d. f. t.*

1489. Luxembourg apparu à Louis XIV, fur le rapport du P. la Chaife, *in-12. Cologne,* 1718, *m. v.*

1490. La France Galante, *in-12. Cologne* 1689.

M

1491. Annales de la Cour de Paris, 2 vol. en 1, *in-12.*
Cologne 1739.

1492. Mémoires de la Régence de S. A. R. Monfeigneur le Duc d'Orléans, 3 vol. *in-12. la Haye*
1736.

1493. . . . .

1494. Journal Hiftorique, ou Faftes du Regne de
Louis XV, *in-8. Paris* 1766, *v. ec.*

1495. Relation de l'Ambaffade de Mehemet Effendi à
la Cour de France, *in-12.* 1757.

1496. Hiftoires des Conquêtes de Louis XV, *in-fol.*
fig. Paris 1759, *m. r.*

1497. Les glorieufes Campagnes de Louis XV, *in-4.*
fig. Paris . . . .

1498. Collection Hiftorique, ou Mémoires pour fervir
à l'Hiftoire de la Guerre de 1748, *in-12. Paris* 1758.,

1499. Journal du Siege de Bergop-zo-om, *in-12. fig.*
Amft. 1750.

1500. Pieces originales & Procédures du Procès de
Damiens, 4 vol. *in-12. Paris* 1757.

1501. Eloge Hiftorique de Monfeigneur le Duc de
Bourgogne, *in-8. Paris* 1761.

1502. Parallele de la Conduite du Roi, avec celle du
Roi d'Angleterre, *in-8. Paris* 1758.

Mémoires particuliers pour l'Hiftoire de France.

1503. Mémoires de Jean Sire, Seigneur de Joinville,
in-12. Paris 1666.

1504. Hiftoire de Suger, Abbé de Saint-Denis, 3 vol.
in-12. Paris 1721.

1505. Les Mémoires de Meffire Michel de Caftelnau,
par le Laboureur, 3. vol. *in-fol. Bruxelles* 1731.

1506. Memoires de Condé, ou Recueil pour fervir à
l'Hiftoire de France, 6 vol. *in-12. Londres* 1740.

1507. Mémoires de Condé fervant d'Eclairciffemens
& de Preuves à l'Hiftoire de M. de Thou, 6 vol. *in-4.*
Londres 1743.

1508. Les Négociations du Préfident Jeannin, 5 vol.
in-12. Paris 1659, *m. r.*

1509. Mémoires particuliers pour fervir à l'Hftoire de
France, fous les regnes de Henri III & de Henri IV,
&c. 2 vol. *in-12. Paris* 1756.

1510. Journal de Henri III, par de l'Etoile, 2 vol.
in-8. 1731.

1711. Le même, *in-8. la Haye* 1744.

1512. Journal du Regne de Henri IV, par de l'Etoile,
4 vol. *in-8. la Haye* 1741.

1512.* Lettres du Cardinal d'Offat, 5 vol. *in-12.*
Amft. 1732.

1513. Mémoires de la Reine Marguerite, *in - 12.*
Bruxelles 1658.

1514. Commentaire de Meffire Blaife de Montluc, 4
vol. *in-12. Paris* 1746.

1515. Mémoires & Lettres de Henry, Duc de Rohan,
par M. le Baron de Zurlauben, 3 vol. in-12. *Paris*
1758.

1516. Satyre Ménippée de la vertu du Catholicon d'Efpagne, 3 vol *in-8. fig. Ratisbonne* 1726.

1517. Mémoires du Duc de Sully, 3 vol. *in-4. gr. pap.*
avec les portraits d'Odieuvre, *Londres* 1745.

1518. Mémoires de la Vie du Maréchal de Vielleville,
5 vol. *in-8. Paris* 1757.

1519. Mémoires des divers Emplois & principales Actions du Maréchal du Pleffy, *in-12. Paris* 1676.

1520. Hiftoire de la Vie du Duc d'Epernon, par Girard, *in-4. Paris* 1730.

1521. Mémoires de Michel de Marolles, 3 vol. *in-12.*
Amft. 1755.

1522. Lettres du Cardinal Mazarin, 2 vol. *in-12.*
Amfterd 1745.

1523. Recueil de Pieces relatives au Miniſtere du Cardinal Mazarin 50 vol. *in-4.*

1524. Recueil de diverſes Pieces qui ont paru ſous le Miniſtere du Cardinal Mazarin, 26 vol. *in-4.*

1525. Recueil de Pieces relatives au Miniſtere du Cardinal Mazarin, 18 vol. *in-4. parch.*

1526. Lettres du Cardinal de Richelieu, 2 vol. *in-12. Paris* 1696.

1527. Recueil des Teſtamens Politiques de Richelieu, Colbert & de Louvois, 4 vol. *in-12. Amſterd.* 1749. *m.*

1528. Le véritable Pere Joſeph Capucin, nommé au Cardinalat, 2 vol. *in.12. Rouen* 1750.

1529. La Vie du Cardinal de Richelieu, par le Clerc, 5 vol. *in-12. Amſt.* 1753.

1530. Hiſtoire des Diables de Loudun, *in-12. Amſt.* 1752.

1531. Mémoires du Maréchal de Baſſompiere, 4 vol. *in-12. Amſt.* 1723.

1532. Mémoires de Meſſire Jacq. de Saulx, Comte de Tavannes, *in-12. Paris* 1691.

1533. Mémoire de l'Abbé d'Arnauld, 2 tomes en 1 vol. *in-12. Leyde* 1756.

1534. Négociations à la Cour de Rome & en différentes Cours d'Italie par d'Arnauld, Evêque d'Angers, 5 vol. *in-12.* 1748.

1535. Mémoires de de Bordeaux, 4 vol. *in-12. Amſt.* 1758.

1536. Hiſtoire de Henri de la Tour d'Auvergne, Duc de Bouillon, 3 vol. *in-12. Paris* 1719.

1537. Mémoires & autres Œuvres de Brantome, 15 vol. *in-12. Londres* 1739.

1538. Mémoires de Meſſire Roger de Rabutin, Comte de Buſſy, 2 vol. *in-4. Paris* 1696.

1539. Mémoires de Meſſire Roger de Rabutin, Comte de Buſſy, 2 vol. *in-12. Paris* 1704.

1540. Lettres de Meſſire Roger de Rabutin, Comte de Buſſy, 4 vol. *in-12. Paris* 1706.

1541. Hiſtoire du Maréchal de Boucicault, *in-12. la Haye* 1727.

1542. Mémoires de Gaſpard, Comte de Chavagnac, *in-12. Bezançon* 1699.

1543. Mémoires d'Ablancourt, *in-12. Amſt.* 1701.

1544. Mémoires d'Artagnan, 3 vol. *in-12. Amſterd.* 1715.

1545. Mémoires de B *** Secrétaire de M. L. C. D. R. 2 vol. *in-12. Amſt.* 1711.

1546. Mémoires de la Cour de France, par Madame de la Fayette, *in-12. Amſt.* 1731.

1547. Mémoires du Marquis de Feuquiere, 4 vol. *in-12. Paris* 1740.

1548. Lettres & Négociations du Marquis de Feuquieres, 3 vol. *in-12. Amſterd.* 1753.

1549. Mémoires de Meſſire J. B. de la Fontaine, *in-12. Cologne* 1699.

1550. Mémoires du Comte de Forbin, 2 vol. *in-12. Amſterd.* 1730.

1551. Mémoires de Gourville, 2 vol. *in-12. Paris* 1724.

1552. Mémoires de L *** Conſeiller d'Etat, 2 vol. *in-12.* 1729.

1553. Vie de Madame de Maintenon, 2 tomes en 1 vol. *in-12. Nancy* 1753.

1554. Mémoires du Duc de Montauſier, *in-12. Rotterd.* 1731.

1555. Mémoires du Marquis de Montbrun, *in-12. Amſt.* 1702.

1556. Mémoires de Montglat, 3 vol. *in-12. Amſterd.* 1728.

1557. Mémoires de Madame de Montpenſier, 6 vol. *in-12. Anvers* 1730.

1558. Mémoires de Montréſor, 2 vol. *in-12. Cologne* 1723.

1559. Mémoires pour servir à l'Histoire d'Anne d'Autriche, par Madame de Motteville, 6 vol. *in-12. Amst.* 1739.

1560. Mémoires du Duc de Navaille, *in-12. Amst.* 1701.

1561. Mémoires de Pontis, 2 vol. *in-12. Paris* 1715.

1562. Mémoires de la Porte, premier Valet de Chambre du Roi, *in-12. Genève* 1756.

1563. Mémoires de Messire Jacques de Chatenet, sieur de Puységur, 2 vol. *in-12. Paris* 1748.

1564. Mémoires & Réflexions sur les principaux Evénemens du Règne de Louis XIV. *in-12. Rotterd.* 1716.

1565. Mémoires de D. L. R. *in-12. Cologne* 1677.

1566. Mémoires du Cardinal de Retz, 4 vol. *in-12. Genève* 1751.

1566 *. Mémoires de Guy Joly, 3 vol. *in-12. Genève* 1751.

1567. Mémoires de S. H***, 4 vol. *in-12. Amsterd.* 1766, *br.*

1568. Mémoires de Madame de Staal, 2 vol. *in-12. Londres* 1755.

1569. Mémoires d'Omer Talon, 8 vol. *in-12. La Haye* 1732.

1570. Mémoires de Torcy, 3 vol. *in - 12. La Haye* 1756.

1571. Mémoires du Maréchal de Tourville, 3 vol. *in-12. Amst.* 1742.

1572. Histoire des Campagnes de Monseigneur le Duc de Vendôme, *in-12. Paris* 1715.

1573. Mémoires du Cardinal de la Valette, 2 vol. *in-12. Paris* 1772, *br.*

1574. Mémoires du Maréchal de Berwik, *Amsterd.* 1739.

1575. Mémoires de du Guay-Trouin, *in-12. Amst.* 1740.

1576. Mémoires de l'Abbé de Montgon, 8 vol. *in-12.*
1748.

1577. . . . .
. . . .

1578. Mémoires du Duc de Villars, 3 vol. *in-12.*
Londres 1739.

1579. Lettres de Madame la Marquife de Villars,
in-12. Amft. 1759.

Mélanges d'Hiftoire de France.

1580. Hiftoire de l'ancien Gouvernement de France,
par le Comte de Boulainvilliers, 3 vol. *in-12. La*
Haye 1727.

1581. Mémoires préfentés à Monfeigneur le Duc
d'Orléans, par le Comte de Boulainvilliers, 2 vol.
in-12. La Haye 1727.

1582. Hiftoire de la Pairie de France & du Parlement
de Paris, 2 tomes en 1 vol. *in-12. Londres* 1753.

1583. Lettres hiftoriques fur les fonctions effentielles
du Parlement, 2 vol. *in-12. Amft.* 1754, *parch.*

1584. Curiofités hiftoriques, 2 vol. *in-12. Amfterd.*
1759.

1585. Hiftoire de la Milice Françoife, par le P. Daniel, 2 vol. *in-4. fig. Paris* 1721.

1586. Recherches & Confidérations fur les Finances de
France, par de Forbonnais, 2 vol. *in-4. Bafle*
1758.

1587. Le Détail de la France fous le Règne préfent,
2 vol. *in-12.* 1707.

1588. Pieces fugitives pour fervir à l'Hiftoire de France, 3 vol. *in-4. Paris* 1759.

1589. Mémoires hiftoriques & critiques fur divers
points de l'Hiftoire de France, par Mézeray, *in-12.*
Amft. 1732.

1590. Difcours fur l'Hiftoire des Fondations Royales,
in-12. Paris 1695.

1591. Histoire des Ducs de Bretagne, 5 vol. *in-12.*
Paris 1739.
1592. Bibliothèque historique & critique de Poitou,
par Dreux du Radier, 5 vol. *in-12. Paris* 1754.

Vies des Hommes Illustres de France.

1593. Les Vies des Hommes Illustres de la France,
par d'Auvigny, 28 vol. *in-12. Amst.* 1739 *& suiv.*
1594. Les Hommes Illustres qui ont paru en France
pendant le dix-septieme Siecle, par Perrault, 2 vol.
en un, *in-12. La Haye* 1736.
1595. Eloge des Normands, ou Histoire abrégée des
Grands Hommes de cette Province, *in-12. Paris*
1748.
1596. Histoire de P. Terrail, dit *le Chevalier Bayard,*
par de Berville, *in-12. Paris* 1760.
1597. Mémoires de Charles Perrault, touchant le Ministere de Colbert, *in-12. Avignon* 1759.
1598. Vie du Brave Crillon, 2 vol. *in-12. Paris*
1757.
1599. Mémoires de la Vie de Théodore Agrippa d'Au-
bigné, *in-12. Amst.* 1731.
1600. Vie du Marquis de Fabert, par le P. Barre,
2 vol. *in-12. Paris* 1752.
1601. Histoire de la Vie de Fénelon, *in-12. La Haye*
1723.
1602. P. Dan. Huet. Commentarius de rebus ad eum
pertinentibus, *in-12. Amstel.* 1718.
1603. Mémoires sur la Vie de Mademoiselle de l'En-
clos, *in-12. Amst.* 1751.
1604. Mémoires sur la Vie de Pibrac, *in-12. Amst.*
1761, *parch.*
1605. La Vie & les Bons Mots de Santeuil, *in-12.*
Cologne 1735, *parch.*
1606. Mémoire de la Vie de Jacques-Auguste de
Thou, *in-4. Rotterdam* 1711.

1607.

1607. Hiſtoire du Vicomte de Turenne, par Raguenet, *in*-12. 1741.

Hiſtoire d'Allemagne.

1608. Abrégé chronologique de l'Hiſtoire & du Droit Public d'Allemagne, *in*-8. *Paris* 1754.

1609. Hiſtoire de la Décadence de l'Empire après Charlemagne, par Maimbourg, 2 vol. *in*-12. *Paris* 1679.

1610. Hiſtoire générale d'Allemage, par le P. Barre, 11 vol. *in*-4. *fig. Paris* 1748, *v. j. g. m.* 3 *f. d. ſ. t.*

1611. Aquila inter lilia ſeu Monarchia Occidentalis, Aut. Joan. Palatio, *in-fol. fig. Venetiis* 1571.

1612. Annales de l'Empire depuis Charlemagne, par M. de Voltaire, 2 vol. *in*-12. *Basle* 1753, *parch.*

1613. Lettres du Baron de Busbec, par l'Abbé Defoy, 3 vol. *in*-12. *Paris* 1748.

1614. La Vie de Charles V. Duc de Lorraine & de Bar, *in*-12. *Amſt.* 1701.

1615. Hiſtoire de l'Empereur Charles VI. par la Lande, 6 vol. *in*-12. *La Haye* 1743.

1616. Hiſtoire Militaire du Prince Eugène de Savoye, 4 vol. *in-fol. gr. pap. fig. La Haye* 1729.

1617. Mémoire du Chevalier de Beaujeu, *in*-12. *Paris* 1698.

1618. Mémoires de la Colonie, 2 vol. *in*-12. *Bruxelles* 1737.

1619. Mémoires du Marquis de Langallery, *in*-12. *La Haye* 1743.

1620. Mémoires du Comte de Varack, *in*-12. *Amſt.* 1723.

1621. Mémoires du Comte de Vordac, *in*-12. *Paris* 1709.

1622. Hiſtoire des Révolutions de Hongrie, 6 vol. *in*-12. *fig. La Haye* 1739.

1623. Mémoires pour servir à l'Histoire de la Maison de Brandebourg, *in-4. gr. pap. Berlin* 1751, *m. bl.*

1624. Mémoires pour servir à l'Histoire de Brandebourg, *in-12. Léipsic* 1751.

Histoire de Suisse.

1625. Mémoires critiques pour servir d'éclaircissemens sur divers points de l'Histoire ancienne de la Suisse, 3 vol. *in-4. fig. Lausanne* 1747.

1626. L'Etat & les Délices de la Suisse, 4 vol. *in-12. fig. Amst.* 1730.

1627. Histoire Militaire des Suisses au service de la France, par M. le Baron de Zur-Lauben, 8 vol. *in-12. Paris* 1751.

Brabant, Pays-Bas & Hollande.

1628. Prospectus Castellorum & Prætoriorum, Procerum e Nobilium Brabantiæ, *in-fol. fig. Antverp.* 1697.

1629. Les Délices des Pays-Bas, 3 vol. *in-12. fig. Bruxelles* 1711,

1630. Le Guide Fidele de la Ville de Bruxelles, *in-12. Brux.* 1761, *v. ec.*

1631. Les Délices de la Hollande, avec un Traité du Gouvernement, *in-12. Paris* 1665.

1632. Les Délices de la Hollande, 2 tomes en 1 vol. *in-12. fig. La Haye* 1700.

1633. Les Délices de Leyde, *in-12. fig. Leyde* 1712.

1634. Histoire des Provinces-Unies des Pays-Bas, par le Clerc, 5 vol. *in-fol. fig. Amst.* 1737, *m. v.*

1635. Histoire Abrégée des Provinces-Unies des Pays-Bas, *in-fol. fig. Amst.* 1701.

1636. Mémoires pour servir à l'Histoire de la Rpéublique des Provinces-Unies, 2 vol. *in-12. Londres* 1754.

1637. Mémoires de Hollande, *in-12. Paris* 1678.

1638. Mémoires du Cardinal Bentivoglio, 2 vol. *in-12. Paris* 1713.

1639. Mémoires du Comte de Guiche, 2 vol. *in-12. Utrecht* 1744.

1640. Lettres & Négociations de Van Hoey, *in-12. Londres* 1743.

Histoire d'Espagne & Portugal.

1641. Annales d'Espagne & de Portugal, par Don Juan Alvarez de Colmenar, 4 vol. *in-4. Amst.* 1741.

1642. Histoire générale d'Espagne, par Mariana, 6 vol. *in-4. Paris* 1725.

1643. Histoire des Révolutions d'Espagne, par le Pere d'Orléans, 5 vol. *in-12. Paris* 1737.

1644. Vie de Philippe II, Roi d'Espagne, trad. de Greg. Leti, 6 vol. *in-12. Paris* 1734.

1645. Mémoires pour servir à l'Histoire du Card. de Grandvelle, 2 vol. *in-12. Paris* 1753.

1646. Histoire du Cardinal Alberoni, *in-12. v. f. 3 fil. La Haye* 1719.

1647. Testament Politique du Cardinal Alberoni, 2 vol. en 1. *in-12. parch. Lausane* 1753.

1648. Histoire publique & secrette de la Cour de Madrid. *in-12. Cologne* 1719.

1649. Relation de Madrid, *in-12. Cologne* 1665.

1650. Mémoires Curieux envoyés de Madrid sur les combats de tauraux, *Paris* 1670. *in-12.*

1651. Lettres sur le voyage d'Espagne, *in-12.* 1756.

1652. Histoire des Révolutions de Portugal par l'Abbé de Vertot, *in-12. Paris* 1718.

1653. Rélation des troubles arrivés dans la Cour de Portugal, *in-12. Paris* 1674.

1654. Anecdotes du ministere du Comte Duc d'Olivarès, *in-12. Paris* 1722.

Hiſtoire d'Angleterre.

1655. Effai Géograph. ſur les Iſles Britanniques, par Bellin, 2 vol. *in-12. Paris 1759.*

1656. Les Délices de la Grande-Bretagne & de l'Irlande, 8 vol. *in-12. fig. Leyde 1707.*

1657. L'état préſent de la Grande-Bretagne, & de l'Irlande, 3 vol. *in-12. fig. la Haye 1728.*

1658. Le Guide d'Angleterre, *in-12. fig. Amſt. 1744.*

1659. Hiſtoire détaillée des Iſles de Jerſey, *in-12. Paris 1757.*

1660. Hiſtoire d'Angleterre, par Rapin-Thoiras, 16 vol. *in-4. v. gr. m. 3 f. d. ſ. tr. la Haye 1749.*

1661. Hiſtoire des Révolutions d'Angleterre par le P. d'Orléans, 4 vol. *in-12. Paris 1737.*

1662. Mémoires de ce qui s'eſt paſſé dans la Chrétienté depuis 1672 juſqu'en 1679, par le Chevalier Temple, *in-12. la Haye 1692.*

1663. Nouveaux Mémoires du Chevalier Temple, *in-12. la Haye 1729.*

1664. Revolutions d'Ecoſſe & d'Irlande en 1707, 1708 & 1709, *in-12. La Haye 1758.*

1665. Hiſtoire Navale d'Angleterre, par M. Lediard, 3 vol. *in-4. v. g. m. 3 f. d. ſ. tr. Lyon 1751.*

1666. La Vie d'Eliſabeth, Reine d'Angleterre, trad. de l'Italien de Gr. Leti, 2 vol. *in-12. Londres 1743.*

1667. Hiſtoire de Marie Stuard, Reine d'Ecoſſe, 2 vol. *in-12. v. f. Londres 1742.*

1668. La Vie d'Olivier Cromwel, par Gr. Leti, 2 vol. *in-12. Amſt. 1744.*

1669. Regii ſanguinis Clamor ad cœlum adverſus patricidas Anglicanos, *in-24, Hagæ Comit. 1652.*

1670. Hiſtoire de Guillaume III, Roi de la Grande-Bretagne, 2 vol. *in-12. Amſt. 1703.*

1671. Recueil de Pièces qui regardent le Gouvernement du Royaume d'Angleterre, *la Haye* 1734.

1672. Hiſtoire du Parlement d'Angleterre, par l'Abbé Rainal, *in-*12. *Londres* 1748.

1673. Lettres du Chevalier Guillaume Temple, 1 vol. *in-*12. *la Haye* 1711.

1674. Œuvres Diverſes du Chevalier Temple, 2 vol. *in-*12. *Amſt.* 1708.

1675. Les Intérêts de l'Angleterre mal-entendus dans la Guerre préſente, *in-*12. *Amſt.* 1704.

1676. La Conduite de S. A. le Prince de Malborough dans la préſente Guerre, *in-*12. *Amſt.* 1714.

1677. Le Free-Holder, ou l'Anglois jaloux de ſa liberté, Eſſais politiques, *Amſt.* 1727.

1678. Mémoires de la vie du Lord Lovat, *in-*12. *Amſt.* 1747.

1679. Mémoires de la vie de Mylord Duc d'Ormond, *in-*12. *la Haye* 1736.

1680. Mémoires de Jean Kez de Kerſland, 3 vol. *in-*12. *Rotterd.* 1726.

1681. Mémoires de Jean Macky, *in-*12. *la Haye* 1733.

1682. Mémoires d'Edmond Ludlow, 3 vol. *in-*12. *Amſt.* 1699.

1683. Mémoires de Melvil, 3 vol. *in-*12. *Edimb.* 1745.

1684. Etat politique actuel de l'Angleterre, 10 vol. *in-*12. 1757.

1685. Lettres, Mémoires & Négociations du Chevalier Carleton, 3 vol. *in-*12. *la Haye* 1759.

1686. Hiſtoire du Miniſtere du Chevalier Robert Walpol, 3 vol. *in-*12. *Amſt.* 1764.

1687. Le Peuple Inſtruit, trad. de l'Anglois, *in-*12. 1756.

1688. Hiſtoire de l'Expédition de l'Amiral Byng dans la Sicile, *in-*12. *Paris* 1744.

1689. L'Obſervateur François à Londres, 7 vol. *in-*12. *Londres* 1769. *br.*

Histoire des Pays Septentrionaux.

1690. Mémoires de Molesworth, *in-12 Paris* 1697.

1691. . . . .

1692. Regnorum Suæciæ Gothiæ, &c. descriptio, *in-12. fig. Amst.* 1656.

1693. Histoire de Suède sous le regne de Charles XII, par de Limiers, 6 vol. *in-12. fig. Amst.* 1721.

1694. Histoire de Charles XII, Roi de Suède, par de Voltaire, 2 vol. *in-12. Basle* 1731.

1695. Histoire de Charles XII, Roi de Suède, par Nordberg, 3 vol. *in-12. la Haye* 1742.

1696. Histoire des Révolutions de Suède, par l'Abbé de Vertot, 2 vol. *in-4. Paris* 1718.

1697. Regni Poloniæ & Ducatus Lithuaniæ Descriptio, studio Andr. Cellarii, *in-12. fig. Amst.* 1659.

1698. Histoire générale de Pologne, par le Chevalier de Solignac, 5 vol. *in-12. Paris* 1750.

1699. Histoire de J. Sobieski, par l'Abbé Coyer, 3 vol. *in-12. Paris* 1761.

1700. Histoire des Rois de Pologne & du Gouvernement de ce Royaume, 4 vol. *in-12. Amst.* 1733.

1701. Les Anecdotes de Pologne, ou Mémoires secrets du regne de J. Sobieski, 2 vol. *in-12. Amst.* 1699.

1702. Histoire des Révolutions de Pologne, par l'Abbé Desfontaines, 2 vol. *in-12. Amst.* 1735.

1703. Lettre du Roi de Pologne, Stanislas I, *La Haye. in-12.*

1704. Description historique de l'Empire Russien, 2 vol. *in-12. Amst.* 1757.

1705. Nouv. Mémoires sur l'état présent de la Grande Russie, 2 vol. *in-12. fig. Paris* 1725.

1706. Mémoires pour servir à l'Histoire de l'Empire de Russie, *in-12. La Haye* 1725.

1707. Hiſtoire de l'Empire de Ruſſie, par M. de Voltaire, 2 vol. *in-8. Geneve* 1759. *br.*

1708. Hiſtoire des Révolutions de l'Empire de Ruſſie, par M. Lacombe, *in-12. Paris* 1760.

1709. Mémoires hiſtoriques, politiques & Militaires ſur la Ruſſie, 2 vol. *in-8. Lyon* 1772. *br.*

1710. Deſcription de la Livonie, *in-12. Utrecht* 1705.

1711. Mémoires du regne de Pierre le Grand, 5 vol. *in-12. Amſt.* 1740.

1712. Rélation curieuſe & nouvelle de Moſcovie, *in-12. Paris* 1698.

1713. Anecdotes du regne de Pierre I, Czar de Moſcovie, *in-12.* 1745.

1714. Hiſtoire naturelle de l'Iſlande, du Groenland, &c. 2 vol. *in-12. fig. Paris* 1750.

Hiſtoire des Pays hors de l'Europe.

1715. Recueil d'Obſervations curieuſes ſur les Mœurs, les Coutumes, les Uſages de l'Aſie, de l'Afrique & de l'Amérique, 4 vol. *in-12. Paris* 1749.

1716. Hiſtoire de l'Empire Ottoman, par le Prince Cantimir, 4 vol. *in-12. Paris* 1743.

1717. Mémoires du ſieur Fr. Petis de la Croix, contenant ſes Rélations de l'Empire Ottoman, 2 vol. *in-12. Paris* 1684.

1718. Deſcription des Iſles de l'Archipel, trad. du Flamand d'O Dapper, *in-fol. fig. m. r. Amſt.* 1703.

1719. Mœurs & Uſages des Turcs, par Guer, 2 vol. *in-4. gr. pap. fig. Paris* 1746.

1720. Mœurs & Uſages des Grecs, par Menard, *in-12. Lyon* 1743.

1721. Explication des Cent-Eſtampes du Levant, par de Feriol, *in-fol. fig. m. bl. Paris* 1715.

1722. Recueil des Rits & cérémonies du pélerinage de la Mecque, *in-12. Paris* 1754.

1723. Anecdotes de l'Ambaſſade Turque, *in-12.* 1743.

1724. Voyage Litteraire de la Grece, par M. Guys, 2 vol. *in-12. Paris 1771. br.*

1725. Les Ruines des plus beaux monumens de la Grece, par M. le Roi, *in-fol. fig. gr. pap.* 1 épr. *Paris* 1758. *mar. r.*

1726. Histoire de Zénobie Impératrice-Reine de Palmyre, *in-12. Paris* 1758.

1727. Les Ruines de Palmyre, *gr. in-fol. fig. mar. r.* Londres 1753.

1728. Les Ruines de Balbec, *gr. in-fol. fig. m. r.* Londres 1757.

1729. Description de l'Arabie, par M. Niebuhr, *in-4. br. fig. Copenhague* 1773.

1730. Histoire des Arabes, par M. l'Abbé de Marigny, 4 vol. *in-12. v. éc. Paris* 1750.

1731. Histoire des Arabes, avec la Vie de Mahomet, par le Comte de Boulainvilliers, 2 vol. *in-12. Amsterd.* 1731.

1732. Histoire de Saladin, par M. Marin, 2 vol. *in-12. Paris* 1758.

1733. Histoire des Sarrasins, trad. de l'Anglois de Simon Ockley, 2 vol. *Paris* 1748.

1734. Description de la Chine, par le P. Duhalde, 4 vol. *in-fol. fig. Paris* 1735.

1735. Atlas Chinensis Being a Relation of China, by John Ogilby *in-fol. fig. London* 1671.

1736. La Chine d'Athanase Kircher, *in-fol. fig. Amsterd.* 1670.

1737. Ambassade de la Compagnie Orientale des Provinces-Unies à la Chine, *in-fol. fig. Leyde* 1665. *v. éc.*

1738. Description du Royaume de Siam, par de la Loubere, 2 vol. *in-12. fig. Amst.* 1714.

1739. Relation de l'Ambassade du Chevalier de Chaumont à la Cour de Siam, *in-12. Paris* 1686.

1740. Recueil de trente-huit figures Chinoises, peintes sur papier de la Chine, *in-4. parch. r.*

1741.

1741. Histoire Naturelle, Civile & Ecclésiastique de l'Empire du Japon, de Kœmpfer & trad. par Scheuchzer, 2 vol. *in-fol. fig. La Haye* 1729.

1742. Histoire Naturelle, Civile & Ecclésiastique du Japon de Kœmpfer, 3 vol. *in-12. fig. Amst.* 1758.

1743. Histoire & Description du Japon, par le Pere de Charlevoix, 2 vol. *in-4. fig. Paris* 1736.

1744. Ambassade de la Compagnie des Indes Orient. des Provinces-Unies vers l'Empereur du Japon, *in-fol. fig. Amst.* 1680.

1745. Histoire du Kamtschatka, 2 vol. *in-12. Lyon* 1767 *br.*

1746. Description historique du Royaume de Macacar, *in-12. Paris* 1688.

1747. Description de l'Afrique, trad. du Flamand d'O-Dapper, *in-fol. fig. Amst.* 1686. *m. v.*

1748. Relation Universelle de l'Afrique, par de la Croix, 4 vol. *in-12. Lyon* 1688.

1749. Description de l'Egypte, par l'Abbé le Mascrier, *in-4. fig. Paris* 1735.

1750. Histoire des Etats Barbaresque qui exercent la piraterie, *in-12. Paris* 1757.

1751. Observations historiques & géographiques sur les Peuples Barbares, par M. de Peyssonel, *in-4. fig. Paris* 1765. *br.*

1752. Relation de l'Afrique Occidentale par le Pere Labat, 5 vol. *in-12. fig. Paris* 1728.

1753. Mémoires historiques qui concernent le Gouvernament de Tunis, *in-12. Paris* 1736.

1754. N. Relation des Etats de Fez & de Maroc, *in-12. Paris* 1726.

1755. Relation de ce qui s'est passé dans le Royaume de Maroc, *in*12. *Paris* 1742.

1756. Histoire du Royaume d'Alger, par Laugier de Tassy, *in-12. Amst.* 1727.

1757. Relation de la captivité & liberté du sieur d'A-
randa, jadis esclave à Alger *in*-12. *Paris* 1665.

1758. Description du Cap de Bonne - Espérance par
Kolbe, 3 vol. *in*-12. *Amst.* 1742.

1759. Nouvelle Histoire d'Abissinie, ou d'Ethiopie,
in-12. *Paris* 1684.

1760. N. Histoire de l'Afrique Françoise, par M. l'Abbé
Demanet, 2 vol. *in*-12. *Paris* 1767. *br.*

1761. Histoire de l'Afrique & de l'Espagne, sous la
Domination des Arabes, par M. Cardone, 3 vol.
in-12. *Paris* 1765, *br.*

1762. Histoire de l'Amérique Septentrionale, par
de Bacqueville de la Potherie, 4 vol. *in*-12. *fig.*
1753.

1763. Histoire des Aventuriers Flibustiers, 4 vol.
in-12. *fig. Trevoux* 1744.

1764. Histoire de la Conquête du Mexique, traduite
de l'Espagnol, 2 vol. *in*-12. *fig. Paris* 1730.

1765. Histoire des Tremblemens de terre arrivés à
Lima & au Pérou, *in*-12. *la Haye* 1752.

1766. Histoire naturelle de la Californie, traduite de
l'Anglois, 3 vol. *in* - 12. *Paris* 1766, *br.*

1767. Histoire de la Louisiane, par le Page du Pratz,
3 vol. *in*-12. *fig. Paris* 1758.

1768. Mémoires historiques sur la Louisiane, par
Dumont, 2 tomes en un vol. *in*-12. *Paris* 1753.

1769. Histoire de la Virginie, traduite de l'Anglois,
in-12. *Paris* 1707.

1770. Histoire de l'Isle Espagnole, ou de Saint-Domin-
gue, par le P. de Charlevoix, 2 vol. *in*-4. *fig. Paris*
1730.

1771. Histoire Naturelle & Morale des Isles Antilles de
l'Amérique, *in*-4. *fig. Rotterd.* 1658, *v. éc.*

1772. Histoire de la derniere Révolution des Indes
Orientales, 2 vol. *in*-12. *Paris* 1757.

1773. Hiſtoire de la Jamaïque, traduite de l'Anglois, *in-12. Londres* 1751.

1774. Hiſtoire du Commerce des Colonies Angloiſes de l'Amérique Septentrionale, *in12. Londrès* 1755.

1775. Hiſtoire du Commerce des Antilles Angloiſes, *in-12.* 1758.

1776. Hiſtoire & Deſcription générale de la Nouvelle-France, par le P. de Charlevoix, 2 vol. *in-4. fig. Paris* 1744.

1777. Les Singularités de la France Antarctique, *in-4. Paris* 1558.

1778. Nouvelle Relation de la France Equinoxiale, *in-12. Paris* 1743.

1779. Hiſtoire générale de l'Amérique, par le P. Touron, 14 vol. *in-12. Paris* 1770, *br.*

1780. Hiſtoire des Découvertes & Conquêtes des Portugais, par Lafiteau, 4 vol. *in-12. fig. Paris* 1734.

1781. Hiſtoire de la Découverte & de la Conquête du Pérou, traduite de l'Eſpagnol, 2 vol. *in-12. Paris* 1706.

1782. Relation des Miſſions du Paraguay, traduite de l'Italien de Muratori, *in-12. Paris* 1754.

1783. Hiſtoire de la Conquête de la Floride, par Ferdinand de Soto, 2 vol. *in-12. fig. Leyde* 1731.

1784. Hiſtoire de la Conquête de la Floride, par les Eſpagnols, *in-12. Paris* 1685.

1785. Deſcription géographique de la Guiane, *in-4. fig. Paris* 1763.

1786. Hiſtoire du Paraguay, par le P. de Charlevoix, 3 vol. *in-4. fig. Paris* 1756.

1787. Hiſtoire de la grande Iſle de Madagaſcar, par de Flacourt, *in-4. fig. Paris* 1658.

Généalogies.

1788. Le Blazon de France, ou Notes curieuſes ſur

l'Edit concernant la Police des Armoiries, *in*-8. *Paris* 1697.

1789. Armorial général, ou Regiſtres de la Nobleſſe de France, par d'Hozier, 7 vol. *in-fol. Paris* 1738.

1790. Hiſtoire généalog. & chronologiq. de la Maiſon Royale de France & des grands Officiers de la Couronne, par le P. Anſelme, 9 vol. *in-fol. Paris* 1736.

1791. Procès-verbal de la Recherche de la Nobleſſe de Champagne, par de Caumartin, *in*-8. *Chalons* 1673.

1792. Armorial des principales Maiſons & Familles du Royaume, par du Buiſſon, 2 vol. *in*-12. *Paris* 1757.

1793. Armorial de la Ville de Paris, *in-fol. fig. d. ſ. t. dent.*

1794. Tablettes hiſtoriques, généalogiques & chronologiques, de l'Abbé l'Englet du Freſnoy, 4 vol. *in*-24. *Paris* 1749. *parch.*

1795. Mémorial de Chronologie généalog. & hiſtoriq. *in*-24. *Paris* 1752, *parch.*

1796. Tablettes de Themis, 3 vol. en 2, *in*-24. *Paris* 1755, *parch.*

1797. Vindiciæ Arboris genealogicæ auguſtæ Gentis Carolino Boicæ, *in-fol. Monachii* 1730.

Antiquités.

1798. Ant. Vandale de Oraculis Ethnicorum, *in*-12. *Amſtel.* 1683.

1799. Michaelis Angeli Cauſei (de la Chauſſe) Muſeum Romanum, *in-fol. Romæ, fig.* 1707.

1800. Recueil d'Eſtampes de Statues Romaines, *in-fol. v. br.*

1801. Illuſtrium Imagines ex Antiquis marmoribus, &c. expreſſæ, *in*-4. *fig. Antverp.* 1599.

1802. Images des Héros & grands Hommes de l'Antiquité, *in*-4. *fig.* de B. Picard, *Amſt.* 1731, *m. bl.*

1803. Gli Antichi Sepolcri Racolti, da Pietro Santi Bartoli, *in-fol. Roma* 1697.

1804. Le Antiche Lucerne sepolcrali figurate Racolte da Pietro Santi Bartoli, *in-fol. Roma* 1691.

1805. Francisci Ficoronii Dissertatio de laruis scenicis antiquorum Romanorum. *in-fol. fig. Roma* 1750, *parch.*

Histoire Littéraire.

1806. Conseil pour former une Bibliothèque, *in-12. Berlin* 1756, *parch.*

1807. Histoire de l'Académie des Sciences, depuis 1666 jusqu'en 1755, 68 vol. *in-4.* 3 *fil.*
Les machines approuvées, &c. 6 vol. *in-4. fig.*
Tables des Matieres, 5 vol. *in-4.*
Sçavans Etrangers, 3 vol. *in-4.* en tout 82 vol. *in-4.*

1808. Collection Académique de Dijon, 3 vol. *in-4. Dijon* 1755.

1809. Mémoire historique & Littéraire sur le Collège Royal de France, par l'Abbé Goujet, 3 vol. *in-12. Paris* 1758.

1810. Histoire Littéraire de France, par des Religieux Bénédictins, 11 vol. *in-4. Paris* 1735.

1811. Anti-Baillet ou Critique du Livre intitulé, *Jugemens des Sçavans*, 2 vol. *in-12. La Haye* 1690.

1812. Auteurs déguisés, par Baillet, *in-12. Paris* 1690.

1813. La France Littéraire, 2 vol. *in-8. Paris* 1769.

1814. Histoire Littéraire du Regne de Louis XIV, par l'Abbé Lambert, 3 vol. *in-4. Paris* 1751.

1815. Voyage en l'autre Monde, ou Nouvelles Littéraires de celui-ci, *in-12. Londres* 1753.

1816. Singularités Historiques & Littéraires, 4 vol. *in-12. Paris* 1738.

1817. Les Bibliothèques Françoises de Duverdier & de la Croix du Maine, par M. de Juvigny, 6 vol. *in-4. Paris* 1772, *br.*

1818. Catalogus Librorum Bibliothecæ, D. de la Coste, *in-12. Parif.* 1722.

1819. Catalogus Librorum Bibliothecæ Illuftr. viri Caroli Hen. Comitis de Hoym cum pretiis, *in-8. Parifiis* 1738.

1820. Catalogue des Livres de Gluc de Saint Port, *in-8. Paris* 1749, *parch.*

1821. Catalogue des Livres du Préfident Crozat de Tugny, *in-8. Paris* 1751, *parch.*

1822. Catalogue des Livres du Cabinet de de Boze, *in-8. Paris* 1753, *parch.*

1823. Dictionnaire Typographique, par Ofmont, 2 vol. *in-8. Paris* 1768.

1824. Mémoires pour fervir à l'Hiftoire des Hommes Illuftres de la République des Lettres, 41 vol. *in-12. Paris* 1729, *v. f.*

1825. Effais fur les Honneurs & les Monumens accordés aux illuftres Sçavans, *in-12. Paris* 1734.

1826. Defcription du Parnaffe François, par Titon du Tillet, *in-12. Paris* 1727.

1827. Éloges des Académiciens, par de Mairan, *in-12. Paris* 1747.

1828. Mémoires concernant les Vies & les Ouvrages de plufieurs modernes célebres, par Ancillon, *in-12. Amft.* 1709.

Journaux & Ouvrages Périodiques.

1829. Journal des Sçavans, depuis 1666 jufqu'à 1760, 73 vol. *in-4.* reliés, & les Tables des Matieres, 7 vol. *in-4.*

1830. Mémoires pour l'Hiftoire des Sciences & des Beaux-Arts, ou Journal de Trévoux, depuis 1701 jufqu'à 1760 inclufiv. 231 vol. *in-12. v. f.*

1831. Le Pour & Contre de l'Abbé Prevoft, 20 vol. *in-12. Paris* 1733.

1832. Nouvellifte du Parnaffe, par des Fontaines, 2 vol. *in-12.*

1832*. Obſervations ſur les Ecrits modernes, par le même, 33 vol. *in-12*.

1832*. Jugemens ſur quelques Ouvrages nouveaux, par le même, 11 vol. *in-12. Avignon 1744.*

1833. Lettres ſur quelques Ecrits de ce temps, 13 vol. *in-12.* en ſept, *Genève 1749.*

1834. L'Année Littéraire de M. Fréron, depuis 1754 juſqu'à 1759, 24 vol. *in-12.*

1835. Nouvelles de la République des Lettres, par Bayle, 55 vol. *in-12. Amſt. 1755 & ſuiv.*

1836. Bibliothéque Univerſelle & Hiſtorique de le Clerc, 25 vol. *in-12. Amſt. 1702, v. br.*

1837. Bibliothèque Choiſie de le Clerc, 13 vol. *in-12. Amſt. 1707.*

1838. Journal Littéraire, 22 vol. rel. en 34 *in-12. La Haye 1715.*

1839. Mémoires Littéraires de la Grande Bretagne, par Michel de la Roche, 8 vol. *in-12. La Haye 1720.*

1840. Bibliothèque Angloiſe, ou Hiſtoire Littéraire de la Grande Bretagne, par de la Roche, 15 vol. *in-12. Amſt. 1727.*

1841. Bibliothèque Britannique, ou Hiſtoire des Ouvrages des Sçavans de la Grande Bretagne, 25 vol. *in-8. La Haye 1733.*

1842. Journal Etranger, 1754 à 1760, 27 vol. *in-12.*

1843. Saggi di Diſſertationi Academiche, 3 vol. *in 4. fig. Roma 1735.*

Vies des Hommes Illuſtres.

1844. Cornelius Nepos de vita Excel. Imperatorum ex recognitione Steph. And. Philippe, *in-12. Lut. Pariſ.* David 1745.

1845. Hiſtoire de Ciceron, tirée de ſes Ecrits & Monumens, 2 vol. *in-12. Paris 1743.*

1846. Entretiens ſur les Vies & les Ouvrages des plus excellens Peintres, par Félibien, 6 vol. *in-12. Trévoux 1725.*

1847. Abrégé de la Vie des plus fameux Peintres, par d'Argenville, 3 vol. *in-4. fig. Paris* 1745.

1848. Vie de P. Gaffendi, *in-*12. *Paris* 1737.

1894. Vie de Grotius, par de Burigny, *in-*12. *Paris* 1752.

1850. Hiftoire de Richard Savage & de J. Thompfon, traduite de l'Anglois, par M. le Tourneur, *in-*12. *Paris* 1771, *br.*

Dictionnaires & Extraits Hiftoriques.

1851. Le Grand Dictionnaire Hiftorique de Moreri, 5 vol. *in-fol. Paris* 1718, avec les Supplémens de l'Abbé Goujet, 4 vol. *in-fol.*

1852. Dictionnaire Hiftorique & Critique de Bayle, 4 vol. *in-fol. Amft.* 1740.

1853. Remarques Critiques fur le Dictionnaire de Bayle, *in-fol. Paris* 1748.

1854. Dictionnaire de Jacques-Georges de Chaufepié, 2 vol. *in-fol. Amft.* 1750.

1855. Dictionnaire Hiftorique, ou Mémoires Critiques & Littéraires, par Profper Marchand, *in-fol. La Haye* 1758.

1856. Dictionnaire Hiftorique portatif, par l'Abbé Ladvocat, 2 vol. *in-*8. *Paris* 1755.

1857. Inventaire général de l'Hiftoire des Larrons, 2 vol. *in-*8. *Paris* 1725.

1858. Dictionnaire des Portraits hiftoriques, Anecdotes & traits remarquables des Hommes Illuftres, 2 vol. *in-*8. *Paris* 1768.

1859. Hiftoires choifies des Auteurs Profanes, par Charles Simon, 2 vol. *in-*12. *Paris* 1752.

1860. Choix d'Hiftoire tirées de différens Auteurs, par Feutry, 2 vol. *in-*12. *Londres* 1753.

1861. Les Hiftoires Tragiques de notre temps, par Fr. de Roffet, *in-*12. *Rouen* 1700, *parch.*